FORSCHUNGSBERICHTE DES LANDES NORDRHEIN-WESTFALEN

Nr. 3175 / Fachgruppe Wirtschafts- und Sozialwissenschaften

Herausgegeben vom Minister für Wissenschaft und Forschung

AF861785

Dipl.-Volksw. Wolfgang Strauß

Finanzwissenschaftliches Forschungsinstitut
an der Universität zu Köln

Geschäftsführender Direktor:
Prof. Dr. Karl-Heinrich Hansmeyer

Probleme und Möglichkeiten einer Substituierung der Gewerbesteuer

Westdeutscher Verlag 1984

CIP-Kurztitelaufnahme der Deutschen Bibliothek

Strauss, Wolfgang:
Probleme und Möglichkeiten einer Substituierung der Gewerbesteuer / Wolfgang Strauss. - Opladen : Westdeutscher Verlag, 1984.

(Forschungsberichte des Landes Nordrhein-Westfalen ; Nr. 3175 : Fachgruppe Wirtschafts- u. Sozialwiss.)

ISBN 978-3-531-03175-0 ISBN 978-3-322-87582-2 (eBook)

DOI 10.1007/978-3-322-87582-2

NE: Nordrhein-Westfalen: Forschungsberichte des Landes ...

© 1984 by Westdeutscher Verlag GmbH, Opladen

Herstellung: Westdeutscher Verlag

ISBN 978-3-531-03175-0

Inhalt

Tabellen- und Abbildungsverzeichnis

Texttabellen: Seite

Tabellen im Tabellenanhang:

Abbildungen:

Seite

I. Zum Abbau der Gewerbesteuer und zur Aktualität der Diskussion um einen geeigneten Ersatz für die Gemeinden

In der wissenschaftlichen und politischen Diskussion um die optimale Ausgestaltung des kommunalen Steuer- und Finanzsystems steht schon seit geraumer Zeit die Frage des Abbaus der Gewerbesteuer und ihres Ersatzes durch eine neue gleichwertige Kommunalsteuer bzw. eine Kombination von Steuern im Mittelpunkt. Hieran konnte auch die Aufnahme der Realsteuergarantie in das Grundgesetz im Jahr 1956 nichts wesentliches ändern. Das zähe Leben der als überholt und als finanzhistorisches Relikt geltenden Gewerbesteuer rührt denn auch weniger vom Schutz des Grundgesetzes her, als davon, daß diese Steuer bei allen Mängeln bisher die wesentlichsten Voraussetzungen für eine erfolgreiche Kommunalsteuer aufwies, nämlich, den Gemeinden eine eigenständige, ergiebige und bewegliche Steuerquelle zu eröffnen.

Hinzu kommt, daß ein radikaler Schnitt, wie es die Abschaffung der Gewerbesteuer bedeutet hätte, für die entscheidenden Politiker schwer überschaubare Risiken in sich birgt. Schließlich ist mit einer kommunalen Steuerreform eine Verteilungsproblematik auf drei unterschiedlichen Ebenen verbunden, die die Gefahr der politischen Blockade in sich birgt. Zum einen wird die Frage der Verteilung der Steuereinnahmen auf die verschiedenen staatlichen Ebenen Bund - Länder - Gemeinden tangiert. Hinzu kommt die Frage der regionalen Streuung der Steuerkraft zwischen den Gemeinden. Schließlich ergeben sich je nachdem, welche Steuer die Gewerbesteuer ersetzen soll, unterschiedliche Verschiebungen der Steuerlast zwischen Steuerzahlern bzw. Steuerträgern.

Die Langwierigkeit des Reformprozesses im Bereich der Kommunalsteuern kann nun nicht darauf geschoben werden, daß aus dem Bereich der Finanzwissenschaft nicht genügend klare Kriterien und Konzepte für eine grundlegende Neuordnung des Gemeindesteuersystems insgesamt bzw. für einzelne Schritte zur Verbesserung der Struktur der Gewerbesteuer geschaffen wurden. Allerdings fehlt es an der politischen Umsetzung. Dies mag an der aufgezeigten Komplexität der Verteilungsfragen liegen. Man muß dabei nicht soweit gehen, der an organisierte Interessen und Gruppenegoismen ausgelieferten Demokratie prinzipielle Reformunfähigkeit zu unterstellen.[1] Allerdings herrscht der Eindruck vor, daß steuerrechtliche Änderungen überwiegend nach kurzatmigen Zweckmäßigkeitsgesichtspunkten vorgenommen werden, als daß sie sich an allgemein anerkannten Regeln und Konzepten von längerfristiger Gültigkeit orientieren.[2] Offensichtlich muß, wenn gegensätzliche Interessenlagen wie bei der Gewerbesteuer eine Reform blockieren, ein gewisser Problemdruck vorhanden sein, um die politische Handlungsfähigkeit herzustellen. Dieser Druck hat nach dem politischen Kraftakt der Gemeindefinanzreform angesichts der beschränkten politischen Reformkapazität und anderer vordringlich werdender Ziele nicht gereicht. Statt dessen wurden in hektischer Folge Korrekturen an der Gewerbesteuer vorgenommen, die ihre Struktur verschlechtert und ihre Eignung als Kommunalsteuer gemindert haben. Zwar konnte die Gemeindefinanzreform 1969 in der Tendenz als wichtiger Schritt zur Neuordnung der Kommunalfinanzen gewertet werden, allerdings bildete sie nur eine erste Etappe, der weitere Schritte hätten folgen müssen, um eine befriedigende Lösung der Kommunalsteuerprobleme zu erreichen, die für längere Perioden Bestand hat.[3]

---

1) So in der Tendenz K. Tiepelmann, 1978, S.387 ff.; zu den Problemen von Steuergesetzgebung und parlamentarischer Demokratie siehe auch K. Tipke, 1983, S. 1 ff.
2) Vgl. ebenda, S.9. Siehe auch Wissenschaftlicher Beirat beim Bundesministerium der Finanzen, Berlin 1982, S.11 f.
3) Ebenda, S. 10.

Die Chronik der Eingriffe in die Gewerbesteuer seit der Gemeindefinanzreform liest sich folgendermaßen:

Vermögensteuerreformgesetz vom 17.4.1974, BGBl.I S.949, wirksam ab 1.1.1975	Die Steuermeßzahl beim Gewerbeertrag wird von 3,5 auf 4,25 v.H. angehoben.
	Der Freibetrag auf den Gewerbeertrag wird von 7.200 DM auf 15.000 DM angehoben, die Ertragsstufen mit ermäßigter Steuermeßzahl (Staffeltarif) werden von 2.400 DM auf 3.600 DM ausgedehnt.
Steueränderungsgesetz 1977 vom 16.8.1977, BGBl. I S.1586, wirksam ab 1.1.1978	Aufhebung des Staffeltarifs beim Gewerbeertrag. Anhebung des Freibetrages auf 24.000 DM, Festsetzung einer einheitlichen Steuermeßzahl von 5 v.H.
	Erhöhung des Freibetrages beim Gewerbekapital auf 60.000 DM.
	Aufhebung der Freigrenze bei der Lohnsummensteuer, Erhöhung des Freibetrages auf 60.000 DM.
Steueränderungsgesetz 1979 vom 30.11.1978, BGBl. I, S.1849	Erhöhung des Freibetrages beim Gewerbeertrag auf 36.000 DM; Einführung einer Freigrenze von 5.000 DM bei bestimmten Unternehmen.
	Aufhebung der Lohnsummensteuer bei Absenken der Gewerbesteuerumlage von 120 v.H. auf 80 v.H. der Grundbeträge.

wirksam ab 1.1.1981	Einführung eines Freibetrages von 50.000 DM bei der Hinzurechnung der Dauerschuldzinsen. Anhebung des Freibetrages beim Gewerbekapital auf 120.000 DM.
Haushaltsbegleitgesetz 1983 vom 20.12.1982, BGBl. I, S. 1857, wirksam ab 1.1.1983	Kürzung der Hinzurechnungen bei Dauerschulden auf 60 v.H. des Gesamtbetrages, bei Dauerschuldzinsen auf 60 v.H. des den Freibetrag von 50.000 DM übersteigenden Betrages. Als Kompensation für den Steuerausfall Senkung der Gewerbesteuerumlage auf 58 v.H.
wirksam ab 1.1.1984	Weitere Absenkung der Hinzurechnungen für Dauerschulden und Dauerschuldzinsen auf 50 v.H. bei Absenkung der Umlage auf 52 v.H.

Der mit der Gemeindefinanzreform eingeschlagene Weg wurde mit diesen steuerrechtlichen Änderungen keineswegs konsequent fortgesetzt. So hätte sich angeboten, die Entlastung der Wirtschaft von der Gewerbesteuer zunächst über die Umlage zu suchen. Tatsächlich sollte die Gewerbesteuerumlage nach dem Regierungsentwurf des Finanzreformgesetzes auf die Jahre 1970 und 1971 begrenzt und ab 1972 durch eine Gewerbesteuersenkung in Höhe der Umlage abgelöst werden.[1] Allerdings konnte sich der Gesetzgeber nicht zu der dazu nötigen Mehrwertsteuererhöhung um 1 v.H. durchringen. Die Umlage macht mit 58 v.H. gegenwärtig noch

---

1) Vgl. H. Elsner; M. Schüler, Hannover 1970, S. 112.

die Hälfte der ursprünglichen Höhe aus, während der Mehrwertsteuersatz seit 1970 von 11 auf (ab 1. Juli 1983) 14 v.H. angehoben wurde.[1)]

Statt eine Entlastung bei der Gewerbesteuer durch ein Absenken der Meßbeträge zu bewerkstelligen - dies hätte alle Gemeinden in gleicher Weise getroffen -, wurde die Struktur der Steuer nachhaltig verändert. Durch die beachtlichen Erhöhungen der Freibeträge, die Abschaffung der Lohnsummensteuer und die wachsende Bedeutung des Gewerbeertrages im Rahmen der Gesamtsteuer wurde die ungleichmäßige Streuung des Gewerbesteueraufkommens weiter verschärft. Das Ergebnis dieser Umgestaltung der Steuer kann weder unter raumordnungspolitischen noch unter konjunktur- und wachstumspolitischen Ergebnissen befriedigen. Besonders bedenklich ist, daß die Steuer immer mehr den Charakter einer Zusatzsteuer auf Gewinne von Großunternehmen erhält. Damit verliert sie als kommunale Einnahmequelle zunehmend ihre Berechtigung und Eignung. Mit der Einschränkung der Allgemeinheit der Besteuerung wachsen die Gefahren eins unzulänglichen Interessenausgleichs in der Kommunalpolitik.

---

1) Zwar soll hier keine Kritik an diesen Mehrwertsteuererhöhungen vorgenommen werden. Es sei jedoch auf die Mahnung Hansmeyers verwiesen, solche Erhöhungen für grundlegende strukturelle Verbesserungen des Steuersystems zu nutzen; denn es wäre verhängnisvoll, den Spielraum bei der Mehrwertsteuer zu verspielen, indem zahlreiche kleine Forderungen unsystematisch erfüllt werden. Die schlechteste aller Lösungen wäre es, die großen Entlastungsmöglichkeiten zur Perfektionierung und Verstärkung des heute wirksamen Freigrenzensystems bei den direkten Steuern einzusetzen, statt dessen müsse bereits heute intensiv über den Umbau des Steuersystems nachgedacht werden. Siehe K.-H. Hansmeyer, Berlin 1979, S. 93.

Nach allgemeinem Eindruck leitete das Steueränderungsgesetz 1979 die Endphase der Gewerbesteuer ein.[1] Littmann zufolge könnte eine verborgene Weisheit des Gesetzgebers darin liegen, die Selbstzerstörung der Gewerbesteuer zu beschleunigen, um so die politischen Erfolgsbedingungen für den Übergang zu einem neuen, den Kommunalfinanzen angemessenen System zu verbessern.[2] Die Überraschung, mit der etwa regionalpolitische Folgeprobleme der Lohnsummensteuerabschaffung zur Kenntnis genommen wurden, spricht jedoch eher für eine unzureichende Problemperzeption des Bundes bei dieser Aktion[3] als für die List der Vernunft des Gesetzgebers.[4] Die gegenwärtige Politik schafft daher nicht nur einen Reformdruck, sie birgt auch eine große Gefahr: Die entgültige Beseitigung der Gewerbesteuer, ohne daß den Gemeinden eine geeignete Steuerquelle von langfristigem Bestand als Ersatz zur Verfügung gestellt werden kann.

Mehrere Gründe sprechen dafür, größere Reformen des kommunalen Steuersystems in eine auf lange Sicht angelegte Konzeption einzubetten und sorgfältig vorzubereiten: Kommunale Politik erforder Kontinuität. Eingriffe des Staates in das kommunale Finanzsystem lösen dort Störungen aus, da sie die Gemeinden in unterschiedlichem Ausmaß treffen und nicht nur die Finanzlage der Gemeinden, sondern auch die Strategien der Kommunalpolitiker im Hinblick auf angestrebte wirtschaftliche technische, soziale und kulturelle Entwicklungen zu beeinflussen.[5]

---

1) K. Littmann, Tübingen 1980, S. 630.
2) Ebenda, S. 632.
3) G.G. Hesse, R.R. Klein, Duisburg 1980, S. 30.
4) K.Littmann, Tübingen 1980, S. 632.
5) Vgl. Wissenschaftlicher Beirat beim Bundesministerium der Finanzen, Berlin 1982, S. 11.

Daß eine kommunale Steuerreform einer sorgfältigen Vorbereitung bedarf, zeigt auch das Schicksal der französischen taxe professionelle. Diese Steuer wurde zum 1.1.1976 als Ersatz für die historisch veraltete, noch auf der Merkmalsbesteuerung fußende contribution des patentes eingeführt. Seitdem befindet sie sich in einer ständigen Reform.[1)]

Bereits im Einführungsjahr waren gesetzliche Korrekturen notwendig,denn die neue Steuer führte bei sämtlichen Unternehmen, insbesondere aber in der Industrie und bei personalintensiven Dienstleistungsbetrieben zu einem unerwartet hohen Anstieg der Steuerlast. Bei manchen Unternehmen betrug die Steuererhöhung bis zu 400 v.H. Daraufhin wurde 1976 ein Gesetz verabschiedet, das die Steigerung der Steuerbeträge für 1976 auf 70 v.H. begrenzte. Auch in den folgenden Jahren wurden Höchstgrenzen für Belastungssprünge festgesetzt. Um eine Minderung der geplanten Einnahmen bei den Gemeinden zu vermeiden, wurde auf die Steuer ein Zuschlag von 7 v.H. erhoben, der zum Ausgleich von Einnahmeverlusten aufgrund der Höchstgrenzen diente.

Bemessungsgrundlage der taxe professionelle war zunächst die Summe aus Mietwert der für die beruflichen Tätigkeiten verwendeten Betriebsanlagen und einem Fünftel der vom Unternehmen gezahlten Löhne. Da die ursprünglich mit der taxe professionelle gehegten Erwartungen nicht erfüllt wurden, wurde 1980 eine weitere Reform eingeleitet: die Schaffung einer neuen Bemessungsgrundlage, der valeur ajoutée (Wertschöpfung). Als ein Schritt auf diesem Wege wurde die Steuerlast auf 6 v.H. der Wertschöpfung begrenzt. Um jedoch eine Wiederholung der Situation von 1976 zu vermeiden, wurde gesetzlich festgelegt, daß vor

---

1) Vgl.C. Adé, 1981, S. 102 f.

Einführung der neuen Bemessungsgrundlage zu einem späteren Zeitpunkt ihre Auswirkung in einem Simulationsmodell getestet wird. Diese Simulation wurde im Jahr 1980 und 1981 bei 250.000 Betrieben in neun Departments und in acht Städten durchgeführt. Das Ergebnis[1)] war, daß zwischen den Unternehmen verschiedener aber auch gleicher Branchen sowie zwischen Gemeinden verschiedener Größenordnung erhebliche Verschiebungen in der Steuerlast bzw. in der Finanzkraft auftreten würden. Außerdem zeigte die Simulation auf, daß sich für die Unternehmen wie für die Steuerverwaltung komplizierte Probleme der Anpassung ergeben. Die Bemessungsgrundlage Wertschöpfung, die ursprünglich 1982 eingeführt werden sollte, ist daher bis heute nicht in Kraft gesetzt worden.

Das Beispiel der taxe professionelle zeigt die Schwierigkeiten auf, die mit dem Ersatz einer Kommunalsteuer durch eine neue verbunden sind. Die Steuerwirkungen sollten daher im voraus untersucht werden, um die Notwendigkeit dauernder Korrekturen zu vermeiden. Von den verschiedenen Aspekten einer kommunalen Steuerreform steht hier die Frage der räumlichen Streuung der als Substitute für die Gewerbesteuer diskutierten Steuern im Vordergrund.
Denn während zahlreiche Aspekte einer Gewerbesteuersubstitution bereits ausgiebig diskutiert wurden, herrscht über die Frage der regionalen Verschiebungen in der Steuerkraft der Gemeinden und deren Bewertung noch weitgehend Unklarheit.

---

1) Vgl. zu den Ergebnissen der Simulation:Ministere de l'Economie et des Finances: Les Notes Bleues, Dokument Nr.35, semaine des 7au 13 septembre 1981: Base de la taxe professionelle: Simulations sur un echantillon d'etablissement

II. Ziele und Kriterien für eine Substitution der Gewerbesteuer

1. Die verschiedenen Interessenlagen der Betroffenen und Beteiligten bei einer Gemeindesteuerreform

Sichtet man die Literatur, die sich mit der Gewerbesteuer befaßt, fällt auf:

Mit Ausnahme einiger standhafter Verfechter kommunaler Finanzautonomie[1] halten alle Autoren die Gewerbesteuer für mit so schweren Mängeln behaftet, daß übergangsweise grundlegende Reformen und langfristig die Abschaffung dieser Steuer geboten erscheint. Sobald jedoch die Frage nach der Umgestaltung oder der Alternative zur Gewerbesteuer auftaucht, werden teilweise diametral entgegengesetzte Vorschläge gemacht und anhand der vorgelegten Zielkataloge bzw. Kriterien für ein kommunales Steuersystem begründet.[2] Dies zeigt, daß grundlegende Zielkonflikte bzw.unterschiedliche Interessenlagen der Betroffenen und Beteiligten eine Gewerbesteuerreform vorliegen, die auch bei Eingkeit in der Analyse der Fakten zu unterschiedlichen Wertungen führen. Leider werden diese Interessenkonflikte meist nicht ausdiskutiert und die Regeln der Prioritätensetzung nicht offengelegt. Häufig wird mit Kriterienkatalogen für kommunale Steuern operiert, ohne daß der Bezug einzelner Kriterien zu den Oberzielen der Besteuerung aufgezeigt wird. Der eigentliche Stellenwert solcher Kriterien - wie Äquivalenzprinzip, örtliche Radizierbar-

---

1) Als Beispiel sei hier das Plädoyer für die kommunale Gewerbesteuer bei H. Elsner, 1978, S. 201 ff. angeführt; siehe auch die Stellungnahme des Deutschen Städtetages: Die Städte brauchen die Gewerbesteuern, 1978, S. 442 ff.

2) Es sei hier nur auf die unterschiedlichen Vorschläge zur Reform der Gewerbesteuer hingewiesen. Beispielsweise wurde im Gutachten der Steuerreformkommission von 1971 vorgeschlagen, die Gewerbeertragsteuer zu streichen und eine reformierte, im Aufkommen reduzierte Gewerbesteuer mit den Bemessungsgrundlagen Gewerbekapital und Lohnsumme beizubehalten. Dagegen schlug das Institut Finanzen und Steuern 1976 Brief 162 die Umwandlung der Gewerbesteuer in eine reine ertragsabhängige Steuer vor, vgl. Institut Finanzen und Steuern, Bonn 1976, S. 38 ff.

keit etc. - bleibt dann schleierhaft. Dies zeigt, daß es darauf ankommt, zunächst Ziele und Interessenlagen der Beteiligten vollständig zu erfassen und Regeln für die Prioritätensetzung zu finden und offenzulegen, die es dem Leser gestatten, die notwendigen Wertungen und unvermeidbaren Ermessensentscheidungen nachzuvollziehen. Die Alternative hierzu wäre nur, die Zielsysteme jeder der beteiligten Gruppen, des Bundes, der Länder, der Gemeinden als gesamtstaatliche Ebene bzw. einzelner Gemeindegruppen (Großstädte, Landgemeinden etc.) und der Wirtschaft (Großbetriebe, gewerblicher Mittelstand etc.) gegenüber zu stellen, ohne eine Integration zu versuchen. Das Ergebnis wäre letztendlich unbefriedigend, da es keine Handlungsempfehlung ermöglichen würde.

Das Interessengefüge der von einer Gemeindesteuerreform Betroffenen läßt sich wie folgt darstellen:

Abb. 1

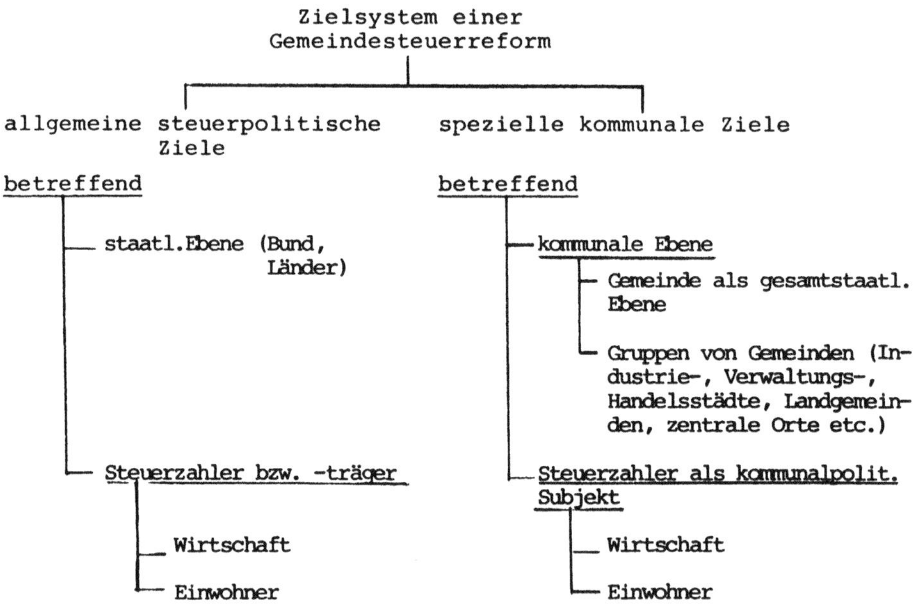

Grundsätzlich gelten auch für Gemeindesteuern die allgemeinen Anforderungen, wie sie in Zielsystemen für rationale Steuersysteme formuliert wurden.[1] Jedoch können spezielle kommunale Gegebenheiten Modifikationen erfordern, etwa was das Mitwirken der Gemeinden an der Stabilisierungs- und Verteilungspolitik betrifft. Dabei sind die Gemeinden interessenmäßig keinesfalls als monolithischer Block zu betrachten. Es gibt gemeinsame Interessen wie die Erhaltung der Gemeindeautonomie, die aber schon bei der Bedeutung des Hebesatzrechtes zu divergierenden Einschätzungen - je nach Gemeindegröße - führen können, wie aus der tatsächlichen Ausübung dieses Rechts zu schließen ist. Daneben stehen unterschiedliche Auffassungen, etwa was die Frage der angestrebten räumlichen Verteilung der Steuerkraft betrifft. Hier muß vom übergeordneten raumordnungspolitischen Standpunkt geurteilt werden. Auch in bezug auf den Steuerzahler werden modifizierte Zielsetzungen formuliert, sobald er als kommunalpolitisches Subjekt betrachtet wird. So spielt die Merklichkeit der Steuern im kommunalen Bereich eine deutlich größere Rolle in der Diskussion als im staatlichen Bereich.

Zwischen den Zielen, die die gesamtstaatliche Ebene, die Kommunen oder die Steuerzahler und -träger betreffen, bestehen vielfältige Konflikte, die ein Abwägen der einzelnen Ziele erfordern. Nach welchen Regeln in diesem Abwägungsprozeß zu urteilen ist, wird im folgenden aufzuzeigen sein.

---

1) Vgl. hierzu etwa die ausführliche Darstellung bei F. Neumark, Tübingen 1970.

2. Zielkonflikte und ihre instrumentellen und institutionellen Lösungsmöglichkeiten - Regeln für die Prioritätenfindung

Staatliche Zielsetzungen der Konjunktur- oder Verteilungspolitik können von den Gemeinden wegen ihres hohen finanzpolitischen Gewichts nicht ignoriert werden. Einerseits sind die Gemeinden ungeeignet, selbständig Konjunktur- oder Verteilungspolitik zu betreiben. Andererseits muß angestrebt werden, daß sie nicht die staatliche Politik konterkarieren, etwa indem sie Parallelpolitik betreiben und so die konjunkturellen Schwankungen verstärken. Eine institutionelle Lösung des Konflikts besteht darin, das Anspruchsniveau der Zielerreichung für die einzelnen staatlichen Ebenen unterschiedlich zu formulieren. Konjunkturpolitik wird damit zur Aufgabe des Bundes, das Verhalten der Gemeinden soll weitgehend neutral wirken. Steuern, die zur Konjunktursteuerung geeignet sind, müssen dann dem Bund zugeordnet werden, Steuern mit einem möglichst konjunkturunabhängigen Aufkommen den Gemeinden.

Weitere instrumentelle Lösungsmöglichkeiten von Zielkonflikten bietet der Einsatz zusätzlicher Instrumente. Kann eine ansonsten gut als Gemeindesteuer geeignete Abgabe hinsichtlich ihrer räumlichen Streuung des Aufkommens nicht befriedigen, so ist eventuell in Kombination mit anderen Steuern oder auch finanzausgleichspolitischen Maßnahmen die gewünschte interkommunale Verteilung der Finanzkraft herstellbar.

Es ergeben sich somit für den Prozeß der Prioritätenfindung folgende Plausibilitätsregeln:

(1) Es sollte solchen Zielsetzungen Priorität eingeräumt werden, die ausschließlich oder überwiegend durch das kommunale Steuersystem erreichbar sind.

(2) Die Bedeutung der Ziele darf nicht abstrakt diskutiert werden, vielmehr ist zu prüfen, welcher Spielraum der Zielerfüllung überhaupt vorhanden ist und welche alternativen Instrumente zur Zielerreichung verfügbar sind. Gibt es solche alternati-

ven Instrumente, seien dies andere Steuern, Finanzzuweisungen oder, was den Verteilungsaspekt betrifft, auch Sozialtransfers, so können an den Anforderungen an eine Steuer bezüglich des Zielsystems Abstriche gemacht werden.

Damit gestalteten sich Zielfindung und Instrumentenwahl als iterativer Prozeß der Abwägung zwischen Anspruch und Möglichkeiten eines kommunalen Steuersystems.

3. Die fiskalischen Zielsetzungen der Reform

Die Gewerbesteuer hat z.Zt. ein Aufkommen von ca. 26 Mrd. DM, hiervon entfallen ca. 6 Mrd. DM auf die Gewerbesteuerumlage. Dieses Aufkommen wäre bei einem Wegfall der Gewerbesteuer durch andere Einnahmen zu ersetzen, wobei zu berücksichtigen ist, daß der Nettoeffekt einer ersatzlosen Streichung der Steuer geringer ist, da gleichzeitig die Einkommen- und Körperschaftsteuer steigen würden.

Auch wenn die Gemeinden anteilmäßig vom steigenden Einkommensteueraufkommen profitieren, verbleibt ein Ausfall in der kommunalen Finanzmasse von rd. 20 Mrd. DM. Es herrscht weitgehend Einigkeit darüber, daß den Gemeinden als gesamtstaatliche Ebene dieser Ausfall an Steueraufkommen angemessen, d.h. durch die Erschließung anderer Steuerquellen zu ersetzen ist. Unberücksichtigt bleibt hier die Frage, wie die Gewerbesteuerumlage zu ersetzen ist.

Häufig wird von einem Ersatz für die Gewerbesteuer der rekurrente Anschluß an diese Steuer gefordert, ohne daß dabei deutlich gemacht wird, ob es sich um einen Anschluß im Hinblick auf den Kreis der Steuerpflichtigen, des Steueraufkommens insgesamt oder auch des Aufkommens je Gemeinde handelt. Den Gemeinden als gesamtstaatliche Ebene den Ausfall der Gewerbesteuer zu ersetzen, kann mit einem mehr oder weniger starken interkommunalen Umverteilungseffekt verbunden sein. Politisch dürfte eine Reform, die gegen das Besitzstandsdenken in den Gemeinden durchgeführt werden soll, daher leichter akzeptiert werden, wenn - wie bei der Gemeindefinanzreform 1969 geschehen - die Umverteilung der kommunalen Finanzmasse mit einer Anhebung der kommunalen Steuereinnahmen insgesamt verbunden wird.

Neben der fiskalischen Ergiebigkeit bzw. Ausreichenheit sind weitere fiskalisch begründete Forderungen an die kommunalen Steuern Wachstumsproportionalität und Beweglichkeit. Da die Gemeindeausgaben vom wirtschaftlichen Wachstum stark beeinflußt werden, sollte auch das Steueraufkommen der Gemeinden die Entwicklung der Gemeindeausgaben mitvollziehen. Dies verringert die Notwendigkeit, häufig Änderungen im kommunalen Finanz- und Steuersystem vornehmen zu müssen. Die Wachstumsproportionalität erfordert die Wahl einer möglichst breiten Bemessungsgrundlage, die die gesamtwirtschaftliche Entwicklung mitvollzieht.

Die Forderung nach Beweglichkeit oder Anpassungsfähigkeit der Kommunalsteuer besagt, daß das Steueraufkommen vorübergehend oder dauerhaft an einen veränderten Finanzbedarf der Gemeinden angepaßt werden kann. Dies bedeutet, daß der Steuergegenstand eine weitere Belastungssteigerung erfahren darf. Schließlich ist aufgrund unterschiedlicher regionaler Verhältnisse und Entwicklungen wünschenswert, daß die Gemeinden autonom über die Notwendigkeit steuerlicher Anpassungsschritte entscheiden können; dies erfordert das kommunale Hebesatzrecht. Ein solches Recht darf allerdings nicht nur formal gegeben sein. Dies wäre etwa der Fall, wenn regional unterschiedliche Hebesätze so starke Ausweichreaktionen der Besteuerten hervorrufen, daß eine Gemeinde es sich kaum erlauben kann, das Hebesatzrecht anzuwenden, da eine Errosion der eigenen Steuerbasis droht.

Das Hebesatzrecht wird um so wichtiger, je weniger das Kriterium Wachstumsproportionalität erfüllt wird. Knüpft z.B. eine Steuer an Bestandsgrößen wie das in einem Unternehmen eingesetzte Kapital oder das Grundvermögen an, so bleibt die Steuer im Aufkommen hinter dem gesamtwirtschaftlichen Wachstum zurück und es bedarf regelmäßiger Hebesatzanpassungen.

Das Hebesatzrecht weist in der Ausübung allerdings eine gewisse Asymmetrie auf, da es überwiegend für Anhebungen des Steuersatzes genutzt wird. Damit ist ihm langfristig die Tendenz zu erhöhten Steuerlasten immanent. Die Grenzen der steuerlichen Belastbarkeit sind im heutigen Steuersystem jedoch erreicht, wenn nicht überschritten. Die Ausdehnung der steuerlichen Lasten im kommunalen Bereich wirft deshalb auch Fragen des Finanzausgleichs auf. Entweder muß eine Kompensation durch Steuersenkungen bei anderen Steuern erfolgen, was eine Umverteilung zwischen den verschiedenen staatlichen Ebenen als Steuergläubiger zur Folge hat oder eine kommunale Hebesatzpolitik, die nicht in den Rahmen gesamtstaatlicher Steuerpolitik paßt, provoziert staatliche Eingriffe in die kommunale Autonomie wie mit dem Steueränderungsgesetz 1979 vorgenommen.

Fiskalische Kriterien für die neue kommunale Steuerquelle sind also:

- Ersatz des Aufkommens der Gewerbesteuer für die Gemeinden als gesamtstaatliche Ebene
- Wachstumsproportionalität
- Beweglichkeit der Besteuerung (Hebesatzrecht)

4. Steuertechnische, steuersystematische und finanzausgleichstechnische Aspekte

(1) Systemhaftigkeit der Besteuerung und Steuervereinfachung

Die Abschaffung der Gewerbesteuer wirft die Frage auf, wo im deutschen Steuersystem eine Lücke ist, um eine neue Steuer vom notwendigen fiskalischen Gewicht zu installieren. Eine Steuer kann entweder bei der Einkommensentstehung, d.h. im Bereich der Produktion,bei der Verteilung oder der Verwendung des Volkseinkommens anknüpfen. Da bei grober Betrachtungsweise Ertrag-, Einkommen- und Verbrauchsteuern jeweils die gleiche Stromgröße, das erwirtschaftete Volkseinkommen erfassen, nur an verschiedenen Anknüpfungspunkten, sind sie entsprechend aufeinander abzustimmen, um unsystematische Mehrfachbelastungen und Rückwirkungen der Steuern untereinander wie z.B. die Aushöhlung einer Steuer durch eine andere zu vermeiden.

Ertragsteuern, die im Bereich der Produktion anknüpfen, führen je nach Ausgestaltung wirkungsmäßig in die Nähe der Einkommen- oder Verbrauchsteuern. Die Nähe zueinander erfordert eine genaue Abstimmung der Steuern aufeinander. Hierbei fällt es schwer, die als Objektsteuern auszugestaltenden Ertragsteuern in ein Personalsteuersystem einzupassen. Moderne Steuersysteme bevorzugen deshalb eine Kombination von Einkommensteuern und Verbrauchsteuern.

Da den Gemeinden aber weder die Einkommensteuer noch die Umsatzsteuer allein zugewiesen werden kann und spezielle Verbrauchsteuern als Kommunalsteuern ungeeignet sind, bleiben nur die drei Möglichkeiten:

- Installation gleichartiger kommunaler Steuern (kommunale Einkommen- und/oder Verbrauchsteuer) neben den staatlichen Steuern
  Eine solche Lösung wird sich des Vorwurfs der Konzeptionslosigkeit und der ungerechtfertigten Doppelbesteuerung ausgesetzt sehen. Dem ist entgegenzuhalten, daß die

Steuerlast nicht geringer würde, wenn die "Parallelsteuern" zu einer Einkommensteuer bzw. Verbrauchsteuer zusammengefaßt würden.
Auch könnten etwa zwei Umsatzsteuern oder Einkommensteuern genau aufeinander abgestimmt werden. Die Ähnlichkeit der Parallelsteuern läßt dann allerdings die Frage aufkommen, warum überhaupt zwei Steuern notwendig sind. Der Mehraufwand einer zweiten Steuer läßt sich vor dem mitwirkungspflichtigen Steuerzahler nur dann rechtfertigen, wenn ein kommunales Hebesatzrecht für notwendig gehalten wird, das anders nicht zu realisieren ist.

- Reformierung der Gewerbesteuer bzw. Neueinführung einer Ertragsteuer

  Die Beibehaltung von Ertragsteuern vermeidet den Vorwurf einer konzeptionslosen Parallelerhebung gleichartiger Steuern. Unabhängig vom gedanklichen Anknüpfungspunkt belasten Ertragsteuern jedoch auch - je nachdem, ob eine Überwälzung gelingt - Einkommen oder Verbrauch. Nun ist es nicht so"gravierend, daß ein prinzipiell gleichartiger wirtschaftlicher Tatbestand mehrfach Steuerobjekt wird, sofern aus der unterschiedlichen Erfassungsweise ein abgestimmtes Wirkungsfeld resultiert."[1]
  Genau dies ist aber beim gegenwärtigen Realsteuersystem nicht der Fall. Eine Ertragsteuer, die das tatsächliche Produktionsergebnis unterschiedslos belastet, wäre dagegen auch neben einer nach der wirtschaftlichen Leistungsfähigkeit differenzierenden Einkommensteuer steuersystematisch vertretbar. Die Ertragsteuer diente dann als "Basisabgabe"; die Einkommensteuer könnte zusätzlich einen sozialen Ausgleich herbeiführen.[2]

---

1) G. Zeitel, Berlin 1964, S. 183.
2) K. Littmann, 1964, S. 119.

- <u>Ausweitung des Steuerverbundes</u>
  Hierfür kommt insbesondere eine Beteiligung der Gemeinden an der Umsatzsteuer in Frage. Diese Lösung macht die Ertragsteuer als Alternative überflüssig und ist vom Standpunkt der Systemhaftigkeit der Besteuerung am geeignetsten. Auch dem Ziel der Steuervereinfachung wird gedient. Allerdings müssen bei anderen Kriterien, etwa der Gemeindeautonomie und der fiskalischen Beweglichkeit Abstriche gemacht werden.

Unter Steuervereinfachung wird zum einen verstanden, die rechtlichen Regelungen einzelner Steuern möglichst einfach zu gestalten, zum anderen, die Zahl der Steuern überhaupt zu reduzieren. Gerechtigkeitsvorstellungen verlangen jedoch, differenzierte Regelungen zur Erfassung der unterschiedlichen steuerlichen Leistungsfähigkeit. Der Steuervereinfachung sind somit Grenzen gesetzt. Andererseits wächst mit der Kompliziertheit der Regeln die Intransparenz des "Steuerdschungels". Auch dies kann den Zielen einer gerechten Besteuerung zuwiderlaufen, wenn nämlich keine ausreichende Klarheit mehr über die Gesamtwirkungen einzelner Steuern bzw. des Steuersystems insgesamt herzustellen ist.

Einfachheit und Systemhaftigkeit des Steuersystems sind nun keine Ziele von eigenständigem Rang. Sie haben vielmehr instrumentellen Charakter, sie dienen der Herstellung eines gerechten und transparenten Steuersystems. Insoweit bezüglich der beiden Kriterien Konflikte mit den kommunalspezifischen Anforderungen an Steuern auftreten ist ein Abwägungsprozeß notwendig.

(2) Steuertechnische und steuerrechtliche Aspekte

Natürlich gelten auch für Kommunalsteuern die üblichen steuerrechtlichen und steuertechnischen Grundsätze wie Transparenz, Praktikabilität und Erhebungsbilligkeit. Sollte sich herausstellen, daß alternative Lösungsvorschläge im Vergleich zu einer reformierten Gewerbesteuer keine wesentlichen Verbesserungen bewirken können, gewinnt auch der Grundsatz der Stetigkeit steuerrechtlicher Normen an Bedeutung. Insbesondere bei einer neuen Steuer wie der Wertschöpfungsteuer gilt es zu bedenken, daß diese in Gesetzgebung und Verwaltung schwierige Fragen der Durchführung der Besteuerung aufwürfe, die bei der Gewerbesteuer bereits gelöst sind. Die steuertechnischen Grundsätze sollen im folgenden unter dem Kriterium des Einführungs- und Erhebungsaufwandes zusammengefaßt werden.

(3) Finanzausgleichstechnische Aspekte

(a) Vertikaler Finanzausgleich

Die Abschaffung der Gewerbesteuer berührt in mehrfacher Weise Probleme des Finanzausgleichs. Zunächst ist, insbesondere bei einer Ausweitung des Steuerverbundes, der vertikale Finanzausgleich zwischen den verschiedenen staatlichen Ebenen berührt. Doch auch wenn das kommunale Steuersystem nach dem Prinzip des Trennsystems gestaltet wird, sind Folgewirkungen zwischen einzelnen Steuern zu beachten. So wird der Gewerbesteuer zum Vorwurf gemacht, sie höhle die Grundlagen der Einkommensteuer aus. Gewichtige Probleme ergeben sich schließlich beim Modell des Deutschen Industrie- und Handelstages, das die Anrechnung der Gewerbesteuer auf die Mehrwertsteuer vorsieht. Damit wäre dann auch das kommunale Hebesatzrecht in Frage gestellt; denn die Erhöhung der kommunalen Steuer führt in einem solchen Modell zu einer Senkung des staatlichen Aufkommens. Den in den USA praktizierten tax credits liegt denn auch eine ganz andere Zielsetzung zugrunde als dem Vorschlag des DIHT. Es sollen nämlich die autonomen untergeordneten Gebietskörperschaften veranlaßt werden, möglichst einheitlich nach Art und Höhe Steuern zu erheben. Den Anreiz hierzu schafft die Anrechenbarkeit der einen Steuer auf andere Steuern, die dazu führt, daß das Steueraufkommen nicht an höhere staatliche Ebenen abfließt, sondern in der Region verbleibt und auch wieder verausgabt wird. Inwieweit der vertikale Finanzausgleich betroffen ist, hängt also sehr stark vom Einzelvorschlag ab, der jeweils unter Praktikabilitätsgesichtspunkten zu prüfen ist. Die Rückwirkung kommunaler Steuern auf Steuern anderer Ebenen wird unter dem Kriterium Aushöhlung von Bundes- und Landsteuern zusammengefaßt.

b) Horizontaler Finanzausgleich

Selbst wenn eine genaue Zielvorstellung zur angestrebten räumlichen Streuung des Steueraufkommens vorliegt, dürfte das kommunale Steuersystem allein kaum geeignet sein, die gewünschte regionale Verteilung der kommunalen Finanzkraft zu erreichen, insbesondere dann nicht, wenn wirtschaftsbezogene Tatbestände zur Besteuerung herangezogen werden. Auch könnte es sich als vorteilhaft erweisen, eine Steuer zu wählen, die zwar der angestrebten Zielsetzung der räumlichen Streuung weniger gut entspricht, aber ansonsten als Kommunalsteuer gut geeignet ist. Daher wird auch bei einer Kommunalsteuerreform die Korrekturwirkung des Finanzausgleichs notwendig bleiben. Hierbei ist zu bedenken, daß damit zwar ein Spielraum hinsichtlich der zulässigen Streuung der kommunalen Steuerkraft entsteht, daß die Anforderungen an den Finanzausgleich aber auch nicht überspannt werden dürfen, da die politische Durchsetzbarkeit von Umverteilungsmaßnahmen ihre Grenzen hat. So nimmt der Finanzausgleich in seiner gegenwärtigen Funktion den reichen Gemeinden nichts weg, sondern beschränkt sich auf die Anhebung der Finanzkraft der steuerschwachen Gemeinden [1]. Die Aspekte des horizontalen Finanzausgleichs erfordern kein eigenes Bewertungskriterium. Sie sind bei der Beurteilung der räumlichen Streuung der verschiedenen Substitutionsvarianten in die Bewertung einzubeziehen.

---

1) Dieser Satz gilt jedenfalls, soweit nur die eigenen Steuereinnahmen der Gemeinden betrachtet werden. Nicht gemeint ist hier die Gesamtinzidenz der Entzugs- und Zuführungseffekte sämtlicher Steuern, die in die Finanzmasse des kommunalen Finanzausgleichs eingespeist werden.

5. Verteilungspolitische Aspekte, Leistungsfähigkeitsprinzip und Äquivalenzprinzip

Daß sich das Steuersystem am Prinzip der Leistungsfähigkeit auszurichten hat, ist wohl unumstritten. Für die kommunale Ebene wird darüber hinaus eine Orientierung am Äquivalenzprinzip gefordert. Welche Anforderungen können nun aus diesen Prinzipien für Kommunalsteuern abgeleitet werden:

Verteilungspolitik ist Aufgabe von Bund und Ländern und von den Gemeinden nicht aktiv zu betreiben. Es kann nur erwartet werden, daß sie die Verteilungspolitik nicht durch eigene Maßnahmen beeinträchtigen. Da zur Beeinflussung der personllen Verteilung ein umfangreiches Instrumentarium aus Steuern und Transfers zur Verfügung steht, das insgesamt die gewünschte Wirkung erzielen soll, sind Wirkungen einzelner Steuern, soweit sie nicht allzusehr ins Gewicht fallen, durch andere Instrumente korrigierbar, d.h. nicht jede einzelne Steuer muß progressiv sein. Das Verteilungsziel wird wahrscheinlich zur Ablehnung kopfsteuerähnlicher Abgaben oder auch einer allzu starken steuerlichen Belastung der Mieten führen, aber darüber hinaus besteht für Gemeindesteuern ein breiter Spielraum der erlaubten personellen Verteilungswirkungen.

Bezüglich regional unterschiedlicher Steuerbelastungen gilt[1]: Wird eine gleichmäßige Verteilung öffentlicher Leistungen im Raum angestrebt, finanziert durch ein am Leistungsfähigkeitsprinzip orientiertes Steuersystem, so darf logischerweise die Höhe der Besteuerung nicht von der regional unterschiedlichen Finanzkraft abhängen. Lokale Steuersatzdifferenzen haben nur dann ihre Berechtigung, wenn sie mit entsprechenden Abweichungen vom Normalniveau der Versorgung mit öffentlichen Leistungen gekoppelt sind.

---

1) Vgl. Haller, 1968, S. 268

Damit erscheint die Anwendung des Äquivalenzprinzips im Sinne einer steuerlichen Belastung lokaler Gruppen, die durch die Gemeinde auch lokal begrenzte Sondervorteile erlangen, konsequent und gerecht. Dies wird auch hauptsächlich zur Rechtfertigung der Gewerbesteuer vorgebracht. Schaut man jedoch genauer hin, bleibt von diesem Argument nicht viel übrig. Die wichtigste Komponente der Gewerbebesteuerung, der Gewerbeertrag, entspricht kaum der äquivalenztheoretischen Begründung[1], im übrigen auch nicht dem Prinzip der Leistungsfähigkeit. Die Steuerhöhe übersteigt bei weitem die kommunalen wirtschaftsbezogenen Ausgaben, zwischen Hebesatz und kommunalem Leistungsniveau besteht nicht die theoretisch geforderte Beziehung. Die Beliebtheit der äquivalenztheoretischen Begründung der Gewerbesteuer erklärt sich, abgesehen von einigen allokativen Aspekten, denn auch mehr aus der finanzpsychologischen Bedeutung dieses Prinzips: Es dient der Rechtfertigung einer umstrittenen und anders nicht zu begründenden Steuer.[2]

Schaut man sich die vorgeschlagenen Alternativen zur Gewerbesteuer an, fällt auf, daß unter Äquivalenzgesichtspunkten praktisch alle in gleicher Weise begründbar und akzeptabel erscheinen, so daß das Äquivalenzprinzip keinerlei Bedeutung als Entscheidungskriterium erlangt.

Verteilungsgesichtspunkte spielen also insgesamt bei Kommunalsteuern eine geringe Rolle. Wird deshalb gelegentlich der Ersatz der Gewerbesteuer durch die Beteiligung an der Mehrwertsteuer mit Hinweis auf die ungerechten Verteilungswirkungen abgelehnt, so erscheint dieses Argument vorgeschoben. Die Beurteilung der Verteilungswirkungen einer solchen Maßnahme erfolgt überlicherweise anhand der differentialen Inzidenz. Hierbei ist zu berücksichtigen, daß unabhängig vom gedanklichen Anknüpfungs-

---

1) Hierzu wäre eher eine ertragsunabhängige Bemessungsgrundlage notwendig.
2) Vgl. Littmann, Tübingen 1980, S. 627.

punkt der Steuern im Wirtschaftskreislauf die Gewerbesteuer ebenso wie die Verbrauchsteuern überwälzt werden kann, und daß sie - im Gegensatz zur Mehrwertsteuer - keine sozial differenzierende Belastung unterschiedlicher Produkte zuläßt. Engels stellt fest, daß sowohl die Preis- als auch die Verteilungswirkungen beider Steuern gleich oder doch ähnlich sind. Eine Umschichtung der Steuerlast von der Gewerbesteuer zur Mehrwertsteuer wirke daher weder unsozial noch preissteigernd.[1)]

Schließlich ist zu fragen, ob die differentiale Inzidenz hier überhaupt etwas aussagen kann. Dies würde doch bedeuten, daß die jetzige Gewerbesteuer verteilungspolitisch als gerecht beurteilt wird. Ihre wichtigste Komponente, die Gewerbeertragsteuer, ist jedoch als "zweite Einkommensteuer" keineswegs verteilungspolitisch begründbar und wird vielfach als ungerecht angesehen.

Im übrigen ist zu bedenken, daß gegenwärtig sowieso eine Umschichtung von den direkten zu den indirekten Steuern diskutiert wird. Von daher macht es keinen Sinn, für das kommunale Steuersystem entgegengesetzte Forderungen aufzustellen, zumal durch Eingriffe an anderer Stelle des Steuer- und Transfersystems verteilungspolitische Auswirkungen einer Gewerbesteuerabschaffung leicht zu korrigieren sind.

---

1) W.Engels, 1971, S. 6.

6. Kommunalpolitische Aspekte

Art. 28 Abs. 2 GG gibt den Gemeinden das Recht, alle Angelegenheiten der örtlichen Gemeinschaft im Rahmen der Gesetze in eigener Verantwortung zu regeln. Hieraus folgt auch eine Garantie der die Selbstverwaltung erst ermöglichenden ausreichenden Finanzausstattung der Kommunen. Damit ist zwingend lediglich die "möglichst stabile Freiverfügbarkeit"[1] der kommunalen Finanzen vorgegeben, nicht jedoch die Form, in welcher die Finanzmittel aufgebracht werden. Sieht man einmal von der Frage ab, ob die Realsteuergarantie des Grundgesetzes eine Abschaffung der Gewerbesteuer ohne Grundgesetzänderung erlaubt, so ist die Form, in der die notwendige Finanzausstattung der Gemeinden gewährleistet wird, verfassungsrechtlich nicht vorgegeben.[2]

Denkbar wäre also auch ein Ersatz der Gewerbesteuer durch vermehrte Finanzzuweisungen. Diese lassen sich in ihren Wirkungen kaum von einem etwa nach der Einwohnerzahl zu verteilenden Gemeindeanteil an der Mehrwertsteuer unterscheiden. Sie böten jedoch für die Gemeinden größere Unsicherheit hinsichtlich ihres Bestandes nach Art und Höhe. Schließlich besteht, wie einschlägige Erfahrungen - etwa aus den USA - zeigen, bei einer Ausweitung der Finanzzuweisungen immer die Gefahr, daß diese schließlich mit Zweckbindungen versehen werden, und so die Ausgabenautonomie der Gemeinden beeinträchtigt wird. Daher wird eine solche Lösung hier nicht weiterverfolgt.

Aus ökonomischer Sicht bietet die kommunale Selbstverwaltung allokative Vorteile gegenüber einer stärker zentralisierten Verwaltung. Durch ihre Bürgernähe gibt sie die Chance, den tatsächlichen Wünschen und Bedürfnissen der Bürger Rechnung tragen zu können, insbesondere wenn es gelingt, den Zusammenhang zwischen dem Angebot an kommunalen Leistungen und der individuellen

---

1) Schmidt-Jortzig, E., Berlin 1979, S. 83.
2) Ebenda, S. 83 ff..

Steuerlast zu verdeutlichen und so die Betroffenen zu einer über den Rückkoppelungsmechanismus Steuer kontrollierten Artikulation ihrer "Nachfrage nach kommunalen Leistungen" zu zwingen.

Um die allokativen Vorteile zur Wirkung kommen zu lassen, sind gewisse Anforderungen an das kommunale Steuersystem zu stellen. Zunächst ist das Interesse der Bürger am kommunalpolitischen Geschehen zu fördern, um sie zur Artikulation ihrer Bedürfnisse zu bewegen. Dies kann durch die Fühlbarkeit der Gemeindesteuern gefördert werden. Einen ausreichenden Aufmerksamkeitswert dürften hier aber nur Steuern mit regionaler Hebesatzdifferenzierung haben, wobei zu beachten ist, daß sich nur solche Steuern dazu eignen, die nicht durch regionale Steuerausweicheffekte unerwünschte regionale Entwicklungen hervorrufen und eine - wenn auch grob am Äquivalenzgedanken orientierte - Belastung der Empfänger kommunaler Leistungen herbeiführen.

Die kommunale Autonomie findet ihre Grenze dort, wo sie geeignet ist, die gesamtstaatliche Politik zu durchkreuzen bzw. durch externe Effekte Nachteile bei anderen Kommunen zu bewirken. Ein Steuerfindungsrecht sollte den Gemeinden deshalb nicht zugestanden werden, zumal Erfahrungen aus den USA zeigen, daß die Gemeinden bei einem solchen Recht gerne Steuertatbestände wählen, die Externe belasten.

Als Kernstück kommunaler Finanzautonomie wird deshalb meist das Hebesatzrecht auf kommunale Steuern verstanden. Dieses Recht stärke die Eigenverantwortlichkeit der Gemeinden und verringere ihre Abhängigkeit von Entscheidungen übergeordneter Gebietskörperschaften.[1] Ein Hebesatzrecht ist deshalb zu befürworten, soweit es nicht aufgrund technischer Schwierigkeiten allzu aufwendig zu realisieren ist und keine unerwünschten räumlichen Effekte verursacht. Steuern, die sowieso stark im

1) Siehe Wissenschaftlicher Beirat beim Bundesministerium der Finanzen, Bonn 1982, S. 27

örtlichen Aufkommen streuen, sind deshalb ungeeignet für kommunale Hebesatzrechte, weil sie in der interkommunalen Konkurrenz den bereits bevorzugten finanzstarken Gemeinden weitere Handlungsspielräume und damit Vorteile vor ihren Konkurrenten eröffnen.

Gegen ein kommunales Hebesatzrecht wird gelegentlich eingewandt, die Bundesländer hätten dieses Recht auch nicht, deshalb sei nicht einzusehen, daß es einer niedrigeren staatlichen Ebene vorbehalten sein solle. [1] Dieses Argument trifft jedoch nicht den Kern der Sache. Denn es geht in der Diskussion nicht um die den einzelnen staatlichen Ebenen wesensmäßigen Hoheitsrechte. Das Hebesatzrecht deckt auf kommunaler Ebene vor allem einen Bedarf an finanzpolitischer Flexibilität, der schon deshalb viel größer ist als auf Länderebene, weil die Unterschiede zwischen den einzelnen Gemeinden viel krasser sind als zwischen den Ländern, die zudem bei anderen finanzpolitischen Instrumenten weitere Spielräume haben, etwa bei der Schuldaufnahme.

Dem Idealbild des mündigen Bürgers und selbstverantwortlichen Kommunalpolitikers drohen indes auch im Innenverhältnis der Kommunen Gefahren, die durch entsprechende Ausgestaltung des kommunalen Steuersystems entschärft werden müssen. So wurde der Gewerbesteuer einerseits vorgeworfen, daß steuerstarke Zensiten zu großen Einfluß auf die Kommunalpolitik nehmen können. Andererseits droht seit ihrer zunehmenden Ausgestaltung als Großbetriebsteuer die Gefahr, daß wenigen Steuerzahlern in der Gemeinde von den selbst nicht betroffenen Mehrheiten ungebührliche Lasten auferlegt werden. So sieht es der Wissenschaftliche Beirat beim Bundesministerium der Finanzen für dringend geboten, zu verhindern, "daß politische Mehrheiten in die Lage versetzt werden, kommunale Leistungen zu veranlassen, die vornehmlich Mitgliedern ihrer Gruppe Vorteile verschaffen würden, und zugleich eine Finanzierung zu beschließen, die vornehmlich

1) Vgl. Institut FSt, Brief 211, S. 14.

andere Gruppen zu tragen hätten"[1]. Aus diesen Gründen sollte das kommunale Gemeindesteuersystem möglichst breit angelegt sein. Ein Interessenausgleich zwischen verschiedenen kommunalpolitischen Gruppen, auch was die Finanzierung kommunaler Leistungen angeht, ist am ehesten zu erwarten, wenn jeder Gemeindebürger wenigstens zu einer Kommunalsteuer herangezogen wird. Falls den Gemeinden ein Hebesatzrecht zusteht, darf sich dieses nicht nur auf die Belastung der örtlichen Wirtschaft erstrecken, sondern muß auch die Einwohner betreffen. Nur dann können die Gemeinden die steuerliche Belastung beider Gruppen im Sinne eines Interessenausgleichs festlegen. Dazu wäre es allerdings notwendig, daß das kommunale Zuschlagsrecht beim Gemeindeanteil an der Einkommensteuer realisiert wird.

1) Vgl. Wissenschaftlicher Beirat beim Bundesministerium der Finanzen, Bonn 1982, S. 34

7. Wirtschaftspolitische Aspekte

(1) Konjunkturpolitische Erfordernisse

Das typische Ausgabenverhalten der Gemeinden muß als prozyklisch beschrieben werden; es orientiert sich an den im Konjunkturverlauf schwankenden Steuereinnahmen. Diese Schwankungen werden noch verstärkt durch ein gleichgerichtetes Verhalten bei der Kreditaufnahme. Dieses Verhalten der Gemeinden ist außer durch rigorose Eingriffe in die Ausgabenhoheit der Gemeinden nicht veränderbar. Genauere Analysen zeigen, daß die Gemeinden als staatliche Ebene nicht geeignet sind, aktiv Konjunkturpolitik zu betreiben. Die Stabilisierungsziele kollidieren mit den kommunalen Versorgungszielen; die free-rider-Problematik läßt es der Einzelgemeinde nicht lohnend erscheinen, zugunsten der Stabilisierungsziele auf die Realisierung anderer Ziele zu verzichten; schließlich ist das finanzpolitische Instrumentarium zu begrenzt, es fehlt etwa der Zugang zur Notenbank.

Sind die Gemeinden also politisch wie ökonomisch überfordert, eine eigene antizyklische Haushaltspolitik zu betreiben, so wird wenigstens eine Verstetigung ihrer Haushaltsgebahrung angestrebt, um zu vermeiden, daß sie als größter Investor der öffentlichen Hände die staatliche antizyklische Finanzpolitik konterkarieren. Dies führt, bei der beschriebenen Neigung auf kommunaler Ebene, Parallelpolitik zu betreiben, zur Forderung nach einer Verstetigung der Einnahmen.

Faktisch dürfte es unmöglich sein, Steuern vom Gewicht der Gewerbesteuer zu finden, deren Aufkommen von konjunkturellen Schwankungen nicht beeinflußt wird. Auch würden sich in diesem Fall wohl Konflikte mit der Forderung nach Wachstumsproportionalität der Steuer ergeben. Eine Steuer, die dem allgemeinen Wachstumstrend folgt, wird auch nicht von konjunkturellen Schwankungen frei sein. Die Forderung ist daher nur als relativ anzusehen. Im allgemeinen wird eine Aufkommenselastizität der Steuer bei 1 als ausreichend empfunden.

Gelegentlich wird das Ziel einer stabilen Aufkommensentwicklung auch als weniger wichtig dargestellt. Dies geschieht meist mit Hinweis auf Art. 104 a Abs. 4 GG, der dem Bund erlaubt, den Rückgang der gemeindlichen Steuereinnahmen durch Finanzhilfen zu kompensieren.[1] Dieses Instrument darf jedoch nicht überschätzt werden. Es ist von den Gemeinden nicht einplanbar im Sinne einer Verstetigung ihrer Haushaltsgebahrung; die Frage des rechtzeitigen Einsatzes ist wie bei allen diskretionär zu handhabenden Instrumenten ungewiß und die regionsspezifischen Wirkungen von konjunkturveranlaßten Investitionsprogrammen stehen im Widerspruch zur erklärten Regionalpolitik. Daher kann die grundgesetzliche Ermächtigung des Bundes, Finanzhilfen an die Gemeinden leisten zu dürfen, nicht als Argument dienen, auf stabile Steuereinnahmen im Gemeindebereich verzichten zu wollen.

Das Gebot der Verstetigung erfordert nun, nicht solche Steuern im Kommunalbereich anzusiedeln, die der Staat zur Konjunktursteuerung einsetzt. Insofern hat sich die Beteiligung der Gemeinden an der Einkommensteuer als unzweckmäßig erwiesen; eine Ausweitung des Steuerverbundes erscheint nicht ohne weiteres ratsam, obwohl etwa - soweit es sich bei den steuerpolitischen Maßnahmen um die Umschichtung von Lasten von der Einkommensteuer zur Mehrwertsteuer handelt - ein kompensatorischer Effekt aufträte, der steuergesetzlichen Änderungen bei Beteiligung aller staatlichen Ebenen am Aufkommen der betroffenen Steuern die finanzausgleichstechnische Problematik nähme.

Interdependenzen zwischen einzelnen Steuern des Steuersystems können jedoch auch in einem fiskalischen Trennsystem auftreten, etwa zwischen Gewerbesteuer und Einkommensteuer. So vermindert

---

1) Auch der Wissenschaftliche Beirat bezieht diese Möglichkeit in seine Wertung ein, relativiert sie aber gleichzeitig in ihrer Bedeutung, indem er auf negative Erfahrungen mit den Konjunkturprogrammen der letzten Jahre hinweist. Vgl. Wissenschaftlicher Beirat beim Bundesministerium der Finanzen, Bonn 1982, S. 18 f.

eine Verbesserung der Abschreibungsmöglichkeiten im Einkommensteuerrecht direkt auch den Gewerbeertrag. Littmann[1] berichtet von Fällen, in denen die Gemeinden solche Änderungen im Einkommensteuerrecht zum Anlaß nehmen, die Hebesätze der Gewerbesteuer zu variieren. Damit können dann die Wirkungen der ursprünglichen Maßnahmen bei der Einkommensteuer konterkariert werden. Auch die Neigung der Gemeinden, in der gegenwärtigen Situation den Hebesatz anzuheben, ist aus konjunkturpolitischer Sicht bedenklich. Damit stellt sich die Frage nach der Einschränkung des kommunalen Hebesatzrechtes aus übergeordneten konjunkturpolitischen Gründen.

Des weiteren ist bei der Ausgestaltung kommunaler Steuern darauf zu achten, daß steuertechnische Elemente, die die Aufkommenselastizität verstärken, vermieden werden. Die Gewerbeertragsteuer erscheint in diesem Zusammenhang als besonders ungeeignete Gemeindesteuer, da der Gewinn im Konjunkturverlauf weit stärker als andere mögliche Bemessungsgrundlagen schwankt.

---

1) K. Littmann, Tübingen 1980, S. 619.

(2) Wachstum

Steuern können von zwei Seiten wachstumsbeeinflussend wirken, über ihre Wirkung auf die unternehmerische Investitionsbereitschaft und ihre Anreizwirkung auf kommunalpolitische Gremien, Wirtschaftsförderung zu betreiben. Ähnlich wie beim konjunkturpolitischen Aspekt zeigt sich auch hier eine zwiespältige Einschätzung der Gewerbesteuer, einerseits wird sie als leistungshemmende Doppelbelastung der Erträge angesehen, andererseits erkennt auch die Industrie das Interessenband an, das durch diese Steuer zur Standortgemeinde geknüpft wird. Hier sei zunächst nur der erste Aspekt betrachtet.

Leistungshemmende Wirkung wird zum einen der zu hohen direkten Besteuerung vorgeworfen; daneben stehen insbesondere die ertragsunabhängigen Steuern unter Beschuß, die den break-even-point von Investitionen in die Höhe treiben und somit das Investitionsrisiko erhöhen. Insbesondere die als Sollertragsteuern ausgestalteten vermögensabhängigen Steuern werden kritisiert, da sie aufgrund ihres Fixkostencharakters zur Substanzbesteuerung führen können. Da eine Senkung der Gesamtsteuerlast hier nicht zur Diskussion steht, stellt sich die Frage, wie durch eine Umschichtung im Steuersystem eine Verringerung der disincentives to invest erreicht werden kann. Dies sei an dem folgenden Schema der Steuerzahllast der Unternehmen diskutiert:

Steuerzahllast des Unternehmens:

a) ertragsabhängige Steuern bzw. Steuerkomponenten
   - Einkommensteuer
   - Körperschaftsteuer
   - Gewerbeertragsteuer auf Gewinn

b) ertragsunabhängige Steuern bzw. Steuerkomponenten

1) vermögensabhängige Steuern
   - Vermögensteuer
   - Grundsteuer
   - Gewerbekapitalsteuer
   - (Gewerbeertragsteuer auf Fremdkapitalzinsen)

2) umsatz- oder verbrauchsabhängige Steuern
   - Mehrwertsteuer
   - spezielle Verbrauchsteuern
   - (Lohnsummensteuer)

Die Vielfalt der Steuern, die im Unternehmen ansetzen, kann - auch wenn die Überwälzung nicht nur bei umsatz- oder verbrauchsabhängigen Steuern in Betracht gezogen werden muß - zu ungerechtfertigten Kumulierungswirkungen führen, da auch die vermögensabhängigen Steuern als Sollertragsteuern aus dem Ertrag gezahlt werden müssen. Dies betrifft neben der Vermögensteuer vor allem die Gewerbekapitalsteuer und die Gewerbeertragsteuer auf Fremdkapitalzinsen. Letztere ist zwar keine vermögensabhängige Steuer im eigentlichen Sinne und deshalb im Schema in Klammern gesetzt, sie weist jedoch ökonomisch die gleichen Wirkungen auf.

Die Kritik an diesem unsystematischen Nebeneinander von Steuern führt zu den Vorschlägen, das Steuersystem durch Einführung einer Betriebsteuer, die mehrere Steuern integriert[1], zu vereinfachen. Diese Vorschläge werden hier nicht weiter verfolgt, da sie nicht zu geeigneten Kommunalsteuern führen. Betrachtet man die Betriebsteuer als maximal mögliche Konsequenz aus der Kritik an der Unternehmensbesteuerung, so wären Minimallösungen, die eine

---

1) Es gibt eine Vielzahl von Vorschlägen. Meist wird eine Integration von Gewerbesteuer und Körperschaftsteuer, aber auch der Grundsteuer und sogar der Umsatzsteuer vorgesehen. Diese Vorschläge werden hier nicht weiterverfolgt, da sie nicht zu geeigneten Kommunalsteuern führen. Siehe im weiteren hierzu: E. Schipporeit, Göttingen 1978.

Entlastung der Wirtschaft versprechen, ohne das kommunale Steuersystem anzutasten, die Senkung der Vermögensteuer bzw. der Abbau der Gewerbesteuerumlage. Weitergehende Vorschläge sind eine Plafondierung der Gesamtsteuerlast[1] bzw. der Einsatz von "circuit breaker"- bzw. tax-credit-Mechanismen, wie sie etwa in den USA eingesetzt werden, um privates Eigentum vor der steuerlichen Überbelastung durch die property tax zu schützen. Das Ziel, steuerliche Investitionshemmnisse zu beseitigen, kann also angegangen werden, ohne die Gewerbesteuer anzutasten.[2] Es muß dann jedoch eine Verkomplizierung des vertikalen Finanzausgleichs und die Einschränkung des kommunalen Hebesatzrechtes in Kauf genommen werden.[3] Damit wird das Kriterium Gefahr der Substanzbesteuerung relativiert. Die Verringerung dieser Gefahr bei der Gewerbesteuer ist allerdings mit Zieleinbußen in anderen Bereichen verbunden.

Welche Beziehung besteht nun zwischen den Kriterien Gefahr der Substanzbesteuerung und Wachstumsförderung. Einerseits erhöhen die vermögensabhängigen Steuern, wie gezeigt, das Investitionsrisiko. Die eingebaute Flexibilität des Steuersystems läßt sich erhöhen, indem der Anteil ertragsabhängiger Steuern verstärkt wird. Diese reagieren auf die im Konjunkturverlauf schwankende Leistungsfähigkeit der Unternehmen.

Allerdings wird auch den ertragsabhängigen direkten Steuern eine leistungshemmende Wirkung vorgeworfen. Eine feste Grenze für die Belastbarkeit mit direkten Steuern besteht zwar nicht. Vielmehr ist eine "psychologische Opfergrenze"[4] anzunehmen, so daß die Investitionsbereitschaft nachläßt,

---

1) Diese Möglichkeit wird allerdings nicht für die Gewerbesteuer, sondern für die Vermögensteuer, untersucht in: Institut Finanzen und Steuern, Brief 165.
2) So etwa beim Vorschlag des DIHT, der die Anrechenbarkeit der Gewerbesteuer auf die Mehrwertsteuer vorsieht.
3) Vgl. dazu Kap. III, Abschnitt 5.4.
4) W. Ehrlicher, Berlin 1977, S. 70.

wenn den Unternehmen ein zu hoher Teil des Gewinns durch Steuern entzogen wird. Diese Grenze hängt von der Steuermentalität ab und kann durch Gewöhnung verändert werden. Darüber hinaus gilt als äußerste Grenze der Belastung des Produktivvermögens, daß auf Dauer zumindest ein Gewinn in Höhe des Kapitalmarktzinses bleibt. Ansonsten werden für Unternehmen Finanzanlagen lukrativer als Sachinvestitionen.[1)]

Gegenwärtig ist die Ansicht weit verbreitet, daß die Grenze der Belastbarkeit bei den direkten Steuern erreicht, wenn nicht überschritten ist. Eine Umschichtung der Steuerlast zu den indirekten Steuern oder, um in der Terminologie des obigen Schemas zu bleiben, zu den umsatz- oder verbrauchsabhängigen Steuern wird empfohlen. Zwar verringert sich dadurch die Gesamtsteuerlast nicht. Allerdings wird bei diesen Steuern von ihrer Überwälzung ausgegangen. Damit werden sie für die Unternehmen "tragbarer". Allerdings besteht zwischen umsatz- und verbrauchsabhängigen Steuern noch ein Unterschied. Bei verbrauchsabhängigen Steuern entsteht die Steuerpflicht bereits zum Zeitpunkt des Verbrauchs, also des Einsatzes bestimmter Güter oder Leistungen im Produktionsprozeß, bei umsatzabhängigen Steuern erst, wenn der Umsatz getätigt wird. Steuerzahlung und Überwälzung fallen dann zeitlich zusammen, d.h., die Liquiditätsbelastung ist geringer.

Umsatz- und verbrauchsabhängige Steuern sind also unter dem Kriterium Gefahr der Substanzbesteuerung den vermögensabhängigen Steuern vorzuziehen, ihre Flexibilität ist höher, da sie vom Grad wirtschaftlicher Aktivität in den Unternehmen abhängen. Allerdings ist auch bei ihnen ein Eingriff in die Substanz der Unternehmen möglich, wenn der Markt eine Überwälzung nicht hergibt. Die Bewertung anhand des Kriteriums Wachstumsförderung fällt dagegen nicht so leicht, da hier auch psychologische Faktoren eine Rolle spielen. So lehnen die Interessenverbände der

---

1) W. Ehrlicher, Berlin 1977, S. 70.

Wirtschaft eine Wertschöpfungsteuer vehement ab und präferieren als Ersatz für die Gewerbesteuer eine Umsatzsteuererhöhung, obwohl beide Steuern bezüglich ihrer Bemessungsgrundlage weitgehend identisch sind.

Dies mag nicht nur darauf beruhen, daß eine Wertschöpfungsteuer auch die Investitionen und die Exporte belastet, sondern auch darauf, daß das Überwälzungsverhalten bei der Mehrwertsteuer eingespielt ist, die Unternehmen also leichter abschätzen können, wie sich Konkurrenten und Kunden bei einer Mehrwertsteuererhöhung verhalten,als dies bei einer neu eingeführten und nicht öffentlich im Preis ausgewiesenen Wertschöpfungsteuer der Fall wäre. Solche psychologischen Aspekte können zwar letztendlich von Bedeutung für die Steuerwirkungen sein; ihre Einbeziehung in ein Bewertungskriterium wie Wachstumsförderung muß aber naturgemäß zu subjektiven Wertungen führen und die Nachvollziehbarkeit der Ergebnisse beeinträchtigen. Damit soll jedoch nicht die Rolle des "Investitionsklimas" im Wirtschaftswachstum bestritten werden.

(3) Wettbewerbsneutralität, Steuerharmonisierung, internationale Wettbewerbsfähigkeit

Eine Standarddefinition für Wettbewerbsneutralität lautet, daß die relative ökonomische Situation der Steuerpflichtigen zueinander durch die Besteuerung nicht verändert werden soll. Dies bedeutet, daß außer dem Steuertatbestand keine weiteren Faktoren Einfluß auf die steuerliche Belastung nehmen, sei dies nun Unternehmensgröße, Rechtsform, Standort oder Produktionsverfahren.Die Gewerbesteuer kann daher nicht als wettbewerbsneutral angesehen werden. Aufgrund ihrer Freigrenzen und Freibeträge belastet sie einseitig die Großbetriebe, darüber hinaus diskriminiert sie kapitalintensive Produktionen. Schließlich werden Personen- und Kapitalgesellschaften unterschiedlich behandelt, insbesondere können Personengesellschaften bei der Ermittlung des Gewerbeertrages nicht den Unternehmerlohn geltend machen, während Geschäftsführergehälter in Kapitalgesellschaften ertragsmindernd in Rechnung gestellt werden. Auch regional differierende Hebesätze führen zu Belastungsunterschieden, die allerdings gerechtfertigt sind, soweit darin die unterschiedlichen Kosten einzelner Standorte ihren Ausdruck finden.

Als besonders schwerwiegend wird die Beeinträchtigung der internationalen Wettbewerbsfähigkeit der Wirtschaft durch die Gewerbesteuer angesehen; eine vergleichbare Belastung des Gewerbetatbestandes durch Abgaben existiert nur in wenigen Ländern, und eine Steuererstattung für Exporte ist bei der Gewerbesteuer nicht möglich. Die Stichhaltigkeit dieses Argumentes gegen die Gewerbesteuer kann allerdings nicht ohne weiteres überprüft werden. Ein internationaler Vergleich zur Ermittlung von Wettbewerbsverzerrungen hätte sicherlich auch die öffentlichen Leistungen an die Unternehmen sowie die Belastung aus anderen Steuern, Gebühren, Beiträgen und Sozialabgaben zu berücksichtigen. Dennoch ist festzuhalten, daß die steuerliche Belastung der Unternehmung in der Bundesrepublik Deutschland international gesehen relativ hoch ist und zu höheren Anteilen Steuern enthält, für die eine Erstattung im Exportfall nicht möglich ist. Ein Kriterium für die Gewerbesteuersubstitute ist deshalb die Frage, ob ein Grenzausgleich möglich ist.

Einen besonderen Rang hat das Ziel der Herstellung gleicher Wettbewerbsbedingungen unter den Mitgliedstaaten der Europäischen Gemeinschaften. Die Harmonisierung des Steuerrechts, insbesondere des Umsatzsteuerrechts, dient hier nicht nur dem Ziel der Wettbewerbsneutralität, d.h. der Herstellung binnenmarktähnlicher Verhältnisse, sondern auch dem Ziel, der EG eigene Steuermittel zuzuweisen. Mit dem Zusammenwachsen der EG zu einer Wirtschafts- und Währungsunion könnten weitergehende Ziele mit den

Harmonisierungsbestrebungen verbunden werden, nämlich die Vereinheitlichung der Wirtschafts- und Sozialpolitik.
Die Beurteilung der Substitutionsvarianten kann nun einmal anhand der bestehenden supranationalen Rechtsvorschriften, zum anderen anhand der darüber hinausgehenden Zielsetzungen der EG vorgenommen werden.

Der Ministerrat der EG hat, um das Hauptziel, die Vermeidung von Wettbewerbsverzerrungen, zu verwirklichen, mehrere Harmonisierungsrichtlinien erlassen. Damit soll für alle Mitgliedstaaten ein einheitlicher Umsatzsteuertyp sichergestellt werden. Diese Richtlinien sind hinsichtlich der Ziele für die Mitgliedstaaten verbindlich, belassen ihnen jedoch einen gewissen Gestaltungsspielraum. Insbesondere sind in der örtlichen Besteuerung, d.h. bei den Kommunalsteuern, Unterschiede zugelassen. Eine Harmonisierung erfordert daher nicht unbedingt die Abschaffung der Gewerbesteuer, zumal Frankreich als wichtigster Handelspartner in der EG mit der taxe professionelle eine Gewerbesteuer neu eingeführt hat. Auch hat das Harmonisierungsziel immer nur Subzielcharakter in bezug auf übergeordnete Zielsetzungen, vor allem die Wettbewerbsneutralität der Steuersysteme in der EG.[1)]

Für dieses Ziel sind allerdings nur die "produktbezogenen" indirekten Steuern von Relevanz, da sie die Kostenstrukturen der Unternehmen unmittelbar beeinflussen. Ob und wie weit auch die direkten Steuern harmonisierungsbedürftig sind, ist umstritten. Die Preiswirkungen sind bei solchen Steuern schwächer als bei produktbezogenen Steuern, so daß der Harmonisierungsbedarf entsprechend geringer einzuschätzen ist; andererseits können auch von direkten Steuern wettbewerbsverzerrende Effekte ausgehen.[2)] Z.B. kann durch direkte Steuern die Möglichkeit der Eigenkapitalbildung in den Unternehmen beeinflußt werden.

1) R. Caesar, Köln 1980, S. 48.
2) Ebenda, S. 47.

Das Harmonisierungsziel kann deshalb nur bezüglich der Frage der Umsatzsteuern zu eindeutigen Antworten führen, da hier hinreichend konkrete Rechtsvorschriften vorliegen. Schwieriger ist dagegen die Beurteilung von direkten Kommunalsteuern oder solcher Steuern wie die Gewerbesteuer, die von ihrem Charakter her nicht eindeutig zuzuordnen sind. So wäre nach den von Caesar angestellten Überlegungen zu dieser Frage auch eine Abschaffung der Gewerbesteuer nicht eindeutig als Harmonisierungserfolg zu werten. Denn eine Harmonisierung der direkten Steuern sei nur bei einer gleichzeitig erfolgenden Anpassung der Sozialabgaben sinnvoll. Dagegen würde beispielsweise ein Versuch, die Unterschiede bei den einkommens- bzw. gewinnabhängigen Steuern allein zu vermindern, zu erneuten Wettbewerbsstörungen führen.[1]

Die Frage, ob eine Substitutionsvariante mit dem Kriterium EG-Steuerharmonisierung vereinbar ist, muß also in zwei Stufen beantwortet werden:

- Sobald die Mehrwertsteuer in einen Substitutionsvorschlag einbezogen ist oder eine neue Steuer mit Umsatzsteuercharakter vorgeschlagen wird, stellt sich die Frage, ob der Vorschlag mit der 6. EG-Richtlinie des Rates zur Harmonisierung der Rechtsvorschriften der Mitgliedstaaten über die Umsatzsteuer vom 17.5.1975[2] vereinbar ist. Diese bestimmen in Art. 33, daß jeder Mitgliedstaat das Recht hat, neben der EG-einheitlichen Mehrwertsteuer Verbrauchsteuern sowie andere Steuern, die nicht den Charakter von Umsatzsteuern haben, einzuführen. Dies bedeutet, eine weitere Umsatzsteuer darf neben der Mehrwertsteuer nicht erhoben werden. Ist darüber hinaus die Mehrwertsteuer selbst von einem Substitutionsvorschlag betroffen, ist zu prüfen, ob der Typus der Steuer, wie er in den EG-Richtlinien festgelegt wird, geändert wird.

---

1) R. Caesar, Köln 1980, S. 42 f.
2) Amtsbl. EG L 145.

- In einem zweiten Schritt wäre zu prüfen, ob der Vorschlag geeignet ist, über diese rechtlichen Kriterien hinausgehend, zur Steuerharmonisierung beizutragen. Diese Frage läßt Bewertungsspielräume offen. So könnte die Abschaffung der Gewerbesteuer, die es in dieser Form in der EG nur noch in Luxemburg gibt, als Harmonisierungserfolg gefeiert werden, wenn sie mit einer Erhöhung der Umsatzsteuer verbunden wird. Andererseits könnte sich dies als eine sinnlose deutsche Vorleistung im Rahmen der Harmonisierungsbemühungen erweisen, dann nämlich, wenn sich herausstellte, daß auch in den anderen Ländern ein Bedarf an einer lokalen Steuer mit wirtschaftsbezogener Bemessungsgrundlage besteht. Hierfür spricht etwa die Einführung der taxe professionelle in Frankreich. Der Gewerbesteuerabbau könnte also auch als Schritt zur europäischen Disharmonie gewertet werden.[1]

1) So H. Elsner, 1980, S. 1.

(4) Kommunale Wirtschaftsförderung

Aufgrund ihrer umfassenden Zuständigkeit bei der Planung und Erschließung von Betriebsgelände, der Ansiedlung von Unternehmen und als Eigentümer von geeigneten Ansiedlungsgelände kommt den Gemeinden im Rahmen der staatlichen Wirtschaftsförderung eine Schlüsselrolle zu. Dies macht es notwendig, ein starkes finanzielles Interesse der Gemeinden an der Erhaltung und Förderung der ortsansässigen Gewerbebetriebe aufrechtzuerhalten. Dies spricht dafür, daß eine Beteiligung der gewerblichen Wirtschaft an der Finanzierung der Betriebsgemeinden durch eine finanzwirtschaftlich ins Gewicht fallende Steuer sachlich gerechtfertigt ist und auch im Interesse der Betriebe selbst liegt.[1)]

Unter diesem Gesichtspunkt hat die Gewerbeattrahierung und -bestandspflege nach Einschätzung des Wissenschaftlichen Beirats beim Bundesminister der Finanzen[2)] innerhalb der letzten zehn Jahre stark an Attraktivität für die Gemeinden verloren. Hierzu trugen bei:

- Die Verringerung des Gewichts der Gewerbesteuer durch steuerliche Änderungen,
- soziale Wandlungen, die sich in einer veränderten Einstellung zur Gewerbeansiedlung, insbesondere in einer Abwehrhaltung der Bürger gegen Ansiedlungen, niederschlagen, sobald der Verdacht auf Umweltbelastungen durch eine neue Industrie geweckt wird.

Der Beirat sieht deshalb die Notwendigkeit, Voraussetzungen für die gewerbliche Produktion und damit für Arbeitsplätze zu schaffen, ohne eine produktionsorientierte Gemeindesteuer nicht mehr genügend honoriert. Er hält es für erforderlich,

---

1) Vgl. Institut Finanzen und Steuern, Brief 162 , S. 14.
2) Wissenschaftlicher Beirat beim Bundesministerium der Finanzen, Bonn 1982, S. 21 f.

über das kommunale Finanzsystem einen Interessenausgleich zu verankern, indem die Gemeinden für ihren Nachteil, Produktionsstandort zu sein, Kompensationszahlungen erhalten. Diese müßten höher angesetzt werden als die Ausgaben, die den Gemeinden direkt durch das öffentliche Gewerbe verursacht werden. [1)]

Damit hat sich die ursprüngliche Kritik an der Gewerbesteuer, sie führe zu einer hemmungslosen Wirtschaftsförderung ohne Rücksicht auf die Umwelt, praktisch umgedreht. Dies zeigt, daß es sich um ein Problem der Abwägung zwischen verschiedenen gesellschaftlichen Zielen handelt; es ist eine Ausbalancierung der verschiedenen Zielsetzungen und Interessenlagen über die Anreizwirkungen des kommunalen Finanzsystems erforderlich. Ist von daher der Idee des Interessenausgleichs des Beirats zuzustimmen, so bleibt die Frage nach der notwendigen Höhe des finanziellen Anreizes zur Wirtschaftsförderung. Der Beirat sieht diese Höhe in der gegenwärtigen Situation offensichtlich schon als zu gering an. Diese Einschätzung erscheint jedoch zu pauschal. Eine differenziertere Betrachtung des Problems ist notwendig.

Das Interesse der kommunalen Planungsträger, den Ausbau ihrer Gemeinde zur Wohn- und Schlafstadt zu fördern [2)], kann weder generell befürchtet noch pauschal verurteilt werden. Seltsam nimmt sich diese Kritik vor dem Hintergrund alter Vorwürfe an die Gewerbesteuer aus, sie verleite sogar Gemeinden, die als Industriestandort gänzlich ungeeignet sind, sich um die Ansiedlung von Unternehmen zu bemühen. [3)] Vielmehr erscheint es vom Standpunkt einer volkswirtschaftlich optimalen Allokation vorteilhaft, wenn sich die Gemeinden auf ihre jeweiligen Standortvorteile bezüglich der unterschiedlichen Funktionen - wie Wohnen, Arbeiten, Freizeit etc. - konzentrieren. Ein Ausbau zur

1) Vgl. Wissenschaftlicher Beirat beim Bundesministerium der Finanzen, Bonn 1982, S. 22
2) Vgl. ebenda.
3) F. Wolf, 1977, S. 519

Wohn- und Schlafstadt kann daher auch als vernünftige Maßnahme innerhalb einer funktional orientierten Raumordnung interpretiert werden. Allerdings stellt sich die Alternative des Ausbaus zur Schlafstadt vornehmlich in den Umlandgemeinden städtischer Zentren, die ein ausreichendes Arbeitsplatzangebot in ihrer Nähe aufweisen können, da ansonsten die Gefahr ökonomisch induzierter Abwanderungen der Einwohner gegeben ist. Eine solche Entwicklung wäre unerwünscht, soweit sie zu einer Verstärkung der Trennung von Wohnen und Arbeiten und damit zu zusätzlichem Verkehrsaufkommen innerhalb der Ballungsgebiete führt. In der Tat besteht, bezieht man die Wirkung des Finanzausgleichs durch Sockelgarantie und fiktiven Hebesatz ein, die Gefahr, daß die Gemeinden in zwei Gruppen gespalten werden: Größere Städte mit hohen Hebesätzen für die sich die Wirtschaftsförderung noch lohnt und kleine Gemeinden, bei denen die Kompensationseffekte im Finanzausgleich eine Gewerbeansiedlung fiskalisch uninteressant erscheinen lassen. [1]

Diese Gefahr kann allerdings kaum als Argument dafür ins Feld geführt werden, daß die Gewerbesteuer generell zu niedrig ist. Zwar ist zuzugeben, daß die gewerblich verursachten Lasten bei manchen Ansiedlungen nicht aus dem zusätzlichen Gewerbesteueraufkommen gedeckt werden. Dies dürfte jedoch nicht auf die generelle Höhe des Gewerbesteueraufkommens, sondern auf Mängel der Steuer wie die Dominanz des Gewerbeertrages in der Gesamtsteuer oder die hohen Freibeträge der Gliedsteuern zurückzuführen sein. In der Regel übersteigt jedenfalls die Steuer die gewerblich verursachten Lasten [2].

Auch aus der Veränderung der kommunalen Haushaltspolitik kann eine generelle Abkehr von der Wirtschaftsförderung

1) Vgl. I. Deubel, 1982, S. 210
2) Der Deckungsgrad schwankt natürlich auch mit der Konjunktur. Nach Fallstudien in Frankfurt und Hamburg kommen etwa 12 bis 15 v. H. der kommunalen Ausgaben der örtlichen Wirtschaft zugute; dies macht in Frankfurt 24 v. H. der Gewerbesteuer aus, vgl. H. J. Conrad, Frankfurt a. M. 1980, B. Mielke, Berlin 1979, S. 127

nicht herausgelesen werden. Daß sich die kommunalen Aktivitäten in Zeiten eines verringerten Ansiedlungspotentials verstärkt auf die Umwerbung der Einwohner richten, erscheint zwangsläufig, ist aber keine dauerhafte Alternative, was die Pflege der eigenen Steuerquellen angeht.

Insbesondere die zentralen Orte als Pole der Arbeitsmarktregionen können sich hohe Arbeitslosigkeit auf Dauer kaum leisten, da dies, wenn auch verzögert, ebenfalls zu einer Erosion beim Gemeindeanteil an der Einkommensteuer führt. Deshalb ist bei einer sinkenden Zahl der Gesamtbevölkerung, bei verstärkter Arbeitslosigkeit und dem zu erwartenden geringen Wirtschaftswachstum und Ansiedlungspotential eher mit einer Verschärfung des Wettbewerbs um die Arbeitsplätze [1] zu rechnen, zumal von der Situation am Arbeitsmarkt auch die ökonomisch induzierten Bevölkerungsbewegungen abhängen.

Eine Verstärkung des steuerlichen Anreizes zur Wirtschaftsförderung würde deshalb ein erneutes Anheizen der "Bürgermeisterkonkurrenz" bedeuten, die gesamtwirtschaftlich zur Ressourcenverschwendung und ungerechtfertigter Transformierung privater in soziale Kosten führt. [2] Die Abwerbungskonkurrenz der Gemeinden hat, da die Gewinne der einen Gemeinde Verluste der anderen bedeuten, den Charakter eines Nullsummenspiels. Die Effizienz der Subventionen an ansiedlungswillige Unternehmen liegt daher bei null. Die kommunale Wirtschaftsförderung wird sogar höchst problematisch, wenn sie die Regionalpolitik des Staates durch Gewährung ähnlich hoher Leistungen unterläuft und zu einem Förderungswettlauf der Gemeinden führt, in dem finanzschwache und besonders dringlich auf Investitionen angewiesene Gemeinden unterliegen. Weitere Bedenken richten sich dagegen, daß die Persistenz vieler der geförderten Betriebe nicht ausreicht, um über gewerbesteuerliche Mehreinnahmen die Amortisation der

---

1) Vgl. K. Ganser, 1979, a, S. 24
2) Hansmeyer schätzt die kommunalen Ansiedlungssubventionen für den Zeitraum 1970 - 1975 aufgrund von Hochrechnungen auf 1 bis 4 Mrd. DM bei einer Manövriermasse aller Gemeinden (freie Spitze) von 30 Mrd. DM, vgl. K.-H. Hansmeyer, Köln u. a. 1981, S. 37.

kommunalen Aufwendungen zu erreichen. Die Subventionen müssen also vielfach als Fehlinvestitionen angesehen werden. [1]

Es spricht also einiges dafür, im Zuge der Neugestaltung des kommunalen Steuersystems weder einen weiteren Abbau des finanziellen Anreizes zur Wirtschaftsförderung noch eine wesentlich stärkere Belohnung der Produktionsstandorte vorzunehmen. Vielmehr sollten Fehlentwicklungen im Finanzausgleich korrigiert werden, wenn etwa, wie Deubel am Beispiel des Entwurfs zum nordrhein-westfälischen Finanzausgleichsgesetz für 1983 nachweist, die Tendenz zur Übernivellierung besteht, Gemeinden also für erfolgreiche Wirtschaftsförderung nicht belohnt sondern bestraft werden. [2] Allerdings müssen interkommunale Streueffekte zwischen Industriestandorten, die sich aus der Ertragsabhängigkeit und den Freibeträgen der Steuer in Verbindung mit der örtlichen Betriebsstruktur ergeben, abgebaut werden. Dies hätte auch zur Folge, daß sich das Interesse der Gemeinden an der Wirtschaft nicht allein auf Großbetriebe richtet, sondern von Betriebsgröße und Ertragskraft unabhängiger wird.

---

1) Ebenda, S. 37
2) I. Deubel, 1982, S. 210, vgl. zu dieser Problematik auch E. Tharun, 1977, S. 282

8. Räumliche Wirkungen der Kommunalsteuern

Kommunale Steuern haben räumliche Wirkungen distributiver und allokativer Art, die unter den Zielsetzungen "optimale räumliche Allokation" und "Deckung des örtlichen Bedarfs" diskutiert werden. Die zentrale Frage in dieser Diskussion ist, welche räumliche Verteilung der kommunalen Finanzkraft vom Standpunkt der Raumordnung aus erwünscht ist. Hieraus ergeben sich für die Gewerbesteuer bzw. ihre Ersatzlösungen folgende Fragen:

- Wieweit darf die horizontale bzw. vertikale Streuung der Steuern als Teilkomponente des kommunalen Finanzsystems gehen, inwieweit ist der Finanzausgleich als Ausgleichsmechanismus gefordert, die gewünschte regionale Streuung der Finanzmasse sicherzustellen?

- Ist eine räumliche Differenzierung der Hebesätze zugelassen, welche Wirkung hat sie?

- Welche Bemessungsgrundlagen sind für die Steuern zu wählen, welche Wirkungen haben sie auf das private Standortverhalten bzw. die interkommunale Konkurrenz?

(1) Optimale räumliche Allokation

Die optimale Allokation der Produktionsfaktoren wird durch das kommunale Steuersystem nur dann nicht gestört, wenn über die autonome kommunale Finanzpolitik die sozialen Kosten der Erstellung öffentlicher Leistungen in den privaten Wirtschaftsrechnungen ihren Niederschlag finden. Das ist sowohl bei interkommunal unterschiedlichem, steuerfinanziertem Leistungsniveau mit entsprechenden Belastungsunterschieden der Fall, als auch umgekehrt bei gleicher Belastung und unterschiedlichem Leistungsniveau, insoweit Äquivalenzbeziehungen zwischen den verursachten Sozialkosten und den steuerlichen Bemessungsgrundlagen bestehen.

Hiervon kann nun zumindest bei der Gewerbeertragsteuer nicht die Rede sein. Der Gewerbesteuer wird daher eine ballungsfördernde, raumverzerrende Wirkung vorgeworfen. Sie ermögliche es Gemeinden, die ertragsstarke Unternehmen beheimaten, aufgrund ihrer Finanzkraft neue Unternehmen mit hohen kommunalen Leistungen anzulocken und so einen sich selbst verstärkenden Agglomerationsprozeß einzuleiten. Andererseits bestehe für deglomerierte Räume keine entsprechende fiskalische Operationsmöglichkeit bei der Akquisition von Unternehmen, da eine Hebesatzerhöhung nur zu einer Verstärkung der Standortnachteile, eine Hebesatzsenkung aber zu Leistungseinschränkungen und daher zu einem weiteren Leistungsgefälle der Kommunen führen müsse.

Geht man mit Littmann[1] von einem u-förmigen Verlauf der Kurve der volkswirtschaftlichen Kosten der Produktion in Abhängigkeit von der Ballung aus, so wird das Ballungsoptimum überschritten, wenn die finanzstarken Gemeinden in den agglomerierten Räumen im interkommunalen Konkurrenzkampf Vorteile erlangen, indem sie darauf verzichten, den Unternehmen die mit der Ballung steigenden sozialen Zusatzkosten voll anzulasten. Andererseits wird so von den deglomerierten Räumen Entwicklungspotential abgezogen, das dazu führen könnte, daß die dortigen Gemeinden in optimalere Größenordnungen hineinwachsen.

Gegenüber diesem ballungsfördernden Aufkommensmechanismus wird der Effekt unterschiedlicher Hebesätze als zweitrangig angesehen. Verschiedenen empirischen Untersuchungen zufolge ist der Gewerbesteuerhebesatz kein gewichtiger Faktor der Standortwahl, die Steuerbelastungsunterschiede liegen weitgehend unter der Fühlbarkeitsschwelle.[2]

1) K. Littmann, Berlin 1964, S. 64 ff.
2) Vgl. B. Kirsch, K.Schußmann, 1978, S. 108.

Welchen Stellenwert genießen nun die theoretischen Überlegungen zum Ballungsoptimum? Das Konzept einer optimalen Ballung ist kaum operationalisierbar; denn es würde nicht nur einen Vergleich unterschiedlicher Gemeindeausgaben, sondern auch der sonstigen nicht internalisierten sozialen Zusatzkosten sowie der Nutzen unterschiedlicher gewerblicher Standorte erfordern. Außerdem entstünde durch die Forderung nach strenger kostenäquivalenter Steuerbelastung ein Konflikt mit der Idee des Interessenausgleichs [1].

Was kann nun von einer Gemeindesteuerreform realistischerweise an raumordnungspolitischen Effekten erwartet werden? Aus den theoretischen Überlegungen läßt sich die Forderung nach einer stärker ertragsunabhängigen, den Sozialkosten äquivalenten Bemessungsgrundlage der an wirtschaftliche Tatbestände anknüpfenden Steuern, eine stärkere Verkoppelung von kommunalem Leistungsniveau und Hebesatzniveau und eine stärkere Nivellierung horizontaler Steuerkraftunterschiede ableiten, nicht jedoch die Forderung nach einer bestimmten regionalen Umverteilung der kommunalen Finanzkraft. Nach der Theorie des second best erscheint es nicht gerechtfertigt, nachdem über Jahrzehnte nicht nur im Steuerbereich Marginalbedingungen für eine optimale Allokation verletzt waren, jetzt abrupt die Realisierung einer Marginalbedingung im Bereich kommunaler Steuern zu versuchen. Dies müßte zu einer Einschränkung kommunaler Leistungen in den Ballungszentren führen, wo die einmal ausgebaute Infrastruktur vorhanden ist und die Gemeinden die Folgekosten dieser Infrastruktur zu tragen haben. Gleichzeitig würde in bisher benachteiligten Räumen diese Infrastruktur neu aufzubauen sein, ohne daß bereits eine entsprechende Nachfrage sicherzustellen wäre, da die privaten Standortentscheidungen kurz- und mittelfristig irreversibel sind und ein Zuwachs wie in den Jahren des wirtschaftlichen Aufbaus nach dem Kriege nicht zu verteilen ist. Mithin kann es nicht darum gehen, via kommunales Finanzsystem eine Neuordnung der räumlichen Ordnung anzustreben, sondern höchstens darum, unerwünschte regionale Entwicklungen nicht noch zu forcieren.

---

1) Vgl. Kapitel II, Abschnitt 6.

In diesem Lichte sind auch die gegenwärtig anhaltenden Entwicklungstendenzen der Ausdünnung der peripheren ländlichen Räume und der Auflockerung der Ballungsgebiete durch die Kernstadt -Umlandwanderungen im Bereich der Bevölkerung und der Wirtschaft zu sehen. Es ist absehbar, daß die demographischen und wirtschaftlichen Entwicklungen in den peripheren ländlichen Räumen und in den großen Kernstädten der Verdichtungsräume bei Gewerbesteuer und Einkommensteuer unvermeidbar zu fortschreitenden Einnahmeminderungen führen werden, zumindest relativ zu den übrigen Gemeinden. Daher fordert Ganser[1], man müsse nach einer Steuer Ausschau halten, die von der Entwicklung der Betriebe nach Größe und Branche ebenso unabhängig ist wie von der Entwicklung der Einwohnerzahl nach Erwerbsquote und Einkommen. Eine solche Unabhängigkeit wird man jedoch höchstens über Finanzzuweisungen realisieren können. Eine Steuer auf Produktion, Einkommen oder Konsum muß jedoch notgedrungen in mehr oder weniger starker Form die räumliche Streuung der Bemessungsgrundlage, d. h. der Wirtschaftskraft der Regionen und deren Wandlungen im örtlichen Aufkommen widerspiegeln. Möglich wäre aber eine Entkoppelung von Aufkommen und Verausgabung der Steuer, etwa bei einer Beteiligung der Gemeinden an der Mehrwertsteuer, die nach raumordnungspolitisch zielgerechten Schlüsseln verteilt wird. Auch an einen direkten interkommunalen Finanzausgleich, etwa durch die Bildung regionaler Steuerpools, wäre zu denken. Ein Vorbild könnte hier das amerikanische Modell aus dem Ballungsraum St. Paul-Minneapolis abgeben. Innerhalb des Ballungsraumes werden sämtliche Steuerzuwächse in einem Pool gesammelt und gleichmäßig auf die Gemeinden verteilt. Damit wird dem Problem der Stadtflucht an den Ballungskernen begegnet, die von dieser Regelung am meisten profitieren, und der interkommunalen Konkurrenz, die die geordnete regionale Entwicklung beeinträchtigt, die Spitze genommen. Gleichzeitig bedeuten diese Vorschläge ein Abgehen vom traditionellen Grundsatz der örtlichen Radizierbar-

---

1) Vgl. K. Ganser, 1979, b, S. 16

keit. Diese stellt jedoch keinen Wert an sich dar, sondern nur ein technisches Kriterium zur Realisierung der Äquivalenzbeziehungen zwischen Steuerzahler und Gemeinde. Unter dem Eindruck der erhöhten Mobilität der Bürger und der wirtschaftlichen Verflechtungen innerhalb der Regionen wird der Wert dieses Prinzips sowieso mehr und mehr angezweifelt, weil es an der ökonomischen Realität vorbeigeht.[1)]

Das Fazit dieser Überlegungen dürfte sein, daß es nicht genügen kann, wie das Modell der optimalen Allokation impliziert, nur die theoretisch optimale Steuer festzulegen und dann sich die räumliche Ordnung quasi naturgesetzlich vollziehen zu lassen, dazu sind schon die geforderten Äquivalenzbeziehungen zwischen sozialen Kosten und Bemessungsgrundlage zu locker. Es muß vielmehr, ausgehend von politischen Leitvorstellungen zur erwünschten Entwicklung der räumlichen Ordnung, die gewünschte räumliche Streuung festgelegt werden, wobei die gegenwärtige Streuung als Ausgangspunkt zu dienen hat, an der unter Berücksichtigung der absehbaren regionalen Entwicklungstendenzen Korrekturen vorgenommen werden.

(2) Deckung des örtlichen Bedarfs

Der örtliche Bedarf ist eine Leerformel, die politisch mit Inhalt gefüllt werden muß. Dennoch kann die Finanzwissenschaft einige Beurteilungskriterien des Bedarfs liefern.

Popitz' Formulierung, daß der "kanalisierte Einwohner" der Stadt einen höheren Bedarf an kommunalen Leistungen hat als der Dorfbewohner, wird heute nicht mehr akzeptiert. Vielmehr wird unter Hinweis auf den Auftrag des Grundgesetzes, der die Herstellung

---

1) Vgl. G. Stepper, Hannover 1978, S. 89.

gleichwertiger Lebensverhältnisse in allen Regionen fordert, eine Nivellierung der Steuerkraft gefordert.

Gleichwertigkeit der Lebensverhältnisse heißt jedoch nicht Vereinheitlichung der Lebensverhältnisse, sondern Wahrung eines Mindeststandards für wesentliche Lebensverhältnisse, darunter auch kommunale Leistungen.[1] Dies bedeutet, daß Hebesatzanhebungen zur Finanzierung darüber hinausgehender Leistungen der Gemeinden entsprechend den örtlichen Bedürfnissen legitim sind. Doch auch aus anderen Gründen kann es zu örtlichen Unterschieden im Finanzbedarf kommen.

Auch bei gleichen kommunalen Leistungen sind Kostenunterschiede durch das Auftreten von Leerkosten (verminderte Einnahmen und erhöhte Kosten je Einwohner durch Unterauslastung bestehender Infrastruktur) bzw. Ballungskosten (z.B. in Form höherer Grundstückspreise) zu erwarten. Während empfohlen wird, den von Leerkosten betroffenen ländlichen Gemeinden einen Ausgleich über das kommunale Finanzsystem zu gewähren, um sie in kostengünstigere Größenordnungen hineinwachsen zu lassen, wird die finanzielle Dotierung der Ballungsräume entsprechend ihren Ballungskosten abgelehnt; dies erzeuge eine überoptimale Agglomeration.

Weiterhin können kommunale Wachstums- oder Schrumpfungsprozesse mit erhöhtem Finanzbedarf verbunden sein, ersterer, weil der Investitionsbedarf sprunghaft steigen kann, letzterer, weil die vorhandenen Infrastrukturkapazitäten nicht im Gleichschritt verringert werden können und bei verringerter Nachfrage in ungünstigere Kostenrelationen absinken.

---

1) Vgl. F. Neumark, Berlin 1978, S. 169

Ein gewichtiger Grund für erhöhten Finanzbedarf liegt in der Zentralität größerer Gemeinden. Zentrale Orte erbringen im Bereich der Infrastruktur Leistungen, die ihrem Umland mit zugute kommen. Daneben erwachsen den Zentralorten durch Arbeits- bzw. Einkaufszentralität indirekte Lasten durch höhere Aufwendungen, beispielsweise im Bereich der Verkehrsinfrastruktur.[1] Ganz allgemein kann gesagt werden, daß zwischen den Gemeinden eine funktional-räumliche Arbeitsteilung besteht, indem sie die kommunalen Funktionen Wohnen, Arbeiten, Konsum, Bildung, Freizeit, Verkehr in unterschiedlicher Weise wahrnehmen. Das kommunale Finanzsystem sollte diesem Fakt Rechnung tragen. Entsprechend der "Mehrsäulentheorie" sollte nicht der Einwohner die alleinige Bezugsgröße des Bedarfs sein. Für kommunale Steuern sind breite Bemessungsgrundlagen erforderlich, die zusammengenommen die verschiedenen Belastungstatbestände der kommunalen Etats in etwa widerspiegeln. Insbesondere sollte neben dem Wohntatbestand die örtliche Produktion Berücksichtigung finden, und zwar dergestalt, daß die Verteilung des Steueraufkommens sowohl Handels- als auch Industrie- bzw. Verwaltungsstädten gerecht wird. Daneben kann z.B. auch an eine steuerliche Berücksichtigung des Verkehrstatbestandes gedacht werden. Funktionen, die nicht belohnt werden, drohen dagegen in der Kommunalpolitik vernachlässigt zu werden.

Die Forderung nach einer Entsprechung zwischen den Funktionen, die die Gemeinde wahrnimmt und der steuerlichen Belastung bestimmter Merkmale oder Gruppen von Gemeindebürgern findet sich schon bei Popitz im Grundsatz der Wechselwirkung zwischen den Besteuerungsmöglichkeiten und Gemeindeausgaben.[2] Danach sind für Gemeindesteuern solche Tatbestände heranzuziehen, die die Ausgabenhöhe der Gemeinde

---

1) In der Praxis fällt es hier allerdings schwer, eine Grenze zu ziehen zwischen zentralitätsbedingtem, d.h. erlaubtem, und ballungsbedingtem, d.h. nicht zu förderndem Verkehrsaufwand.

2) Vgl. J. Popitz: Der künftige Finanzausgleich zwischen Bund, Ländern und Gemeinden, Berlin 1932.

beeinflussen, aber ihrerseits auch durch die Ausgaben der Gemeinde in ihrem Wert oder Ertrag beeinflußt werden. Ähnlich formuliert Rehm seinen Grundsatz der fiskalischen Äquivalenz.[1] Auch das vom Wissenschaftlichen Beirat propagierte Prinzip der Interessenausgleichs basiert auf diesem Ansatz der Kompensation, ohne daß hier eine streng zurechenbare Äquivalenzbeziehung gefordert ist. Damit zeichnet sich eine gewisse Affinität zwischen dem Prinzip des Interessenausgleichs und der Finanzierung von Ballungskosten ab bzw. eine Aufgabenteilung im kommunalen Finanzsystem dergestalt, daß Gemeindeanteil Einkommensteuer und Schlüsselzuweisungen die Finanzierung des kommunalen Grundbedarfs sicherzustellen haben und eine am Prinzip des Interessenausgleichs orientierte produktionsbezogene Steuer dem spezifischen Bedarf der Ballungsräume Rechnung trägt. Diese Funktion liegt nicht im Grundgedanken des Interessenausgleichs begründet, sondern ergibt sich aus der Korrelation von Produktionskonzentration und Bevölkerungsballung.

Dies läßt die Frage des Verhältnisses von Interessenausgleich und räumlicher Neutralität auftauchen. Hier ist insofern ein Konflikt angelegt, als der Wissenschaftliche Beirat den Sinn des Interessenausgleichs darin sieht, "zwischen den Interessen des örtlichen Gewerbes und jenen der Wohnbevölkerung dadurch einen Ausgleich herzustellen, daß das Gewerbe die von ihm verursachten Nachteile für die Wohnbevölkerung durch erhöhte Anteile an der Finanzierung der Kommunalausgaben ... kompensiert."[2] Bis zu welcher Höhe eine solche Kompensation angemessen ist und bei welchen Finanzkraftunterschieden die räumliche Neutralität verletzt wird, d.h., Ballungstendenzen verstärkt werden, läßt sich kaum theoretisch bestimmen. Hier stellt sich zunächst die Frage nach dem geeigneten Maßstab für kommunale Steuerkraftunterschiede.

---

1) H. Rehm, 1982, S. 210.
2) Wissenschaftlicher Beirat beim Bundesministerium der Finanzen, Bonn 1982, S. 35.

Üblicherweise wird nun die Frage der regionalen Verteilung der kommunalen Steuerkraft anhand der horizontalen und vertikalen Streuung diskutiert. Vertikal bedeutet dabei die Streuung der Steuerkraft mit dem Ansteigen der Gemeindegröße, gemessen an der Einwohnerzahl; horizontal die Streuung des Aufkommens bei Gemeinden gleicher Einwohnerzahl. Fordert man nun, wie oben eine Steuerkraftverteilung entsprechend den kommunalen Funktionen, erscheint der alleinige Bezug auf den Einwohner zur Darstellung und Beurteilung von Finanzbedarf und Steueraufkommen nicht angemessen. Aus mit der Einwohnerzahl steigenden Pro-Kopf-Werten im Steueraufkommen kann daher nicht unbedingt auf die Notwendigkeit der Nivellierung des Steueraufkommens geschlossen werden. Eine Umrechnung auf andere, den von einer Steuer dotierten Funktionen besser entsprechende Bezugsgröße, etwa die Wirtschaftsbevölkerung bei einer produktionsbezogenen Steuer, würde vielleicht aufzeigen, daß die Steuer nur in geeigneter Weise mit den wahrgenommenen Funktionen der Gemeinde streut. Wird im folgenden dennoch mit dem Steueraufkommen pro Einwohner operiert, so deshalb, weil zum Vergleich der Streuung einzelner Steuern eine einheitliche Bezugsgrundlage notwendig ist.

Dies macht es notwendig, die Idee der funktionsgerechten Steuerverteilung umzusetzen in die Begriffe der vertikalen und horizontalen Streuung. So läßt sich ein tendenzielles Ansteigen des Steueraufkommens je Einwohner mit der Gemeindegröße und den stärkeren Belastungen großer Städte durch Arbeits- und Handelszentralität rechtfertigen und entspricht auch der Forderung nach einem funktionsadäquaten Steueraufkommen. Wie stark jedoch horizontale und vertikale Steuerkraftunterschiede sein sollen, ohne Verwerfungen in der Raumordnung hervorzurufen, ist allgemein nicht zu beantworten.[1] Vielmehr muß das kommunale Steuersystem

1) Vgl. Wissenschaftlicher Beirat beim Bundesministerium der Finanzen, Bonn 1982, S. 41.

empirisch austariert werden. Hierbei sind die zu beobachtenden Auswirkungen der steuerlichen Anreize auf das kommunalpolitische Verhalten zu berücksichtigen.

Vor der Gemeindefinanzreform 1969 - darüber herrscht weitgehend Einigkeit - waren sowohl horizontale als auch vertikale Streuung des Steueraufkommens derart hoch, daß sie für erhebliche Fehlentwicklungen in der räumlichen Struktur mit verantwortlich gemacht werden können.[1] Durch die Beteiligung der Gemeinden an der Einkommensteuer im Austausch gegen die Gewerbesteuerumlage wurde eine gewisse Nivellierung erreicht, die der Gesetzgeber offensichtlich als ausreichend erachtet. Jedenfalls wurde die aufgrund der Sockelbetragskonstruktion beim Gemeindeanteil an der Einkommensteuer immanente Tendenz zur Nivellierung und damit zur Steuerumverteilung von den Ballungsräumen in die ländlichen Räume mehrmals durch Anhebung der Sockelbeträge gestoppt und revidiert. Dies wurde von der Regierung auch durchaus mit raumordnungspolitischen Vorstellungen begründet.[2] Andererseits erscheinen dem Wissenschaftlichen Beirat beim Bundesminister der Finanzen die horizontalen Streuungsunterschiede immer noch so groß, insbesondere aufgrund des Einflusses der Gewerbesteuer, daß sie einen Störfaktor der räumlichen Ordnung bilden.[3]

Zur Reduzierung dieser Streuung läßt sich unter steuertechnischen Gesichtspunkten fordern: Als Bemessungsgrundlage einer wirtschaftsorientierten Kommunalsteuer sind solche Tatbestände zu wählen, die möglichst gleichmäßig über den Raum streuen. Steuerbefreiungen, Freigrenzen und Freibeträge verstärken tendenziell die örtlichen Aufkommensunterschiede und sind daher zu vermeiden, so sehr sie auch von anderen Zielsetzungen her (z.B. Mittelstandspolitik)

---

1) Wissenschaftlicher Beirat beim Bundesministerium der Finanzen, Bonn 1982, S. 41.
2) Vgl. die Erklärung des Parlamentarischen Staatssekretärs R. Böhme zur Frage der Sockelhöhe aus räumlicher Sicht, in: BMF-Finanznachrichten 41/1981, S.2.
3) Ebenda.

gerechtfertigt erscheinen. Schließlich sind proportionale Tarife angebracht, um eine Verstärkung bestehender Steuerkraftunterschiede zu vermeiden. Sollten die horizontalen Steuerkraftunterschiede dennoch zu hoch erscheinen, ist an eine Kappung unangemessener Spitzenaufkommen - wie bei der französischen taxe professionelle - zu denken.[1)]

Dennoch wird eine produktionsbezogene Steuer immer zu gewissen Steuerkraftunterschieden führen, da auch der Tatbestand der Produktion nicht gleichmäßig im Raum streut. Teilweise wird deshalb aus raumordnungspolitischer Sicht gefordert, die gegenwärtige Gewerbesteuer durch eine nach Einwohnern verteilte Beteiligung an der Umsatzsteuer zu ersetzen.[2)] Dies widerspricht jedoch der Forderung, das Interesse der Gemeinden an der Wirtschaftsförderung zu erhalten und eine funktionsadäquate Finanzierung der Gemeinden anzustreben. Solche Ziele würden also vollkommen vernachlässigt, die der Wissenschaftliche Beirat schon beim jetzigen Stand der Gewerbebesteuerung gefährdet sieht, weil das kommunale Finanzsystem zu stark einwohnerbezogen sei.[3)]

Auch aus raumordnungspolitischer Sicht selbst sind Zweifel angebracht, ob die hinter diesem Vorschlag stehende Zielvorstellung bezüglich der räumlichen Streuung angemessen ist. Begründet wird eine solche Zielsetzung mit dem grundsätzlichen Auftrag, die Gleichwertigkeit der Lebensbedingungen in allen Landesteilen herzustellen. Aus diesem Grundgesetzauftrag kann jedoch nicht die totale Steuerkraftnivellierung abgeleitet werden. Denn die Forderung nach Gleichbehandlung macht nur einen Sinn, wenn sie auf gleiche Tatbestände angewandt wird. Es ist jedoch leicht einsichtlich, daß vollkommen unterschiedliche Gemeindetypen auch

---

1) Seit 1976 werden sehr hohe Gewerbesteuereinnahmen, die in keinem Verhältnis zu den von der Industrie verursachten Lasten stehen, gekappt und die eine festgesetzte Höchstgrenze übersteigenden Steuerbeträge (Steuermeßbetrag höher als Einwohnerzahl x 5.000 f) in einen departementalen Fonds eingezahlt, der sie an finanzschwache Gemeinden verteilt.
2) So z.B. E. Recker, 1979, S. 692.
3) Vgl. Wissenschaftlicher Beirat beim Bundesministerium der Finanzen, Bonn 1982, S. 21 f.

unterschiedliche Finanzbedarfe haben. In diesem Sinne äußert sich auch die Kommission für wirtschaftlichen und sozialen Wandel.Sie hält eine Neuinterpretation des Zieles "Schaffung gleichwertiger Lebensbedingungen in allen Teilräumen" für notwendig. Dieses Ziel sei nur großflächig zu erreichen, und zwar durch Stärkung der Mobilität und Nutzung der Vorteile einer funktionsräumlichen Arbeitsteilung.[1] Diese muß ihre Entsprechung auch im kommunalen Finanzsystem finden. Da jedoch steuerliche Bemessungsgrundlagen den kommunalen Lasten nur sehr schematisch entsprechen können und nicht allen bedarfsverursachenden Faktoren in gleicher Weise gerecht werden können, muß der Finanzausgleich korrigierend eingreifen.

Dies wirft abschließend die Frage nach dem Verhältnis von Steuersystem und Finanzausgleichsystem auf. Die Höhe der allgemeinen Zuweisungen im kommunalen Finanzausgleich hängt von der Bedarfsmeßzahl und der Steuerkraft der Gemeinden ab. Die sich aufgrund der verschiedenen Substitutionsvarianten bei den Gemeinden ergebenden Gewinne oder Verluste stellen deshalb nicht endgültige Veränderungen der Finanzkraft dar. Vielmehr kommt es durch gegenläufige Veränderungen bei den allgemeinen Zuweisungen zu Kompensationseffekten. In einer Untersuchung zu den Auswirkungen unterschiedlicher Sockelgrenzen bei der Einkommensteuer aus räumlicher Sicht wird, ausgehend von den für 1979 in Nordrhein-Westfalen gültigen Finanzausgleichsbestimmungen der Kompensationseffekt bei Steuerveränderungen auf 85 bis 90 v.H. beziffert.[2]

Nun dürfte dieser Effekt bei einer Gewerbesteuersubstitution geringer ausfallen. Denn die Höhe der Kompensation von Änderungen im Steueraufkommen hängt neben anderen Parametern

---

1) Siehe Kommission für Wirtschaftlichen und sozialen Wandel (Hrsg.): Bonn 1977; vgl. auch R. Saekel, 1977, S.8.
2) R. Fischer; F.Gschwind; D.Henkel, Bonn 1981, S. 27.

von der Festsetzung der fiktiven Hebesätze ab, mit der die Steuern im Finanzausgleich berücksichtigt werden. Bei Gemeinden, bei denen der tatsächliche Hebesatz der Gewerbesteuer über dem fiktiven liegt - dies ist vor allem bei den Großstädten der Fall -, wird nur ein Teil der Steuereinnahmen als Steuerkraft im Finanzausgleich berücksichtigt. Bei einer Beteiligung der Gemeinden an der Umsatzsteuer wären jedoch Steuerkraft und effektive Einnahmen identisch, d.h., die dem Finanzausgleich zugrundegelegte Steuerkraft könnte steigen, während die effektiven Einnahmen sinken. In diesem Fall kämen zu sinkenden Steuereinnahmen sinkende Schlüsselzuweisungen hinzu. Auch bei neuen Steuern, die den Kommunen ein Hebesatzrecht belassen, können sich solche Effekte ergeben, wenn die fiktiven Hebesätze neu festgesetzt werden müssen.

Der Finanzausgleich mildert also Umverteilungseffekte im Steuersystem. In welchem Ausmaß kann erst gesagt werden, wenn bekannt ist, wie er einem veränderten Steuersystem angepaßt wird. Damit wird die Frage der räumlichen Streuung neuer Kommunalsteuern in ihrer Bedeutung relativiert. Für einen bedeutenden Teil der Gemeinden, insbesondere kleinere und finanzschwache Gemeinden hat sie nur qualitative Bedeutung: Fließen die Einnahmen aus Steuern oder aus staatlichen Finanzzuweisungen? Dies gilt allerdings nicht für steuerstarke, insbesondere abundante Gemeinden und für Gemeinden mit Hebesätzen, über dem fiktiven im Finanzausgleich unterstellten Hebesatz. Insbesondere Gemeinden über der Abundanzschwelle müssen etwaige Verluste aus einer Steuerreform voll selbst tragen. Dieses Problem fällt aber nicht allzu schwer ins Gewicht. Im Jahre 1981 waren etwa in Nordrhein-Westfalen nur Haan, Wülfrath Frechen und Wesseling abundant. Die Frage der Umverteilung stellt sich daher vor allem bei den Großstädten und bisher steuerstarken Gemeinden mittlerer Größe in den Verdichtungsgebieten. Hieraus könnte man den Schluß ziehen, daß bei der Frage der räumlichen Streuung diese Gemeinden besondere Aufmerksamkeit verdienen. Der räumlichen Streuung unter den kleineren Gemeinden käme dagegen geringeres Gewicht zu, insbesondere wenn sich herausstellte, daß für diese Gemeinden keine der vorgeschlagenen Substitutionsvarianten ein ausreichendes Gesamtaufkommen bringt und der Finanzausgleich sowieso wie bisher für eine ausreichende Finanzmasse sorgen muß.

Weitere Argumente für die Relevanz der untersuchten Frage treten hinzu: Eine grundlegende kommunale Steuerreform stellt eine langfristige Lösung dar, die also auf längere Zeit die Streuung des örtlichen Aufkommens festlegt, auch wenn im einzelnen immer Korrekturen möglich sind, etwa über den Umfang der Beteiligung an der Einkommensteuer und Veränderungen der Sockelhöhe. Dennoch stellt eine kommunale Steuer für die einzelnen Gemeinden eine Art Besitzstand dar, mit dem sie rechnen kann, während etwa der Finanzausgleich Wandlungen unterworfen ist. Insbesondere die Hauptansatzstaffel ist der Kritik unterworfen. Es wird aus raumordnungspolitischer Sicht gefordert, diese Staffel abzubauen und den Finanzausgleich stärker auf raumordnungspolitische Ziele hin auszurichten.

Im übrigen steht ja auch gar nicht fest, daß eine Steuerreform aufkommensneutral erfolgen muß. Denkbar wäre zum Beispiel auch, eine neue Steuer im Gesamtaufkommen der Gewerbesteuer, also einschließlich Umlage,einzuführen und dafür die Finanzausgleichsmasse zu reduzieren. Die Gemeinden erhielten dann mehr eigene Einnahmen statt Zuweisungen, was unter dem Autonomieaspekt zu begrüßen wäre. Eine solche Lösung wäre freilich nur möglich, wenn die neue Kommunalsteuer eine so günstige Streuung aufwiese, daß der Finanzausgleich bei seiner Funktion "Verstärkung der kommunalen Finanzmasse bei gleichzeitiger Nivellierung der Finanzkraftunterschiede" entlastet würde. Er könnte dann stärker auf neue raumordnungspolitische Aufgaben hin ausgerichtet werden wie die Dotierung von Sonderbedarfen aus Zentralitätsgründen.

9. Ein Kriterienraster zur Beurteilung der Substitutionsvarianten

Die Vielzahl von Kriterien zur Beurteilung von Kommunalsteuern mit all ihren unterschiedlichen Facetten führt zur Gefahr der Überfrachtung einer Gewerbesteuerreform bzw. -substitution mit konträren Zielsetzungen, die zu auf Dauer unbefriedigenden Kompromißvorschlägen führen.[1] Dabei erscheinen einige Kriterien nur vorgeschoben, um Steuermodelle zu stützen, die aus ganz anderen Motiven gewünscht werden.

Will man nun ein überschaubares Kriterienraster zur Beurteilung der Substitutionsvarianten erstellen, sind naturgemäß Vergröberungen nötig. Es soll deshalb eine Dreiteilung der Kriterien vorgenommen werden, damit deutlich wird, welche Substitutionsvarianten schwergewichtig welchen Interessen dienen. Die drei Gruppen von Kriterien sind allgemeine steuerpolitische Kriterien, Kriterien speziell für kommunale Steuern und wirtschaftspolitische Kriterien.

Mit dieser Einteilung ist nicht gesagt, daß sich nun jede Gemeinde die kommunalpolitischen Kriterien zu eigen machen muß bzw. jeder Unternehmer die wirtschaftspolitischen Kriterien. Vielmehr handelt es sich hierbei um die wichtigsten kommunalen bzw. wirtschaftspolitischen Kriterien, die in der gegenwärtigen steuerpolitischen Diskussion eine Rolle spielen. Die Einteilung der Kriterien in die drei Gruppen ist also nicht in dem Sinne zu verstehen, daß hinter diesen ein homogener Interessenblock (Kommunen - Wirtschaft - Bund und Länder) steht. So wird sich ein Kleingewerbetreibender, der aufgrund der Freibeträge weitgehend von der Gewerbesteuer entlastet ist, kaum daran stören, daß Großbetriebe diese Steuer teilweise ertragsunabhängig entrichten müssen, während es bei Ersatz der Gewerbesteuer durch

---

1) H. Rehm, 1982, S. 208

eine Mehrwertsteuerbeteiligung für ihn problematisch sein könnte, die erhöhte Mehrwertsteuer durch Überwälzung wieder hereinzubekommen. Ebensowenig kann das Hebesatzrecht als einhellige Forderung der Gemeinden angesehen werden. Allerdings mag es bestimmten Interessenverbänden gelingen, die öffentliche Aufmerksamkeit verstärkt auf ihr Anliegen zu richten, so daß der Eindruck entsteht, es gäbe so etwas wie "die Interessen der Gemeinden" und "die Interessen der Wirtschaft".

Der vorliegende Kriterienkatalog vertritt keinen solchen Interessenstandpunkt, vielmehr müßten die einzelnen Kriterien noch mit Gewichten versehen werden, bevor eine Entscheidung über die Eignung der Modelle gefällt werden könnte, und diese Bewertung dürfte eben je nach Interessenlage unterschiedlich ausfallen.

Die Kriterien sind im einzelnen:

Kommunalpolitische Kriterien

1. Gemeindeautonomie
2. Fühlbarkeit
3. Interessenausgleich
4. Flexibilität (Hebesatzrecht)
5. Konjunkturunabhängigkeit
6. Wachstumsproportionalität
7. Räumliche Neutralität
8. Räumliche Streuung

Wirtschaftspolitische Kriterien

1. Wettbewerbsneutralität
2. Gefahr der Substanzbesteuerung
3. Internationale Wettbewerbsfähigkeit
4. Wachstumsförderung

Übergeordnete Kriterien

1. Steuervereinfachung
2. Systemhaftigkeit der Besteuerung
3. Einführungs- und Erhebungsaufwand
4. Aushöhlung von Bundes- und Landessteuern
5. EG-Steuerharmonisierung

III. Die Substitutionsvarianten im Lichte des Bewertungsrasters

1. Die Wahlmöglichkeiten bei einer Substitution der Gewerbesteuer

1.1 Steuertechnische Möglichkeiten der Erschließung neuer kommunaler Steuerquellen

Grundsätzlich stellen alle Steuern eine Beteiligung des Staates am Ergebnis des Produktionsprozesses dar. Je nach dem Anknüpfungspunkt im Wirtschaftskreislauf, bei der Entstehung, Verteilung oder Verwendung des Sozialprodukts und je nach dem Umfang, in dem diese Tatbestände erfaßt werden, ergeben sich unterschiedliche Wirkungen. Für Kommunalsteuern kommt hinzu, daß Einkommensentstehung, Einkommensverwendung und der Wohnort der Einkommensbezieher räumlich differieren können, so daß die Wahl des Anknüpfungspunktes der Besteuerung ein wesentlicher Bestimmungsfaktor für die Wirkungen kommunaler Steuern wird.

Rein technisch gesehen sind für Kommunalsteuern die folgenden Lösungsmöglichkeiten denkbar:

a) <u>Eine Kommunalsteuer belastet bislang steuerfreie Tatbestände im Wirtschaftskreislauf:</u>

Will man eine Steuer vom Gewicht der Gewerbesteuer ersetzen, fällt es allerdings schwer, bisher steuerfreie Tatbestände zu finden. Rein gedanklich bleibt zwar im Dualismus der heutigen Steuersysteme, die sich aus Personalsteuern, anknüpfend an die Einkommensverteilung, und Verbrauchsteuern, anknüpfend an die Steuerverwendung, zusammensetzen, die Einkommensentstehung (Produktion) als Anknüpfungspunkt. Damit wäre man jedoch wieder beim Realsteuersystem gelandet, oder, wenn man dies vermeiden will, bleibt eine Umgestaltung des Ertragsteuersystems, die dieses wirkungsmäßig in die Nähe der Einkommensteuer (z.B. bei einer Steuer nur auf den Gewerbeertrag) oder der Verbrauchsteuer führt (z.B. Wertschöpfungsteuer und Mehrwertsteuer knüpfen, wenn auch in unterschiedlichen Abgrenzungen, an die betriebliche Wertschöpfung an).

b) Staatliche und kommunale Steuern belasten unabhängig und parallel zueinander denselben Steuertatbestand:

Dies wäre z.B. bei einer kommunalen Einkommensteuer oder Verbrauchsteuer der Fall. Abgesehen davon, daß das Grundgesetz aus guten Gründen gleichartige und konkurrierende Steuern für verschiedene staatliche Ebenen verbietet - eine solche Konkurrenz könnte nur auf Kosten der Steuerzahler gehen -, stehen gewichtige Gründe gegen eine solche Lösung: Die parallele Besteuerung desselben Steuertatbestandes erschwert das Abschätzen der Steuerwirkungen und damit eine rationale Steuerpolitik; es entsteht doppelter Erhebungsaufwand für Staat und Zensiten; der Steuerwiderstand kann durch den doppelten Anstoßeffekt einer zweimaligen Besteuerung allenfalls verstärkt werden.

c) Die kommunale Steuer wird als Zuschlag zur staatlichen Steuer erhoben:

Eine solche Lösung wäre bei der Einkommensteuer und der Umsatzsteuer denkbar. Im Bereich der Einkommensteuer besteht seit der Gemeindefinanzreform gemäß Art. 106 Abs. 5 GG die Ermächtigung des Gesetzgebers, ein kommunales Hebesatzrecht einzuführen. Bisher wurde davon kein Gebrauch gemacht.

d) Die Bemessungsgrundlage der Steuern wird auf die Gebietskörperschaften aufgeteilt:

Nach der Überlegung, daß für eine neue Kommunalsteuer im Wirtschaftskreislauf kein Anknüpfungspunkt mehr frei ist, will man nicht auf die historisch veralteten und mit Mängeln behafteten Ertragsteuern zurückgreifen, scheint der Gedanke logisch, einen solchen Anknüpfungspunkt durch die Aufteilung der Bemessungsgrundlage zwischen Staat und Gemeinden freizumachen. Hierzu bietet sich die Umsatzsteuer an. Dementsprechend diskutierte der Wissenschaftliche Beirat in seinem Gutachten vom 16.3.1968[1] den Vorschlag, die staatliche Mehrwertsteuer bis auf die Großhandelsstufe zu beschränken und die Stufe des Endverbrauchs den Gemeinden zu überlassen. Einer Beschränkung der Mehrwertsteuer auf einzelne Wirtschaftsstufen steht jedoch das EG-Recht entgegen[2], so daß die Überlegung, die Umsatzsteuer aufzuteilen, nicht zu einer eigenständigen Kommunalsteuer, allenfalls zu einer Beteiligung an der staatlichen Mehrwertsteuer nach Maßgabe des Aufkommens der letzten Stufe führen kann.

e) Die Schwierigkeiten der Realisierung alternativer Steuervorschläge führen zur Forderung der Ausweitung des bestehenden Steuerverbundes, insbesondere der Beteiligung der Gemeinden an der Umsatzsteuer. Jedoch wäre auch eine Erhöhung der Beteiligung an der Einkommensteuer, gegebenenfalls bei einem anderen Verteilungsprinzip als bisher, denkbar.

1.2 Die Substitutionsvarianten im Überblick

In der wissenschaftlichen und politischen Diskussion wird eine Vielzahl steuerlicher Einnahmequellen für die Gemeinden diskutiert, die - vom potentiellen Aufkommen her - nur teilweise die Gewerbesteuer zu ersetzen vermögen. Hierbei handelt es sich - geht man von den kommunalen Funktionen aus, die durch die Steuerquelle dotiert werden - zum einen um solche Vorschläge,

---

1) Wissenschaftlicher Beirat beim Bundesministerium der Finanzen, Tübingen 1974, S. 424 ff..

2) Vgl. die 6. Richtlinie des Rates vom 17.5.1977 zur Harmonisierung der Rechtsvorschriften der Mitgliedstaaten über die Umsatzsteuer, in: Amtsblatt der EG Nr. L 145.

die dem Tatbestand von Produktion bzw. Verbrauch in einer Gemeinde Rechnung tragen, Vorschläge, die das einwohner- bzw. wohnsitzbezogene Element im kommunalen Steuersystem verstärken und Vorschläge, die auf speziellen äquivalenztheoretischen Überlegungen gründen:

a) Produktions- bzw. verbrauchsbezogene Vorschläge

- Wertschöpfungsteuer
- Allgemeine kommunale Verbrauchsteuer
- Beteiligung an der Umsatzsteuer (MWSt) mit produktions- oder umsatzbezogenem Verteilungsschlüssel
- Reformierte Gewerbesteuer, gegebenenfalls im fiskalischen Gewicht reduziert und in Verbindung mit einer Mehrwertsteuerbeteiligung

Angesichts der Komplizierung, den ein Einbezug der Gemeinden in den Umsatzsteuerverbund für den Finanzausgleich mit sich bringen würde, überrascht es, daß bisher noch nicht an die Ausweitung der Beteiligung an der Einkommensteuer - jedoch verteilt nach einem auf die örtliche Produktion bezogenen Schlüssel - gedacht wurde. Dies wäre beispielsweise möglich, wenn ein Teil der Einkommensteuer nicht nach dem Wohnsitz des Steuerzahlers, sondern nach seinem Arbeitsort verteilt würde. Eine solche Steuerbeteiligung entspräche in der Wirkung einer kommunalen Lohnsummensteuer ohne Hebesatzrecht. Der zusätzliche Verwaltungsaufwand für die Erstellung des Schlüssels wäre gering; dies könnte in einem Arbeitsgang mit der Erstellung des wohnsitzbezogenen Schlüssels geschehen, da die Lohnsteuerkarte alle notwendigen Angaben enthält. Allerdings sprechen auch wichtige Gründe gegen eine höhere Beteiligung der Gemeinden an der Einkommensteuer. Sie sollte wegen ihrer Bedeutung für konjunktur- und verteilungspolitische Ziele überwiegend Bund und Ländern vorbehalten werden, zumal ihre Aufkommensdynamik, verstärkt durch die Progressionswirkung, in regelmäßigen Abständen staatliche Korrekturen erforderlich macht, die einer Verstetigung der kommunalen Finanzpolitik entgegenstehen. Zudem würden die kommunalen Steuereinnahmen dann wahrscheinlich deutlich schneller wachsen als die von Bund und Ländern und einen ständigen Streit über die Angemessenheit des Gemeindeanteils provozieren. Im übrigen gilt hinsichtlich der räumlichen Streuung dieses Beteiligungsmodells das gleiche wie bei einer Umsatzsteuerbeteiligung mit dem Schlüssel Lohnsumme, so daß sich eine gesonderte Betrachtung erübrigt, es sei denn, daß im Falle der Lohn- und Einkommensteuerlösung ebenso wie bei dem nach Einwohnern verteilten Anteil an der Einkommensteuer eine Sockelgrenze gezogen würde.

b) Wohnsitzbezogene Vorschläge

- Erhöhter Gemeindeanteil Einkommensteuer, eventuell mit Hebesatzrecht der Gemeinden
- Einwohnersteuer
- Mietsteuer, Wohnraumsteuer
- Beteiligung an der Mehrwertsteuer, nach Einwohnern verteilt

In diesem Schema ergibt sich insofern eine Überschneidung, als beim Wohntatbestand Produktion und Konsum zusammenfallen und eine Besteuerung der Mieten daher auch in eine Wertschöpfungsteuer oder allgemeine kommunale Verbrauchsteuer integriert sein könnte.

c) Ergänzende Vorschläge zu überwiegend äquivalenztheoretisch bzw. von ihrem Wirkungszweck her begründete Abgaben

- Kraftfahrzeugsteuer, Beteiligung an der Mineralölsteuer
- Stadtteiläquivalenzabgabe [1], Infrastrukturabgabe, Erschließungssteuer u. ä.

1) Zu diesem Begriff siehe K. Kentmann, 1978, S. 263 ff..

- Agglomerationssteuer [1]

- Bodenwertzuwachssteuer, Planungswertausgleich

- umweltpolitisch motivierte Abgaben [2]

- Ausbau von Gebühren und Beiträgen

---

1) Vgl. M. Fritsch, 1978, S. 289 ff.; zur Ablehnung der Agglomerationssteuer als Kommunalsteuer siehe auch K. Ganser, 1979, S. 16

2) Der Wissenschaftliche Beirat beim Bundesministerium der Finanzen sieht in seinem Gutachten zum Gemeindesteuersystem vom 16.3.1968 noch die Chance, durch solche Abgaben die finanzielle Situation vieler Gemeinden zu verbessern. Nach den ersten Erfahrungen mit der Abwasserabgabe dürfte dies jedoch differenzierter gesehen werden. Vgl. ders., Tübingen 1974, S. 429

Geht man von den Kriterien aus, die als Anforderungen an ein kommunales Steuersystem formuliert wurden, so läßt sich als Grundforderung festhalten, daß den Gemeinden bei Abschaffung der Gewerbesteuer gleichwertige Steuerquellen zur Verfügung gestellt werden sollen, die in geeigneter Weise an die Funktion der Gemeinde als Standort von Produktion und Konsum anknüpfen, um ihnen neben dem im heutigen Finanzsystem stark ausgeprägten Element wohnsitzbezogener Einnahmen ein "zweites Standbein" zu sichern. Damit muß sich die Suche nach den geeigneten Gewerbesteuersubstituten auf die erste Gruppe, die produktions- und verbrauchsorientierten Vorschläge, konzentrieren.

Aufgrund der Vielzahl von in die Diskussion eingebrachten Zielsetzungen ergibt sich häufig der Eindruck, daß das Zielbündel einer Gewerbesteuersubstitution nicht durch eine neue Steuer allein erreicht werden kann. Deshalb finden sich eine Reihe von Vorschlägen zu Kombinationen von neuen Gemeindesteuern. Auch wenn hierbei durchaus geeignete Vorschläge sein mögen, sollen diese hier nicht weiter diskutiert werden. Denn zum einen ist Zeitel zuzustimmen, wenn er fordert, alte Steuern, sofern sie ins Gesamtsystem passen, mögen zwar beibehalten werden, es sollen aber keine neuen Steuern als Füllsteuern geschaffen werden.[1)]

Zum anderen erschwert eine solche Kombination von Steuern die Abschätzung der voraussichtlichen Wirkungen und verringert damit angesichts des Risikos für den Gesetzgeber[2)] die Chancen der politischen Durchsetzbarkeit einer Reform des kommunalen Steuersystems. Präferiert werden müssen daher möglichst einfache und überschaubare Lösungen. Deshalb ist davon auszugehen, daß das ausfallende Gewerbesteueraufkommen in der Hauptsache durch eine einzelne neue Steuerquelle ersetzt wird. Den Vorschlägen zu speziellen Abgaben nach dem Äquivalenzprinzip für die Gemeinden wird deshalb hier nicht weiter nachgegangen.

---

1) Zeitel, G., Berlin 1964, S. 200

2) Vergleiche dazu die Ausführungen in Kapitel I.

Auch wenn wohnsitzbezogene Kommunalsteuern als Ersatz für die Gewerbesteuer nicht in Frage kommen, so sind sie doch im Zusammenhang mit der Frage des kommunalen Hebesatzrechts von Bedeutung für die Wahl zwischen den produktionsbezogenen Substitutionsvarianten. Denn hält man es für wünschenswert, den Gemeinden zumindest bei einer großen Steuer ein Hebesatzrecht zuzugestehen, so erscheint eine Beteiligung an der Umsatzsteuer in einem anderen Licht, wenn den Gemeinden ein Hebesatzrecht auf ihren Gemeindeanteil an der Einkommensteuer zugestanden werden kann. Auch bei einer umgestalteten Gewerbesteuer oder Wertschöpfungsteuer wäre ein Hebesatzrecht auf den Einkommensteueranteil von Bedeutung. In diesem Fall könnte durch eine Verkoppelung der Hebesätze ein Mißbrauch des Hebesatzrechts und damit eine einseitige steuerliche Belastung einzelner Gruppen innerhalb der Gemeinden vermieden werden. Gegen ein kommunales Hebesatzrecht werden jedoch gewichtige Argumente angeführt.[1] Der hohe Verwaltungsaufwand, der mit einem solchen Recht verbunden ist, erscheint nur gerechtfertigt, wenn die Gemeinden einen wesentlichen Zuwachs an finanzieller Autonomie erfahren würden. Unerwünschte ökonomische und soziale Nebenwirkungen könnten jedoch nur dann in tragbaren Grenzen gehalten werden, wenn das Hebesatzrecht auf sehr geringfügige Differenzen beschränkt würde, so daß dieser Zuwachs an Autonomie in Frage gestellt ist. So könnte ein Steuerlastgefälle zwischen Großstädten und Umland der raumordnungspolitisch unerwünschten Stadtflucht einen neuen Schub verleihen. Der dabei auftretende Effekt der sozialen Segregation - unter den Stadtflüchtigen sind vor allem Bezieher mittlerer Einkommen, sozial schwächere Bevölkerungsschichten bleiben in den Kernstädten zurück - führt dann tendenziell zu einer höheren Belastung der geringer Verdienenden. Auch aus der Sicht der Wirtschaft, der man am ehesten ein Interesse unterstellen könnte, daß das kommunale Hebesatzrecht auf die Einkommensteuer ausgedehnt wird, weil es - auf die Realsteuern beschränkt - einseitig zu ihren Lasten hinwirkt, ist das Zuschlagsrecht jedoch zumindest eine zweischneidige Sache. Wie Vergleiche mit anderen Staaten zeigen, die eine Gemeindeeinkommensteuer kennen, kann in solchen Fällen eine internationale Doppelbesteuerung nicht ausge-

---

1) Vgl. Wissenschaftlicher Beirat beim Bundesministerium der Finanzen, Bonn 1982, S. 116 ff.

schlossen werden. [1] Unabhängig von der Wünschbarkeit eines kommunalen Zuschlagrechtes bei der Einkommensteuer wird bei der Beurteilung der Beteiligung der Gemeinden an der Umsatzsteuer davon ausgegangen, daß ein solches Recht gegenwärtig nicht existiert.

---

1) Vgl. Ritter, W., 1983, S. 391 .

2. Die Wertschöpfungsteuer

2.1 Die Grundkonzeption

Der Wissenschaftliche Beirat[1] präferiert als Ersatz für die Gewerbesteuer die Wertschöpfungsteuer, die in möglichst umfassender Weise die Nettowertschöpfung der Volkswirtschaft erfassen soll. Der steuerliche Tatbestand der Nettowertschöpfung soll dabei in Anlehnung an die volkswirtschaftliche Gesamtrechnung abgegrenzt werden, also diejenigen Produktionsleistungen der privaten Wirtschaftseinheiten erfassen, die üblicherweise marktmäßig angeboten werden. Hinzu tritt die Wertschöpfung des Staates; dagegen bleiben interne Leistungen der privaten Haushalte unberücksichtigt. Für den privaten Sektor muß daher der Begriff des Unternehmens bzw. Unternehmers umfassend definiert werden; dies könnte entsprechend den Begriffsbestimmungen des § 2 UStG erfolgen. Dabei ist insofern ein direkter Anschluß an die Gewerbesteuer gegeben, als auf gewerbliche Unternehmen der bedeutendste Teil der Wertschöpfung entfällt. Die Wertschöpfungsteuer könnte jedoch insofern auf eine breitere Grundlage gestellt werden, als die Wertschöpfung der freien Berufe, des Gesundheitswesens und des Staates ebenfalls der Steuer unterworfen werden, ebenso die Wertschöpfung der Landwirtschaft und Wohnungswirtschaft, dies allerdings nur bei Fortfall der Grundsteuer, die die Erträge der beiden letztgenannten Bereiche erfaßt. Eine solch umfassende Bemessungsgrundlage würde bewirken, daß schon eine relativ niedrige steuerliche Belastung des einzelnen Pflichtigen ein ausreichendes Gesamtaufkommen erbringen würde. Die Einbeziehung der von der Gewerbesteuer freien Bereiche dürfte allerdings auf unterschiedliche steuertechnische und politische Schwierigkeiten stoßen, insbesondere ist Skepsis angebracht, ob eine befriedigende Ermittlung der Wertschöpfung in der Landwirtschaft und Wohnungswirtschaft möglich ist.

---

1) Wissenschaftlicher Beirat beim Bundesministerium der Finanzen, Bonn 1982, S. 134 ff..

Erhebungstechnisch kann die Wertschöpfung von Wirtschaftseinheiten auf zwei verschiedenen Wegen ermittelt werden:

- Die subtraktive Methode geht vom Bruttoproduktionswert aus; dieser ergibt sich als Summe der Verkäufe, des Eigenverbrauchs und der Zunahme des Sachvermögens (Lagerbestandsänderungen, selbsterstellte Anlagen). Von diesem Wert werden die Vorleistungen einschließlich des Kapitalverzehrs in Form von Abschreibungen subtrahiert.

- Nach der additiven Methode ergibt sich die Wertschöpfung als Summe der den Produktionsfaktoren zufließenden Erträge: Löhne und Gehälter, Zinsen, Mieten und Pachten, zuzüglich Gewinne abzüglich Verluste.

Der Wissenschaftliche Beirat hält die additive Methode für praktikabler; steuertechnisch könne auf Daten aus der Einkommen- oder Körperschaftsteuerveranlagung zurückgegriffen werden, während die Ermittlung der für die subtraktive Methode notwendigen Größen in nicht buchführenden Unternehmungen auf erhebliche Schwierigkeiten stoße. Da es sich um eine Steuer mit relativ niedrigen Steuersatz handle, seien auch gewisse steuertechnische Vereinfachungen erlaubt, die zu kleineren Abweichungen von der theoretisch exakten Wertschöpfung führen würden. So enthalten die Zinsen neben dem Wertschöpfungsbestandteil häufig auch einen Anteil, der als Entgelt für Vorleistungen, zum Beispiel für Bankdienstleistungen, zu gelten hat. Da es sich hier jedoch um relativ geringe Erträge handle, sei eine vereinfachte Rechnung erlaubt, um die Steuer technisch leichter handhaben zu können.[1)]

Das Aufkommen der Wertschöpfungsteuer soll den Betriebsgemeinden zustehen. Daher ist bei der Zahlung von Zinsen und Gewinnen zwischen Unternehmen darauf zu achten, daß diese Wertschöpfungsbestandteile der Wirtschaftseinheit, in der sie entstehen, zugerechnet werden; eine Doppelbelastung ist zu vermeiden. Für Unternehmen mit Betriebsstätten in mehreren Gemeinden ist eine Zerlegung

---

1) Vgl. Wissenschaftlicher Beirat beim Bundesministerium der Finanzen, Bonn 1982, S. 66 f..

des Steueraufkommens nach den Belegenheitsgemeinden anhand geeigneter Schlüssel, etwa der Lohnsumme, vorzunehmen.

Da der Steuerbetrag endgültig erst nach der Gewinnveranlagung festgestellt werden kann, ergeben sich Veranlagungsverzögerungen, so daß - wie bei der Gewerbesteuer - Vorauszahlungen notwendig werden. Die Steuerverwaltung könnte institutionell - wie bei der Gewerbesteuer - durch Zusammenwirken der kommunalen Steuerämter und der Finanzämter geregelt werden.

2.2 Die Beurteilung anhand der Bewertungskriterien

Die Wertschöpfungsteuer stellt eine langfristige Lösung zur Sicherung der Finanzautonomie der Gemeinden dar. Aufgrund ihrer Allgemeinheit und Merklichkeit ist sie gut geeignet für den Interessenausgleich, dies insbesondere, wenn es gelingt, die Wohnungswirtschaft in die Steuer einzubeziehen. Es wären nämlich dann Wohntatbestand, soweit er Produktion bedeutet, und Gewerbe der gleichen Steuer mit gleicher Höhe unterworfen. Eine einseitige Belastung einzelner Gruppen innerhalb der Gemeinden durch Hebesatzänderungen würde vermieden. Indem auch freie Berufe, bisher aufgrund der Gewerbesteuerfreibeträge steuerfreie Gewerbetreibende und staatliche Behörden zum kommunalen Steueraufkommen beitragen, wird das einseitige fiskalische Interesse der Kommunen an Mittel- und Großbetrieben, das durch die Konstruktion der Gewerbesteuer bedingt ist, abgebaut. Ritter befürchtet allerdings ein nachlassendes Interesse an der Industrieansiedlung: "Vor allem aber fördert sie weniger die Industrieansiedlung, sondern begünstigt die Ansiedlung von Behörden und öffentlichen Einrichtungen. In einem Wettlauf zwischen Fabrik und Behörde, Hochofen und Universität muß unter den Prämissen einer solchen Steuer die gewerbliche Ansiedlung zum Schaden unserer Volkswirtschaft zu kurz kommen."[1] Diese Vermutung erscheint jedoch vom fiskalischen Anreiz

---

1) Ritter, W., 1983, S. 392.

der Wertschöpfungsteuer her wenig begründet, wenn er auf der gleichen Seite zu dem Ergebnis kommt, "Die Wertschöpfungsteuer würde die Unternehmen auch deshalb besonders treffen, weil sie außer von den Kosten auch vom Gewinn zu zahlen wäre, während die öffentliche Hand nur mit einer Steuer von einer Kostenart belastet würde. Von einer gleichmäßigen Verteilung der Last auf die private und die öffentliche Wertschöpfung kann bei diesem Zuschnitt keine Rede sein."[1] Es bleibt hier wenig einsichtig, warum dem höheren Beitrag der Industrie zum kommunalen Steueraufkommen nicht auch ein höheres fiskalisches Interesse an der Industrieansiedlung entsprechen sollte.

Die Wertschöpfungsteuer dürfte langfristig im gleichen Ausmaß wie das Sozialprodukt wachsen, also eine Aufkommenselastizität von annähernd 1 haben und damit dem Kriterium der Wachstumsproportionalität genügen. Kurzfristig dürfte die Aufkommenselastizität allerdings etwas höher liegen und die der Mehrwertsteuer übertreffen, da durch den Einbezug der Investitionen in die Bemessungsgrundlage sich eine stärkere Konjunkturabhängigkeit ergibt. Im Vergleich zur Gewerbesteuer dürfte sich jedoch eine deutliche Verbesserung ergeben, da der ertragsabhängige Anteil der Bemessungsgrundlage, der besonders stark auf Konjunkturschwankungen reagiert, bei der Wertschöpfungsteuer von geringerem Gewicht ist. Time-lags in der Veranlagung können zwar noch zu Verstärkungen der Aufkommensschwankungen beitragen, dies betrifft jedoch Wertschöpfungsteuer und Gewerbesteuer in gleicher Weise. Die Gefahr einer prozyklisch wirkenden Parallelpolitik der Gemeinden wird also durch eine Wertschöpfungsteuer gemindert.

Die breitere Streuung der Steuerlast erlaubt eine relative Verringerung der Belastung des einzelnen Zensiten im Vergleich zur Gewerbesteuer. Ein Hebesatzrecht wäre deshalb nicht nur formal gegeben; die Gemeinden könnten, anders als etwa bei einer kommunalen Verbrauchsteuer oder Gemeindeeinkommensteuer, dieses Recht auch in gewissem Umfange ausüben, ohne stärkere steuerbedingte

---

1) Ebenda.

Standortverlagerungen befürchten zu müssen. Da die steuerliche Belastung dieser Bemessungsgrundlage nicht von Anfang an bis zur Belastungsgrenze ausgereizt wäre, wäre auch der Förderung nach Flexibilität der Besteuerung genüge getan.

Eine endgültige Bewertung der Frage der Vereinbarkeit mit den regionalpolitischen Zielen kann natürlich erst nach der Berechnung der Streuung einer Wertschöpfungsteuer vorgenommen werden. Zunächst soll daher nur diskutiert werden, welche Anreizwirkungen auf kommunalpolitische Entwicklungsstrategien und steuerlich bedingte Standortverlagerungen von einer solchen Steuer ausgehen und wie diese unter raumordnungspolitischen Gesichtspunkten zu beurteilen sind. Der fiskalische Anreiz zur Wirtschaftsförderung dürfte etwa gleich dem der Gewerbesteuer bzw. der übrigen produktionsbezogenen Substitutionsvarianten sein. Es geht also hier nicht darum, ob dieser Anreiz insgesamt ausreichend oder zu hoch ist[1], sondern welche speziellen Wirkungen sich im Unterschied zu den übrigen produktionsbezogenen Steuermodellen ergeben. In diesem Sinne muß die Wertschöpfungsteuer positiv beurteilt werden; ihre größere Reichweite der Bemessungsgrundlage führt dazu, ein selektives fiskalisches Interesse nur am Gewerbe bzw. an Unternehmen des Einzelhandels zu vermeiden. Gleichzeitig wird das Steueraufkommen unabhängiger von der Wirtschaftsstruktur.

Auch auf die Standortwahl von Unternehmen und den sonstigen zu besteuernden Institutionen dürfte sich die Wertschöpfungsteuer im günstigen Sinne auswirken. Zum einen verringert die breitere Streuung der Steuerlast die Belastungshöhe für jetzt stark belastete Gewerbebetriebe und damit die Gefahr steuerlich bedingter Abwanderungen von Unternehmen aus den Kernstädten der Ballungsgebiete in die Randzonen. Zum anderen zwingt die steuerliche Belastung von bisher steuerfreien Institutionen diese dazu, die Steuer bei der Standortwahl zu berücksichtigen. Dies wirkt einer in den USA zu beobachtenden Entwicklung entgegen, nach der steuerfreie Institutionen als Standort zunehmend die Kernstädte wählen und

---

1) Diese Frage wurde in Kapitel II, 8. diskutiert.

kommunale Vorleistungen in Anspruch nehmen, ohne zum Steueraufkommen beizutragen, während Unternehmen vor den hohen kommunalen Steuerlasten in die Randzonen der Ballungsgebiete ausweichen. Damit ergibt sich für die Kernstädte eine Erosion der steuerlichen Basis, die Notwendigkeit höherer Steuersätze steigt, ein selbstverstärkender Prozeß tritt in Gang.[1)] Um dies zu vermeiden, müßte auch die volle Einbeziehung staatlicher, halbstaatlicher und privater Organisationen ohne Erwerbscharakter in die Wertschöpfungsteuer gefordert werden.

Die Wertschöpfungsteuer soll als Objektsteuer die betriebliche Wertschöpfung ohne Differenzierung der Steuersätze nach Produktionsbereichen oder Wertschöpfungsbestandteilen und ohne sozial- und wettbewerbspolitisch begründete Steuerermäßigungen erfassen. Die Neutralität der Steuer hinge auch davon ab, inwieweit es gelänge, diese Forderung politisch durchzusetzen. Schaut man sich die Bestandteile der Wertschöpfung an, die nach der additiven Methode aufsummiert werden sollen, Lohnsumme, Zinsen, Gewinne, Mieten und Pachten, fällt auf, daß dies die gleichen Größen sind, die auch der Gewerbesteuer bzw. den Realsteuern insgesamt als Bemessungsgrundlage zugrunde liegen. Insofern kann die Wertschöpfungsteuer auch als weiterentwickelte Gewerbesteuer angesehen werden. Die Aneutralität des alten Realsteuersystems, die daraus resultiert, daß die Wertschöpfung analytisch auf die einzelnen Produktionsfaktoren aufgeteilt wird, deren Beiträge dann teilweise anhand von Istgrößen, teiweise anhand von Sollgrößen festgestellt werden, wird bei der Wertschöpfungsteuer allerdings vermieden, da die Wertschöpfung in einem einheitlichen Meßbetrag zusammengefaßt werden soll. Damit entfällt beispielsweise die Ungleichbehandlung von Personen- und Kapitalgesellschaften, die sich daraus ergibt, daß Wertschöpfungsbestandteile bei der einen Gesellschaftsform als Gewinn, bei der anderen als Geschäftsführergehalt behandelt werden. Auch eine Diskriminierung einzelner Produktionsfakto-

---

1) Vgl. hierzu die Erklärungsansätze dieses Prozesses bei W.A. Mc Eachern, 1981, S. 185 ff., die allerdings wegen der speziellen Wirkungen der property tax nicht auf deutsche Verhältnisse übertragbar sind.

ren findet nicht mehr statt. Wettbewerbsverzerrungen, wie bei der Gewerbesteuer, sind damit ausgeschlossen. Allerdings würden regionale Steuerlastenunterschiede bestehen bleiben, die jedoch als einer von mehreren Standortfaktoren in gewissem Umfang zu tolerieren sind.

Die Gefahr der Substanzbesteuerung ist am ehesten gegeben, wenn eine Steuer an Bestandsgrößen - wie etwa dem Gewerbekapital - ansetzt. Dies wird bei einer Bemessungsgrundlage Wertschöpfung vermieden, allerdings steigt der ertragsunabhängige Anteil an der Bemessungsgrundlage im Vergleich zur Gewerbesteuer. Interessenvertreter der Wirtschaft lehnen deshalb eine Wertschöpfungsteuer ab und präferieren eine rein auf den Gewerbeertrag reduzierte Gewerbesteuer bzw. eine Mehrwertsteuerbeteiligung.[1] Die Analyse der Wertschöpfungsteuer muß deshalb diese beiden Substitutionsvarianten vergleichend einbeziehen und die Unterschiede deutlich machen.

Die Wertschöpfungsteuer weist von der Bemessungsgrundlage her nicht nur Ähnlichkeit mit den Realsteuern (einschließlich Lohnsummensteuer) auf, sondern auch eine gewisse Nähe zur Nettoumsatzsteuer. Diese erfaßt die Wertschöpfung nicht als Summe der Faktorentgelte, sondern ermittelt die Steuerschuld auf dem Wege des Vorsteuerabzugs, eine Form der subtraktiven Methode.[2] H. Rehm[3] stellt fest, daß der entscheidende Unterschied zwischen den Konzeptionen der betrieblichen Wertschöpfung und dem Nettoumsatz in der Art der Periodisierung des "Mehrwerts" und damit in der unterschiedlichen Behandlung der Nettoinvestitionen liegt. Nur für die Totalperiode, d.h. für den Zeitraum von der Gründungseinlage bis zur Ausschüttung des Liquidationsüberschusses seien Nettoumsatz und betriebliche Nettowertschöpfung zu Marktpreisen

---

1) Vgl. das Protokoll der Anhörung der F.D.P.-Bundestagsfraktion und der F.D.P.-Kommission "Föderalismus und Finanzverfassung" zur Problematik des Gemeindesteuersystems am 23. November 1982, S. 54 ff..

2) Vgl. A. Oberhauser, Berlin 1964a, S. 247, mit weiteren Hinweisen zu dieser Frage.

3) H. Rehm, 1982, S. 193.

identisch; bei periodischer Wertermittlung ergeben sich eine Reihe von Unterschieden. Der wichtigste Unterschied ist, daß die Wertschöpfungsteuer auf die Belastung der Produktion ohne Berücksichtigung der Verwendungsstruktur abstellt, also auch die Nettoinvestitionen belastet, während die Mehrwertsteuer allein den privaten Verbrauch erfaßt.[1] Die Umsatzsteuer ist deshalb ebenso wie die Wertschöpfungsteuer als ertragsunabhängige, umsatz- bzw. verbrauchsabhängige Steuer einzustufen.[2] Bei solchen Steuern wird in der Regel davon ausgegangen, daß die Unternehmen versuchen, sie zu überwälzen. Für den Erfolg der Überwälzung spielt es keine Rolle,daß die Wertschöpfungsteuer gedanklich an die Produktion anknüpft,die Mehrwertsteuer aber an den Verbrauch.Hierbei zählt nur die Frage,ob der Markt eine Überwälzung zuläßt. Diese Frage kann auch bei einer Erhöhung der Mehrwertsteuer nicht unbedenklich bejaht werden. Es bleibt jedoch ein wichtiger Unterschied. Die Mehrwertsteuerschuld entsteht zum Zeitpunkt, an dem ein Umsatz getätigt wird. Investitionen werden dabei erst belastet, wenn sie als Abschreibungen Preisbestandteil geworden sind. Die Wertschöpfungsteuer ist dagegen schon zum Zeitpunkt der Erstellung von Anlageinvestitionen fällig und ebenso, wenn ein Unternehmen bei mangelnder Nachfrage auf Halde produziert. Die Wertschöpfungsteuer bringt also aufgrund der anders gearteten Periodisierung der Wertschöpfungsbestandteile im Vergleich zur Nettoumsatzsteuer stärkere Liquiditätsbelastungen für Unternehmen mit sich. Diese dürfen allerdings nicht überschätzt werden. Denn in der obigen Situation einer nicht absetzbaren Produktion verringert sich ja auch die Wertschöpfung der Unternehmung um die buchmäßigen Verluste.

---

1) Eine detaillierte Analyse der Unterschiede zwischen Nettoumsatz und Wertschöpfung findet sich bei G. Rau; G. Rieger, Melle 1981, S. 63 ff. sowie H. Rehm, 1982, S. 199 f.
2) Vgl. hierzu das Schema in Kapitel II.

Ein weiteres Argument tritt hinzu. Die Einbeziehung der Nettoinvestitionen in die Besteuerung führt zu einer höheren built-in-flexibility, da die Investitionen im Konjunkturverlauf stärker schwanken als der Verbrauch. Die Wertschöpfungsteuer reagiert damit auch auf die betriebliche Zahlungsfähigkeit. Dies ist allerdings dann kein Vorteil, wenn Betriebe, wie in den gegenwärtig in verschiedenen Branchen zu beobachtenden Strukturkrisen, trotz schlechter Ertragslage hohe Investitionen zur Sicherung der Zukunft leisten müssen. Die Gesamtbeurteilung darf aber nicht auf solche Spezialfälle abstellen, zumal die substanzgefährdenden Wirkungen der Wertschöpfungsteuer durch eine flexible Handhabung des Instruments der Steuerstundung zumindestens abgemildert werden können, allerdings auf Kosten der Aufkommensstabilität im Konjunkturablauf.

Die Wertschöpfungsteuer ist nach den obigen Überlegungen unter dem Kriterium der Substanzbesteuerung günstiger als eine vermögensabhängige Steuer, aber ungünstiger als die Mehrwertsteuer einzuordnen, diese ungünstiger als eine reine Ertragsteuer. Der Vergleich zu einer Gewerbesteuer, die vermögensabhängige und ertragsabhängige Elemente kombiniert, fällt dagegen schwer. Da die ertragsunabhängigen Bestandteile bei der Gewerbesteuer in ihrer heutigen Form weitgehend abgebaut sind, dürfte sie allerdings keine allzu große Gefahr für die Unternehmenssubstanz mehr darstellen.

Eine Entlastung der Exporte ist bei der Wertschöpfungsteuer nicht vorgesehen. Dies stieße auch auf technische Schwierigkeiten und widerspräche sowohl dem Belastungskonzept der Wertschöpfungsteuer als einer Steuer auf den Beitrag der Unternehmen zum Nettoinlandsprodukt[1] als auch ihrem Charakter der kommunalen Objektsteuer.

---

1) So D. Pohmer, Tübingen 1980, S. 701.

Das Kriterium der Wachstumsorientierung hängt natürlich eng mit den vorhergehenden Kriterien zusammen, ist aber nicht damit identisch. Unter Wachstumsorientierung wird hier verstanden, die Wirkungen der Besteuerung auf Investitionsneigung und Investitionsmöglichkeit möglichst positiv zu gestalten bzw. negative Wirkungen gering zu halten. Aussagen über die Wirkungen einzelner Steuern gehen oft von Plausibilitätsargumenten aus; ein empirischer Nachweis der Wirkungen ist schwierig. In der politischen Diskussion hat sich jedoch die Überzeugung herausgebildet, daß die direkten Steuern zu hoch und damit leistungshemmend sind. Eine Umschichtung zur indirekten Besteuerung, genauer zur Mehrwertsteuer, wird deshalb befürwortet, der Abbau der Gewerbesteuer empfohlen. Die Wertschöpfungsteuer muß jedoch trotz ihrer Nähe zur Mehrwertsteuer negativer beurteilt werden. Sie belastet die Nettoinvestitionen, die bei der Nettoumsatzsteuer aufgrund des Vorsteuerabzugs unbelastet bleiben. Dies verteuert Investitionsgüter um die auf ihnen lastende Wertschöpfungsteuer und kommt im Endeffekt einer Erhöhung der Zinsbelastung der Unternehmen gleich.[1] Damit steigt das Investitionsrisiko. Der Wissenschaftliche Beirat schätzt die Gefahren ernsthafter Rückwirkungen der Steuer auf die Investitionen insgesamt gering ein. Die Wertschöpfungsteuer sei durch ihre Konstruktion auf Überwälzung angelegt. Abgesehen von partiellen Überwälzungsschwierigkeiten und Sondersituationen in einzelnen Wirtschaftsbereichen seien die durch die Wertschöpfungsteuer verursachten Nettogewinneinbußen als gering zu veranschlagen.[2] Eine sichtliche Steuervereinfachung tritt durch die Wertschöpfungsteuer nicht ein, auch nicht im Vergleich zur entfallenden Gewerbesteuer bzw. dem Realsteuersystem insgesamt. Allerdings paßt sie sich besser ins bestehende Steuersystem ein als die Gewerbesteuer, die durch ihre Nähe zur Einkommensteuer gewisse Probleme der Abstimmung beider Steuern aufeinander mit sich bringt.[3]

---

1) Vgl. H. Rehm, 1982, S. 194.
2) Wissenschaftlicher Beirat beim Bundesministerium der Finanzen, Bonn 1982, S. 80.
3) Vgl. hierzu die Ausführungen bei H.D. Hessler, Düsseldorf 1976, S. 104 ff.

Der steuertechnische Aufwand einer Wertschöpfungsteuer muß unterschieden werden nach dem Aufwand der Einführung und ihrer laufenden Erhebung. Mit Recht weist der Deutsche Industrie- und Handelstag darauf hin, daß das bestehende Gewerbesteuerrecht die fünf Grundfragen einer jeden Steuer was wann bei wem wo und wie hoch zu versteuern ist, auch in schwierigen Fällen weitgehend gelöst hat. Eine neue Steuer müßte diese Schwierigkeiten in Gesetzgebung, Verwaltung und Rechtsprechung erst noch bewältigen.[1] Die Frage, ob eine Komplizierung der laufenden Erhebung eintritt, ist schwierig zu beantworten, dies hängt z.B. auch davon ab, inwieweit es gelingt, die Grundsteuer zu ersetzen. Im übrigen muß zwischen den Fällen unterschieden werden, die bereits heute der Gewerbesteuer unterliegen, und den durch die Ausweitung des Kreises der Steuerpflichtigen neu hinzukommenden Erhebungsfällen. Für die bereits jetzt Besteuerten gilt, daß die für die Anwendung der additiven Methode erforderlichen Unterlagen aus der Einkommen- und Gewinnbesteuerung im allgemeinen vollständig vorliegen. Der Wissenschaftliche Beirat schätzt daher den Aufwand in diesen Fällen geringer als den der Ermittlung der Gewerbesteuermeßbeträge.[2] Bei neu hinzutretenden Steuerpflichtigen hält sich die zu erwartende Zusatzbelastung in Grenzen, da die erhebungstechnischen Vorgänge im Zusammenhang mit der Einkommensteuer erledigt werden können. Allerdings tritt für die Finanzverwaltung eine Zusatzbelastung ein.[3]

---

1) Deutscher Industrie- und Handelstag (Hrsg.), Bonn 1982, S. 14.
2) Wissenschaftlicher Beirat beim Bundesministerium der Finanzen,Bonn 1982, S. 68 f.
3) Nach Abschluß dieser Untersuchung weist Littmann auf Erfahrungen mit einer nach der additiven Methode erhobenen Wertschöpfungsteuer im US-Staat Michigan hin, die Aufwand und Praktikabilität dieser Steuer in positiverem Licht erscheinen lassen als etwa Berichte über die französische taxe professionelle; vgl. K. Littmann, 1983, S. 183 mit weiteren Quellenhinweisen.

3. Die allgemeine kommunale Verbrauchsteuer (Endverbrauchsteuer)

3.1 Die Grundkonzeption

Die Idee einer kommunalen Verbrauchsteuer ist keineswegs neu. Sie wird in verschiedenen Varianten schon seit längerer Zeit diskutiert.[1] Gemeinsam ist diesen Vorschlägen die Idee einer einphasigen Umsatzsteuer, die den Endverbrauch belastet und parallel zur Mehrwertsteuer und unabhängig von dieser erhoben wird, wobei jedoch unterschiedliche Abgrenzungen der in die Besteuerung einzubeziehenden Verbrauchsausgaben vorgeschlagen werden. Im Hinblick auf das notwendige Aufkommen einer solchen Steuer und um die prozentuale Belastung des Verbrauchs nicht allzu hoch werden zu lassen, sollte der steuerpflichtige Verbrauch möglichst weit abgegrenzt werden. Insbesondere sollten neben den Umsätzen des Einzelhandels Direktlieferungen industrieller und handwerklicher Erzeuger und Grossisten sowie Dienstleistungen erfaßt werden, während Lieferungen des Einzelhandels an Unternehmen steuerfrei bleiben müßten.[2] Aus Wettbewerbsgründen wären auch die entgeltlich abgegebenen Leistungen der öffentlichen Hand in die Steuerpflicht einzubeziehen.[3] Ebenso müßten aus steuersystematischen Gründen der Eigenverbrauch liefernder oder leistender Wirtschaftseinheiten sowie die Mietausgaben der Besteuerung unterworfen werden, was allerdings impliziert, daß die steuerliche Belastung durch die Grundsteuer B entfällt. Der Wissenschaftliche Beirat diskutiert jedoch auch andere Lösungen, etwa die Beibehaltung der Grundsteuer B bei stärkerer Aktualisierung der Einheitswerte, eine eigenständige Mietsteuer bzw. die Besteuerung der Mieten im Rahmen der Wertschöpfungsteuer.[4]

---

1) Vgl. z.B. D. Pohmer, Bonn 1960; G. Zeitel, Berlin 1964, S. 195 ff.; A. Oberhauser, Berlin 1964b, S. 219 ff.; F. Neumark, Berlin 1979, S. 11 ff.; Wissenschaftlicher Beirat beim Bundesministerium der Finanzen, Bonn 1982, S. 82 ff..
2) Ebenda, S. 82.
3) H. Rehm, 1980, S. 42.
4) Wissenschaftlicher Beirat beim Bundesministerium der Finanzen, Bonn 1982, S. 98 ff..

Die Ausnahmen von der objektiven Steuerpflicht sollten nicht nur auf ein Minimum beschränkt werden[1], sondern es sollte auch keine Steuersatzdifferenzierung nach Art der Konsumgüter, wie etwa bei der Mehrwertsteuer, vorgenommen werden. Denn nach Ansicht des Wissenschaftlichen Beirats ist es nicht Aufgabe kommunaler Abgaben, distributionspolitische Ziele zu verfolgen.[2] Gegebenenfalls wäre die Erfüllung solcher Ziele durch eine Anpassung der Transferleistungen an die Haushalte zu gewährleisten.[3]

Im Prinzip wäre eine kommunale Einzelhandelsteuer damit relativ einfach zu handhaben, allerdings wären zwei technische Probleme zu lösen: Die Abgrenzung von steuerfreien Vorleistungen und zu besteuerndem Endverbrauch und die Besteuerung von Umsätzen mit Gebietsfremden, insbesondere soweit die Umsätze des Versandhandels betroffen sind.

Um Doppelbelastungen des Verbrauchs zu vermeiden, sollten Lieferungen und Leistungen, die an Unternehmen gehen, steuerfrei bleiben. Während sich in vielen Fällen die Zugehörigkeit zum Endverbrauch aus dem Charakter der Waren ergibt, werden bestimmte Waren, z.B. Kraftfahrzeuge, Schreibmaschinen, Taschenrechner u.ä., sowohl von Unternehmen als auch von privaten Haushalten angeschafft. Der Wissenschaftliche Beirat hält es im allgemeinen für zumutbar und auch für praktikabel, da im Eigeninteresse des Lieferanten stehend, daß dieser zur Erlangung der Steuerbefreiung buchmäßig nachweist, an Unternehmen geliefert zu haben. In Wirtschaftszweigen, in denen verhältnismäßig kleine Umsätze getätigt werden und eine solche Nachweispflicht unangemessen wäre, hält er auch ein pauschales Vorgehen, d.h. generelle Steuerpflicht oder Steuerbefreiung für sinnvoll, um die Erhebung zu vereinfachen.[4] Eine weitere Lösungsmöglichkeit wäre insbesondere bei

---

1) Neumark, Berlin 1979, S. 41.
2) Wissenschaftlicher Beirat beim Bundesministerium der Finanzen, Bonn 1982, S. 87, anders dagegen H. Rehm, 1980, S. 42, der die Mietausgaben sowie Ausgaben für Gesundheitszwecke von der Steuerpflicht befreit sehen will.
3) Neumark, Berlin 1979, S. 43.
4) Wissenschaftlicher Beirat beim Bundesministerium der Finanzen, Bonn 1982, S. 84.

einheitlicher Steuerverwaltung für Mehrwertsteuer und kommunale Verbrauchsteuer denkbar: Bei genereller Steuerpflicht im Einzelhandel könnten Unternehmen zu viel gezahlte Einzelhandelsteuer bei der Deklaration der Mehrwertsteuer, quasi als zweiten Vorsteuerabzug, erstattet bekommen und dem Staat die Steuerausfälle von den Kommunen ersetzt werden.

Bei Umsatzsteuern stellt sich die Frage, ob nach dem Ursprungslandprinzip oder dem Bestimmungslandprinzip besteuert wird. Bezogen auf die Gemeinden heißt dies: Wenn ein Einzelhändler an Kunden verkauft, die aus anderen Gemeinden kommen, steht derjenigen Gemeinde die Steuer zu, in der der Lieferant seinen Sitz hat (Ursprungslandprinzip) oder der Wohnsitz des Käufers ist (Bestimmungslandprinzip). Der Wissenschaftliche Beirat argumentiert, daß zu dem Kreis der Personen, die Leistungen einer Gemeinde in Anspruch nehmen, nicht nur Einwohner und Berufsausübende, sondern auch solche Personen zählen, die zum Einkauf von Sachgütern oder zur Inanspruchnahme von Dienstleistungen einpendeln. Eine kommunale Verbrauchsteuer könne somit dem Tatbestand der Handelszentralität Rechnung tragen.[1] Folgt man dieser Argumentation, wäre das Ursprungslandprinzip anzuwenden. Allerdings gilt dieses Argument kaum bei Direktlieferungen industrieller und landwirtschaftlicher Erzeuger und bei Versandhäusern mit überregionalem Absatz. Solche Umsätze könnten erheblich zum Steueraufkommen beitragen, ohne daß hier ein entsprechender Belastungstatbestand der Gemeinden ersichtlich wird. Eine Möglichkeit der Besteuerung dieser Umsätze wäre die Einführung einer der US-amerikanischen use tax vergleichbaren Ausgleich- oder Folgesteuer. Die use tax besteuert solche Güter, die an sich der lokalen sales tax unterliegen, jedoch auswärts, im Wege des Versandhandels, erworben wurden. Sie erfordert, daß der Versandhandel den Wohnsitz des Käufers registriert und die Verbrauchsteuer an das lokale Finanzamt abführt. Damit wäre

1) Wissenschaftlicher Beirat beim Bundesministerium der Finanzen, Bonn 1982, S. 82.

- außer bei Direktimporten der Käufer - das Bestimmungslandprinzip eingeführt. Die use tax hat sich allerdings in 30 Jahren ihrer Erhebung in den USA als nicht praktikabel erwiesen.[1] Auch scheint ein Nebeneinander von Bestimmungslandprinzip und Ursprungslandprinzip wenig sinnvoll. Geeigneter ist daher der Vorschlag, das Steueraufkommen aus Versandhandelsumsätzen der Finanzausgleichsmasse zuzuführen. Bei Filialunternehmen, bei denen die Endumsätze zentral verbucht werden, müßten die Umsätze anhand geeigneter Schlüssel auf die örtlichen Niederlassungen zerlegt werden.

---

1) Vgl. R. Peffekoven, Tübingen 1969, S. 435.

3.2 Die Beurteilung anhand der Bewertungskriterien

Faßt man unter die örtliche Produktion die Erstellung von Gütern und Dienstleistungen und den Handel, so wird deutlich, daß eine Verbrauchsteuer den Funktionen der Gemeinden als Produktionsstandort nur teilweise Rechnung tragen kann; das Produzierende Gewerbe bleibt weitgehend unberücksichtigt. Sie ist deshalb als alleinige Hauptsteuerquelle nicht geeignet; es fehlte dann am Interessenausgleich und fiskalischem Interessenband zwischen Gemeinde und Industrie. Eine kommunale Verbrauchsteuer kommt deshalb vor allem als dritte Säule im kommunalen Steuersystem neben einer Wertschöpfungsteuer[1)] oder einer im Umfang reduzierten Gewerbesteuer in Frage. Sollte sie die Gewerbesteuer weitgehend oder gar ersetzen, müßte über alternative Formen nachgedacht werden, das Produzierende Gewerbe an der Finanzierung kommunaler Lasten zu beteiligen, etwa durch die Einführung von Infrastrukturkostenbeiträgen des Gewerbes.[2)]

Bei der Beurteilung einer Verbrauchsteuer hängt also vieles davon ab, ob sie an Stelle der Gewerbesteuer oder zusätzlich zu einer Steuer auf die örtliche Produktion treten soll. Beispielsweise wäre eine Umsatzsteuer relativ einfach und ohne übermäßigen Aufwand zu erheben. Tritt jedoch noch der Erhebungsaufwand einer reduzierten Gewerbesteuer oder Wertschöpfungsteuer hinzu, ergäbe sich mit Sicherheit keine Steuervereinfachung und Reduzierung des Aufwandes im Vergleich zur heutigen Gewerbesteuer. Im folgenden soll die Verbrauchsteuer als alleiniger Ersatz für die Gewerbesteuer beurteilt werden[3)]:

Eine eigenständige kommunale Verbrauchsteuer würde auf den ersten Blick den Kriterien Gemeindeautonomie, Fühlbarkeit und Flexibilität in hohem Maße gerecht; sie könnte

---

1) So der Wissenschaftliche Beirat beim Bundesministerium der Finanzen, Bonn 1982, S. 82 u. S. 142.
2) So G.H. Milbradt, 1982, S.29.
3) So etwa der Vorschlag von F. Neumark, Berlin 1979, S.40.

etwa offen ausgewiesen und mit einem kommunalen Hebesatz recht ausgestattet werden. Mit einer Aufkommenselastizität von annähernd eins würde die Verbrauchsteuer dem Kriterium der Konjunkturunabhängigkeit genüge leisten. Da sich der private Verbrauch langfristig parallel zum Sozialprodukt entwickelt, wäre auch das Kriterium Wachstumsproportionalität erfüllt.[1)]

Es ist jedoch fraglich, ob der hohe Grad an Merklichkeit und Fühlbarkeit einer Verbrauchsteuer nur als Positivum gewertet werden kann, vielmehr könnten auch steuerliche Ausweichreaktionen der Verbraucher bei unterschiedlichen Hebesätzen stadtentwicklungspolitische Fehlentwicklungen einleiten oder verstärken, die erst in den letzten Jahren als drohende Gefahr besonders deutlich geworden sind. Die Bundesarbeitsgemeinschaft der Mittel- und Großbetriebe des Einzelhandels e.V., Köln, untersucht seit 1965 durch Kundenverkehrsuntersuchungen die Einkaufsgewohnheiten der Bevölkerung und die Entwicklungstendenzen des Einzelhandels. Bei ihrer Befragung im Jahr 1976 zeichnete sich erstmals für die Zentren der Großstädte ein spürbarer Besucherrückgang ab, der sich bis 1980 wesentlich verstärkte. Die im ersten Halbjahr 1981 erstmals registrierten erheblichen Umsatzrückgänge in den Oberzentren sind Ausdruck eines Trends, die Schwerpunkte der Versorgung im Einzelhandel, entgegen den Zielsetzungen der Raumordnung, an die Peripherie der Städte bzw. im Umland zu verlegen. Die Position der Großstädte in der Hierarchie der Einkaufszentren erscheint nachhaltig gefährdet, die Umsatzanteile sind - zugunsten der Städte unter 100.000 Einwohnern - geschrumpft.[2)]

Die Verlagerung von Kaufkraftströmen aus den Haupt- in die Nebenzentren folgt zum einen dem Trend der Bevölke-

---

1) Vgl. H. Rehm, 1980, S. 60; im übrigen dürfte sich kein allzu großer Unterschied zur Mehrwertsteuer ergeben, deren Aufkommenselastizität knapp unter eins liegt; vgl. Abschnitt 4.2 dieses Kapitels.
2) Bundesarbeitsgemeinschaft der Mittel- und Großbetriebe des Einzelhandels e.V. (BAG), Köln 1981a, S. 7.

rungsentwicklung. Daneben ist sie, wie eine genauere Analyse des Verkehrsmittelnutzung und des PKW-Bestandes zeigt, eine Folge der gewachsenen Mobilität der Bevölkerung[1], die jedoch zunehmend die leichter anzufahrenden Einkaufsstandorte in peripheren Lagen aufsucht und die Metropolen meidet.

Die Regionalpolitik versucht, durch planungsrechtliche Maßnahmen der befürchteten Entleerung und Verödung der Innenstädte entgegenzuwirken und das Entstehen neuer, nicht integrierter "Verbrauchermärkte auf der grünen Wiese" zu verhindern; das Instrumentarium hierfür wurde mit den letzten Novellen zum Bundesbaugesetz und zur Baunutzungsverordnung bereitgestellt.[2] Von einer kommunalen Verbrauchsteuer dürften nun neue Impulse zur regionalen Verlagerung von Einzelhandelsumsätzen ausgehen, die nur schwerlich durch planungsrechtliche Maßnahmen in den Griff zu kriegen sind. So vermutet Klein[3], daß bei einer Hebesatzspanne von 2 bis 6 v.H. - dies entspricht dem Vorschlag Neumarks - zwar bei kleineren Verbrauchsgütern keine Umorientierung der Einkaufsgewohnheiten zu erwarten sei, wohl aber bei längerlebigen Gebrauchsgütern wie z.B. Autos, bei denen die Steuerbelastungsdifferenzen sich auch absolut in den Preisen deutlich bemerkbar machen.[4]

---

1) Bundesarbeitsgemeinschaft der Mittel- und Großbetriebe des Einzelhandels e.V. (BAG), Köln 1981b, S. 12 ff.

2) Nach § 11 Abs. 3 Bau NVO sind Einkaufszentren und Verbrauchermärkte, die nach Lage, Umfang und Zweckbestimmung vorwiegend der übergemeindlichen Versorgung dienen sollen, außer in Kerngebieten nur noch in Sondergebieten zulässig. Zu den Eingriffsmöglichkeiten der Verwaltung in bezug auf Standortentscheidungen von überörtlichen Einkaufszentren und Verbrauchermärkten, vgl. H.-J. Aderhold, 1976, S.7 ff.; zur Gesamtproblematik der Entwicklung im Einzelhandel und der Siedlungsstruktur siehe auch B. Tietz, 1974, S. 113.

3) Vgl.R.R.Klein, Berlin 1979, S.55. Eine solche Hebesatzspanne zwischen Kernstädten und Umlandgemeinden ergibt sich auch, wenn man davon ausgeht, daß eine Verbrauchsteuer die Gewerbesteuereinnahmen (netto) der Gemeinden aufkommensneutral ersetzen soll; vgl. Kapitel IV, 4.2.

4) Vgl. das Beispiel von R.R. Klein, ebenda: Beim Kauf eines Autos zum Preis von 15.000 DM wäre bei einem Steuersatz von 2 v.H. eine kommunale Verbrauchsteuer von 300 DM zu entrichten, bei einem Steuersatz von 6 v.H. steigt die Steuerlast auf 900 DM:

Er weist daher auf die Gefahr einer Entwicklung hin, bei der großstädtische Agenturen lediglich die Verkäufe von höherwertigen Produkten aus dem Umland vermitteln und damit auch kommunale Umsatzsteuereinnahmen ins Umland lenken. Selbst wenn das dadurch erzielte Steueraufkommen wie solches aus dem Versandhandel behandelt werden könnte - bei diesem gilt der Vorschlag, daß es nicht den Belegenheitsgemeinden der Firmen zustehen, sondern in den kommunalen Finanzausgleich fließen soll - es ginge den Großstädten zunächst einmal verloren.

Bei der Frage regionaler Umsatzverlagerungen ist man jedoch nicht nur auf Vermutungen angewiesen; es liegen aus den USA eine Reihe von Untersuchungen über die Steuerwirkungen der örtlich unterschiedlichen sales taxes vor. McAllister zeigt, daß die Erhebung einer sales tax im Staat Washington mit einem Satz von 3 1/2 v.H. in grenznahen Gebieten zu deutlichen Umsatzverlagerungen in die Nachbarstaaten Oregon und Idaho führte, die eine solche Steuer nicht erhoben. Dabei war die Steuervermeidung bei Lebensmitteln am höchsten, etwas geringer bei Kühlschränken und gering bei Damenbekleidung. Dies zeigt, daß die obige Vermutung, der Einfluß der Besteuerung auf das regionale Einkaufsverhalten würde sich nur auf langlebige Gebrauchsgüter erstrecken, zweifelhaft ist und die Flexibilität der Bevölkerung bezüglich des regionalen Einkaufsverhaltens unterschätzt. Die Steuer motiviert die Bewohner in den Grenzstädten zu verstärkten Einkäufen jenseits der Grenze. Dies zeigt sich auch, wenn man Größe/Einkaufszentralität) und Pendlerverflechtungen der Grenzstädte berücksichtigt und mit Kontrollstädten im Landesinneren vergleicht.[1] Hamovitch kommt aufgrund einer Regressionsanalyse mit Daten von 1948 bis 1965 zu dem Ergebnis, daß die Erhöhung der sales tax um ein Prozentpunkt in New York City zu einem Verlust an steuerbaren Umsätzen von 6 v.H. führte.[2]

---

1) H.E. McAllister, 1961, S.361 ff.
2) W. Hamovitch, New York 1966, S. 619 ff.

In einer weiteren Untersuchung zeigte er, daß der Grad der regionalen Steuerausweichung von der Abgrenzung der steuerpflichtigen Umsätze abhängt und beispielsweise in New York City (Lebensmittel steuerfrei) größer ist als in Alabama (Lebensmittel steuerpflichtig).[1] Schließlich weist Mikesell in einer ökonometrischen Untersuchung für 173 amerikanische Großstädte nach, daß bereits relativ geringe Steuersatzdifferenzen Umsatzverlagerungen in die Vororte auslösen.[2]

Im Lichte dieser amerikanischen Erfahrungen muß die räumliche Neutralität einer kommunalen Verbrauchsteuer kritisch betrachtet werden. Es bestünde bei ihr die Gefahr der Bildung ausgeprägter Steuerwüsten und Steueroasen. Die interkommunale Konkurrenz im Einzelhandelsbetriebe wurde intensiviert; durch niedrige Hebesätze könnten einkommensteuerstarke Ballungsrandgemeinden Einzelhandelsbetriebe attrahieren und den Kernstädten die Steuerbasis entziehen. Vermutlich würde sich auch die Kooperationsbereitschaft bei der überkommunalen Flächennutzungs- und Bauleitplanung verringern.[3] Es gilt daher der Überlegung Rechnung zu tragen, eine Steuer könne zwar unerwünschten raumwirtschaftlichen Entwicklungstendenzen kaum entgegenwirken, sie solle solche Entwicklungen aber nicht verstärken.

Eine eigenständige kommunale Verbrauchsteuer mit Hebesatzrecht stößt also auf Bedenken aus raumordnungspolitischer Sicht. Ohne Hebesatzrecht wäre diese Steuer aus räumlicher Sicht eine geeignete Kommunalsteuer, allerdings ist der Doppelaufwand einer solchen Steuer neben und zusätzlich zur Mehrwertsteuer eigentlich nur dann zu rechtfertigen, wenn sie die mit dem Hebesatzrecht verbundene größere fiskalische Flexibilität und Autonomie der Gemeinden

---

1) W. Hamovitch, 1966, S. 411 ff.
2) G. Mikesell, 1970, S. 102 ff.
3) Vgl. H.-J. Conrad, Frankfurt am Main, Bern, Cirencester/ U.K. 1980, S. 312; ebenso den Diskussionsbeitrag von K. Ganser in: Berlin 1979, S. 47.

gewährleistet; ansonsten hätte eine Beteiligung an der Mehrwertsteuer gewichtige Vorteile in Erhebung und Verwaltung. Zusätzlich gilt es zu bedenken, daß auch ein Hebesatzrecht die Autonomie nur dann erhöht, wenn es die kommunalen Vertretungskörperschaften wagen können, dieses Recht ohne die Gefahr einer Erosion ihrer steuerlichen Basis auszuüben.[1)]

Bezüglich der wirtschaftspolitischen Kriterien Neutralität Gefahr der Substanzbesteuerung und Wachstumsorientierung wäre eine kommunale Verbrauchsteuer ähnlich günstig zu beurteilen wie die Mehrwertsteuer. Die Frage eines Grenzausgleichs stellt sich nur sehr entschärft, da der Anteil direkter Exporte an den Umsätzen des Einzelhandels und Dienstleistungsbereichs gering ist und in solchen Fällen eine steuerliche Belastung gar nicht erst stattfinden müßte.[2)]

Eine wesentliche Steuervereinfachung wird durch eine Verbrauchsteuer, die nur die Gewerbesteuer ersetzt, nicht erreicht, allerdings dürfte eine solche Steuer leichter auf die Mehrwertsteuer abzustimmen sein als die Gewerbesteuer auf das Personalsteuersystem, so daß das gesamte Steuersystem in sich konsistenter wäre. Rückwirkungen auf andere Steuern wie bei der Gewerbesteuer wären kaum zu befürchten. Der steuertechnische Aufwand bei der Einführung einer Verbrauchsteuer und der Aufwand der laufenden Erhebung hängt davon ab, inwieweit man sich an Regelungen der Mehrwertsteuer orientiert und bereit ist, bei der Abgrenzung des Endverbrauchs auch Pauschalisierungen hinzunehmen. Im Vergleich zur Gewerbesteuer ist festzuhalten, daß die komplizierte Feststellung der Einheitswerte außer in den Fällen, in denen sie für die Vermögensbesteuerung

---

1) Vgl. den Diskussionsbeitrag von H.-J. Schäfer in: Berlin, 1979, S. 76.

2) Der Wissenschaftliche Beirat geht im Unterschied hierzu davon aus, daß Lieferungen und Leistungen, soweit verbrauchsteuerpflichtig, bei der Ausfuhr um die Gemeindeverbrauchsteuer verteuert bleiben; vgl. der Wissenschaftliche Beirat beim Bundesministerium der Finanzen, Bonn 1982, S. 132 f.

notwendig ist, entfällt. Gleichzeitig dürfte sich der Kreis der Steuerpflichtigen vergrößern. Zwar wäre ein Teil der Produktionsbetriebe von Steuerzahlungen frei, da keine Lieferungen an Endverbraucher vorliegen. Gleichzeitig würden aber auch solche Betriebe, die jetzt aufgrund der hohen Freibeträge nicht der Gewerbebesteuerung unterliegen sowie die freien Berufe steuerpflichtig. Die Abrechnungsvorgänge im Einzelhandel würden insbesondere bei offenem Ausweis der Steuer erheblich komplizierter und arbeitsaufwendiger. Der Gesamteffekt des Aufwandes im Vergleich zur Gewerbesteuer oder Wertschöpfungsteuer ist schwer abzuschätzen, im Vergleich zur Beteiligung an der Umsatzsteuer dürfte der Aufwand erheblich höher liegen.

In bezug auf die EG-Steuerharmonisierungsbestrebungen stellt eine kommunale Verbrauchsteuer einen Rückschritt dar. Die 6. EG-Richtlinie des Rates zur Harmonisierung der Rechtsvorschriften der Mitgliedstaaten über die Umsatzsteuer vom 17.5.1975[1)] bestimmt in Art. 33, daß neben der Mehrwertsteuer keine weiteren Steuern mit dem Charakter der Umsatzsteuer erhoben werden dürfen. Der Beirat kommt in seiner Untersuchung des Problems zu der Auffassung, daß eine Gemeindeverbrauchsteuer, die ohne Grenzausgleich erhoben wird und die den wirtschaftlichen Wettbewerb nicht auf Kosten anderer EG-Mitgliedstaaten verzerrt, durchaus mit den Zielen des EWG-Vertrages, die auch für die 6. EG-Richtlinie maßgebend sind, vereinbar ist.[2)] Dennoch sieht er insgesamt im EG-Recht erhebliche Hindernisse für die Einführung einer allgemeinen kommunalen Verbrauchsteuer.[3)]

---

1) 6. Richtlinie des Rates vom 7.5.1977 zur Harmonisierung der Rechtsvorschriften der Mitgliedstaaten über die Umsatzsteuer, in: Amtsblatt der EG Nr. L 145.
2) Der Wissenschaftliche Beirat beim Bundesministerium der Finanzen, Bonn 1982, S. 133.
3) Ebenda, S. 142.

4. Die Beteiligung der Gemeinden an der Umsatzsteuer

4.1 Die Grundkonzeption

Eine Beteiligung der Gemeinden an der Umsatzsteuer wird in verschiedenen Varianten diskutiert; von diesen sollen im folgenden nur solche Modelle betrachtet werden, die mit den EG-Richtlinien zur Umsatzbesteuerung vereinbar sind. Eine Zuweisung der Mehrwertsteuer der letzten Stufe an die Gemeinden, verbunden mit einem Hebesatzrecht bzw. ein Zuschlagsrecht zur staatlichen Mehrwertsteuer kommt danach nicht in Frage[1)], wohl aber eine Einbeziehung der Gemeinden in den Umsatzsteuerverbund, die technisch ähnlich wie die Beteiligung an der Einkommensteuer gestaltet werden könnte. Insoweit die Vorschläge zur Beteiligung an der Umsatzsteuer von einer vollständigen Abschaffung der Gewerbesteuer ausgehen, verbleibt den Gemeinden ein Hebesatzrecht nurmehr bei der Grundsteuer, die allerdings kein großes Maß an finanzpolitischem Spielraum läßt.

Eine prozentuale Beteiligung der Gemeinden an der Umsatzsteuer läßt sich technich relativ einfach gestalten; es bleibt die Frage zu beantworten, nach welchem Schlüssel das Steueraufkommen auf die Gemeinden verteilt werden soll. Dies könnte analog zur Beteiligung der Gemeinden an der Einkommensteuer nach dem örtlichen Aufkommen, gegebenenfalls in modifizierter Form geschehen. Eine solche Modifizierung wäre der Vorschlag des Wissenschaftlichen Beirats im Gutachten zum Gemeindesteuersystem vom 16. März 1968[2)], den Gemeinden die Mehrwertsteuer der letzten Stufe zuzuweisen.

---

1) Vgl. G. Rau; G. Rieger, Melle 1981, S. 25 ff.
2) Der Wissenschaftliche Beirat beim Bundesministerium der Finanzen, Tübingen 1974, S.424.

Daneben werden eine ganze Reihe von produktionsbezogenen Verteilungsschlüsseln diskutiert, z.B. die Anzahl der Beschäftigten[1], die örtliche Wertschöpfung bzw. der Nettoumsatz[2], die Kombination aus Lohnsumme und Betriebskapital[3] bzw. Lohnsumme und materielle Wirtschaftsgüter[4] oder Anlagevermögen[5].

Im Gegensatz zu den Vorschlägen zu produktionsorientierten Verteilungsschlüsseln wird aus raumordnungspolitischer Sicht gefordert, eine Verteilung nach Einwohnern[6] oder veredelten Einwohnern[7] vorzunehmen. Laut Tetsch[8] konnte beispielsweise eine Gewichtung der Einwohner ähnlich wie bei der Hauptansatzstaffel im Finanzausgleich vorgenommen werden. Dabei sei in Gemeinden unter 10.000 Einwohnern ein Gewichtungsfaktor von 1 anzuwenden. Mit der Gemeindegröße steigt der Faktor an bis auf 1,5 bei Gemeinden mit über 500.000 Einwohnern. Eine solche Veredlung der Einwohner wäre aus raumordnungspolitischer Sicht jedoch inkonsequent, nachdem die Hauptansatzstaffel aufgrund ihrer Pauschalität und fehlenden Orientierung an Ist- oder Normbedarfen in der finanzwisschenschaftlichen Diskussion überwiegende Ablehnung erfahren hat und in zwei Bundesländern auch im kommunalen Finanzausgleich bereits nicht mehr angewendet wird.

---

1) Wissenschaftlicher Beirat beim Bundesministerium der Finanzen, Bonn 1982, S. 55.
2) Gutachten der Steuererformkommission 1971, Bonn 1971, Textziffer 205 sowie G. Rau; G. Rieger, Melle 1981, S. 95 ff.
3) Gutachten der Steuerreformkommission 1971, Bonn 1971, Textziffer 206-211.
4) Institut FSt. Brief 211, S. 22 ff.
5) Wissenschaftlicher Beirat beim Bundesministerium der Finanzen, Bonn 1982, S. 55.
6) So E. Recker, 1978, S. 568; ders., 1979, S. 689 ff.
7) F. Tetsch, 1979, S. 88.
8) Vgl. ebenda.

Allerdings könnte eine Veredlung der Einwohner zu starken Verlusten in den Großstädten vorbeugen bzw. einer schrittweisen Anpassung dieser Städte dienen und damit die Folgen einer abrupten Umverteilung von kommunalen Finanzmassen beseitigen.

4.2 Die generelle Beurteilung einer Beteiligung an der Umsatzsteuer

Zunächst sei auf das allen vorgestellten Modellen der Umsatzsteuerbeteiligung Gemeinsame eingegangen; Unterschiede der Beurteilung aufgrund der alternativen Schlüssel ergeben sich nur in der Frage des Interessenausgleichs und der räumlichen Wirkungen.

Die Einbeziehung der Gemeinden in den Umsatzsteuerverbund ist mit einem Verlust an Gemeindeautonomie verbunden, insbesondere durch den Verlust des Hebesatzrechtes. Zwar verbleibt ein solches Recht den Gemeinden noch bei der Grundsteuer; deren quantitative Bedeutung ist jedoch zu gering, um eine ausreichende fiskalische Beweglichkeit zu sichern.

Zur Gemeindeautonomie gehört allerdings mehr als nur das Hebesatzrecht. Dazu gehören auch stetige und verläßliche Steuereinnahmen, die deshalb weitgehend ertragsunabhängig sein sollten und außerdem nicht andauernden staatlichen Korrekturen aus konjunktur- und verteilungspolitischen Gründen unterworfen sein sollten. Hierzu gehört auch, daß die Gemeinden durch Förderung des Wachstums der steuerlichen Bemessungsgrundlagen eine Entwicklungspolitik zum eigenen Wohle betreiben können, die nicht durch andauernde steuergesetzliche Änderungen zum Zick-Zack-Kurs gerät.

Wie daher eine Umsatzsteuerbeteiligung zu beurteilen ist, hängt von ihrer konkreten Ausgestaltung ab, d.h. von der Stetigkeit und Langfristigkeit einer solchen Beteiligung einschließlich des Zuweisungsschlüssels. Dies könnte durch entsprechende (grund-)gesetzliche Garantien[1] abgesichert werden, wobei ein Verteilungsschlüssel gewählt werden müßte, der nicht, wie bei einem Schlüssel "veredelte Einwohner" abzusehen, durch laufende politische Diskussion über seine Abänderung ein Element der Unsicherheit mit sich bringt und eine zweite Finanzausgleichsdiskussion auslöst.

Die angemessene Bewertung der Umsatzsteuerbeteiligung erfordert also mehr als nur die Feststellung, daß den Gemeinden das Hebesatzrecht genommen wird. Denn dieses Recht ist vor allem für die großen Städte von Bedeutung, während kleinere Gemeinden davon nur sparsamen Gebrauch machen. Das Urteil kann daher nicht für alle Gemeinden einheitlich lauten. Für viele kleinen Gemeinden kann eine Verbesserung und Verstetigung steuerlicher Einnahmen, die die Abhängigkeit von den örtlichen Betrieben verringert, ein Zuwachs an Autonomie bedeuten, vor allem wenn man als Kern der kommunalen Autonomie die Ausgabenhoheit ansieht. Wenn daher trotzdem die Umsatzsteuerbeteiligung unter dem Aspekt der Gemeindeautonomie negativ beurteilt wird, so deshalb, weil der Verlust an eigenverantwortlichem fiskalpolitischen Handeln und an fiskalischer Flexibilität insbesondere im Hinblick auf die größeren Städte mit ihrem stärker differenzierten Finanzbedarf schwerer gewertet werden muß. Zu dieser Bewertung trägt bei, daß den Gemeinden ein Hebesatzrecht allein bei der Grundsteuer verbliebe. Bei dem geringen fiskalischen Gewicht dieser Steuer ist zu erwarten, daß der kommunale Handlungsspielraum bei dieser Steuer schnell ausgeschöpft wäre. Bei zu starkem Anstieg

---

1) Einen solchen Vorschlag macht bereits die Steuerreformkommission 1971 in ihren Gutachten, Bonn 1972, Teilziffer 184.

der Grundsteuerlast wurde auch hier schnell nach einer Begrenzung oder Abschaffung des Hebesatzrechtes gerufen werden.

Sollte sich jedoch eine neuartige kommunale Steuer mit Hebesatzrecht als politisch nicht durchsetzbar erweisen, so wäre eine Beteiligung an der Umsatzsteuer als zweitbeste Lösung vom Standpunkt der kommunalen Autonomie immer noch einer verstärkten Dotierung der Gemeinden durch allgemeine Finanzzuweisungen [1] und auch einer Erhöhung des Gemeindeanteils an der Einkommensteuer vorzuziehen.

Der Vorzug gegenüber der Einkommensteuer besteht darin, daß die Umsatzsteuer nicht in entsprechendem Ausmaß wie die Einkommensteuer konjunktur- und verteilungspolitisch motivierten Strukturänderungen unterworfen ist. Zwar hat auch sie durch den gespaltenen Tarif eine soziale Komponente: Diese ist jedoch nicht andauerndem Wandel unterworfen.[2] Darüber hinaus werden die örtlichen Auswirkungen von Steuerrechtsänderungen durch die schlüsselmäßige Verteilung abgefedert.

Eine Umsatzsteuerbeteiligung könnte durch feste Steueranteilsgarantien der Gemeinden abgesichert werden. Ansonsten bestünde die Gefahr, daß die Gemeinden in den Verteilungskampf zwischen Bund und Ländern um den Anteil am Steueraufkommen einbezogen werden. Der Wissenschaftliche Beirat hält eine Garantie schon im Hinblick auf Art.28 Grundgesetz für notwendig, falls die Gewerbesteuer durch Finanzzuweisungen aus einer Steuerverbundmasse abgelöst werden sollte.[3] Er macht darüber hinaus geltend, daß zwar mit festen Anteilsgarantien kein Ermessensspielraum des Bundes bzw.

---

1) Vgl. H.-J. Schäfer, Berlin 1979, S. 74.
2) Vgl. auch: Wissenschaftlicher Beirat beim Bundesministerium der Finanzen, Tübingen 1974 , S. 426.
3) Ebenda, S. 420.

der Länder in bezug auf die gesamte kommunale Finanzmasse bestünde, der Anteil einzelner Gemeinden aber nach wie vor unsicher sei.[1] Dem kann entgegengehalten werden, daß auch der Verteilungsschlüssel in die Garantie einbezogen werden kann. Die Stetigkeit eines solchen Verteilungsschlüssels ist schon deshalb erforderlich, weil die Kommunen ihre gesamte Entwicklungsstrategie auch auf die finanziellen Anreize des Finanzsystems und das Ziel der Pflege der eigenen Steuerquellen abstellen.

Es wäre also wünschenswert, daß eine solche Garantie im Grundgesetz verankert wird.[2] Dagegen spricht, daß ein großer Steuerverbund mit der sich wandelnden staatlichen Aufgabenverteilung auch offen sein muß für eine Änderung der Steueranteile der einzelnen staatlichen Ebenen.[3] Es würde jedoch ausreichen, nur den kommunalen Anteil an der Umsatzsteuer grundgesetzlich festzuschreiben, zumal die kommunale Finanzausgleichsmasse noch eine gewisse Pufferfunktion ausüben könnte.

Bezüglich der übrigen kommunalpolitischen Kriterien gilt: Die schlüsselmäßige Beteiligung an der Umsatzsteuer koppelt die örtlichen Einnahmen vom örtlichen Aufkommen bzw. der Traglast der Steuer ab. Die erhofften allokativen Vorteile der Fühlbarkeit, Förderung der optimalen Allokation der Produktivkräfte im Raum, kommen folglich nicht zur Geltung. Der private Verbrauch schwankt im Konjunkturablauf weniger stark als das Sozialprodukt und entwickelt sich langfristig parallel zu diesem. Die Aufkommenselastizität der Umsatzsteuer ist vergleichsweise geringen Schwankungen unterworfen und liegt im langjährigen Durchschnitt knapp

---

1) Wissenschaftlicher Beirat beim Bundesministerium der Finanzen, Tübingen 1974, S. 420.
2) Ebenda.
3) Ebenda, S. 421.

unter eins.[1] Die Beteiligung an der Umsatzsteuer entspricht daher in hervorragender Weise den Kriterien Konjunkturunabhängigkeit und Wachstumsproportionalität. Auch die räumliche Neutralität bleibt gewahrt; Bedenken, wie sie bei einer kommunalen Verbrauchsteuer mit Hebesatzrecht aus regionalpolitischer Sicht bestehen[2], entfallen, da einerseits innerhalb des Umsatzsteuerverbundes kein kommunales Hebesatzrecht Platz hat, andererseits über die gewählten Verteilungsschlüssel auch andersgeartete fiskalische Anreize auf das kommunalpolitische Verhalten ausgehen als bei der Verbrauchsteuer.

Für die wirtschaftspolitischen Kriterien gilt:
Die Umsatzsteuer ist neutral in bezug auf den Einsatz von Produktionsfaktoren, Unternehmensformen und -größe. Die Gefahr der steuerlichen Überlastung der Betriebe ist geringer als bei der Gewerbesteuer und Wertschöpfungsteuer, wenn auch nicht in jeder Konjunktursituation und bei jeder produktbezogenen Absatzlage von der vollen Überwälzung der Steuer ausgegangen werden kann. Auch die wachstumspolitischen Hemmnisse der Steuer werden vergleichsweise geringer eingeschätzt als bei den übrigen Steuern des Steuersystems. Hier dürfte die Umsatzsteuer sogar im Vergleich zu einer Gewerbeertragsteuer oder Gewinnsteuer günstiger beurteilt werden. Schließlich ist auch ein Grenzausgleich bei Exporten gegeben, ohne daß hierdurch die der einzelnen Gemeinde zufließenden Einnahmen beeinflußt werden.

Durch den Wegfall der Gewerbesteuer würde eine Steuervereinfachung eintreten und die Systemhaftigkeit des Steuersystems verbessert. Der steuertechnische Aufwand einer Mehrwertsteuererhöhung ist gering; als laufender Aufwand

---

1) Vgl. G. Körner, München 1974, S. 35.
2) Vgl. Abschnitt 3.2 dieses Kapitels.

bleibt die Feststellung des Verteilungsschlüssels, während der Erhebungsaufwand der Gewerbesteuer entfiele. Der Aushölung von Bundes- und Landessteuern durch kommunale Steuern - bei der Gewerbesteuer kritisiert - würde die Grundlage entzogen. Ebenso würde ein Beitrag zur EG-Steuerharmonisierung geleistet. Denn zum einen wird eine der deutschen Gewerbesteuer vergleichbare Steuer innerhalb der Europäischen Gemeinschaft nur in Frankreich und Luxemburg erhoben, zum anderen gibt es trotz der jüngsten Anhebung zum 1.7.1983, wie ein internationaler Vergleich zeigt, immer noch Reserven bei der Mehrwertsteuer, so daß eine weitere Erhöhung im Zuge der EG-Steuerharmonisierungsbestrebungen sowieso notwendig werden könnte.[1]

4.3 Die Beurteilung der alternativen Verteilungsschlüssel

Zu unterschiedlichen Bewertungen führt die Umsatzsteuerbeteiligung je nach Wahl des Verteilungsschlüssels bei den Kriterien Interessenausgleich, räumliche Streuung und verwaltungstechnischer Aufwand.

Der Gedanke liegt nahe, die Umsatzsteuerbeteiligung am örtlichen Aufkommen auszurichten. Hiergegen hat jedoch schon die Steuerreformkommission gewichtige Bedenken geltend gemacht[2]:

"- Infolge unterschiedlicher Mehrwertsteuersätze führen gleichhohe Wertschöpfungen zu unterschiedlichen Zahllasten. Gemeinden, in denen überdurchschnittliche Wertschöpfungen auf dem Agrar- und Lebensmittelsektor erfolgen, wären gegenüber anderen Gemeinden benachteiligt.
- Bei der Ausfuhr werden Wertschöpfungen erbracht, die zu keinem Aufkommen führen; bei gleicher Wertschöpfung entstehen unterschiedliche Steueraufkommen. Je größer der Anteil der Wertschöpfung für den Export ist, desto größer ist der Aufkommensausfall.

---

1) Vgl. Umsatzsteuer/Internationaler Vergleich. Bei der Mehrwertsteuer gibt es noch Reserven, Handelsblatt 27.9.1982.
2) Steuerreformkommission, Bonn 1971, Tz 188-194.

- Umgekehrt entsteht bei der Einfuhr ein Aufkommen, ohne daß eine inländische Wertschöpfung erfolgt ist. Dieses Aufkommen verteilt sich auf die einzelnen Gemeinden nach dem Ort der zollfreien Abfertigung des Importgutes zum freien Verkehr.
- Durch die Verteilung von Produktionsstätten auf verschiedene Gemeinden fallen Wertschöpfungen und Steueraufkommen regional auseinander. Diese Frage gewinnt insbesondere bei größeren Unternehmen an Bedeutung und zeigt sich in extremster Weise bei Organschaftsverhältnissen (zentrale Konzernbesteuerung).
- Durch die negative Nachholwirkung entsteht in derjenigen Gemeinde, die aus anderen Gemeinden voll besteuerte Güter "einführt", die in ermäßigt besteuerte Güter eingehen, ein ihrer Wertschöpfung nicht entsprechendes geringeres Aufkommen. Andererseits entsteht durch die positive Nachholwirkung des Vorsteuerabzugverfahrens in derjenigen Gemeinde, die aus anderen Gemeinden ermäßigt besteuerte Güter "einführt", die in voll besteuerte Güter eingehen, ein ihrer Wertschöpfung nicht entsprechendes zusätzliches Aufkommen.
- Wenn innerhalb der Kette steuerpflichtiger Unternehmer steuerfreie Lieferungen und Leistungen anfallen, werden infolge des mit der Befreiung verbundenen Vorsteuerabzugverbotes Teile der Wertschöpfung und die nicht abzugsfähige Vorsteuer auf der nächsten - steuerpflichtigen - Stufe doppelt erfaßt, d.h. das Aufkommen ist im Verhältnis zu der Wertschöpfung höher. Wenn Befreiungen auf der Stufe der Letztanbieter erfolgen, tritt keine Nachholwirkung ein. Da die Wertschöpfung der Letztanbieter jedoch nicht von der Steuer erfaßt wird, ist das Aufkommen im Verhältnis zu den Wertschöpfungen geringer."

Wiese man nun den Gemeinden nur die Mehrwertsteuer der letzten Stufe zu, käme dies einer Endverbrauchsteuer ohne Hebesatzrecht nahe. Eine solche Beteiligung brächte aber erhebliche technische Schwierigkeiten mit sich, zum einen bei der Abgrenzung von Umsätzen an Endverbraucher und an vorsteuerabzugsberechtigte Unternehmer, zum anderen bei der Ermittlung des aus den Endstufenumsätzen resultierenden Steueraufkommens. Hierzu müßte die Vorsteuer in Abzug gebracht werden. Eine Trennung der Vorsteuer in eine Vorsteuer auf Vorstufenumsätze und in eine Vorsteuer auf Endumsätze ist jedoch kaum exakt möglich. Es ist also in der Praxis nicht möglich, das örtliche Aufkommen der Endverbrauchstufe annähernd genau festzustellen.[1] Schließlich hinge auch bei diesem Modell das Aufkommen der einzelnen Gemeinden weitgehend davon ab, in welcher Höhe Vorsteuer angefallen ist. Je niedriger die angefallene Vorsteuer wäre, um so höher wäre das örtliche Aufkommen.

Eine Ablehnung der Orientierung am örtlichen Aufkommen wird jedoch nicht nur mit technischen Schwierigkeiten begründet, das Institut Finanzen und Steuern sieht darüber hinaus auch garkein Bedürfnis, einen Gemeindeanteil an der Umsatzsteuer nach dem örtlichen Aufkommen zu verteilen, vielmehr erlaube es eine schlüsselmäßige Beteiligung der Gemeinden an der Umsatzsteuer, die Finanzausstattung der einzelnen Gemeinden wesentlich besser dem örtlichen Finanzbedarf anzupassen, als dies bei einer Finanzierung aus örtlichen Steuerquellen jemals der Fall sein könne.[2] Daneben habe ein solcher Schlüssel zu gewährleisten, daß ein ausreichendes finanzielles Interesse der Gemeinden an der Wirtschaftsförderung gewahrt bleibe. Dieser Aufgabe werde am besten ein Schlüssel gerecht, der nicht, wie die Gewerbesteuer, an der Wirtschaftskraft der Betriebe, sondern an der Belastungswirkung anknüpfe.[3] Zu den einzelnen Schlüsseln ist unter diesem Aspekt anzumerken:

- Die Anzahl der Beschäftigten am Arbeitsort ist ein einfacher und leicht zu handhabender Schlüssel, der die Lasten der Gemeinde aus ihrer Funktion als Arbeitsort berücksichtigt. Da es in der Logik des Verteilungsschlüssels Beschäftigte liegt, jeden Arbeitsplatz gleich zu bewerten, wäre auch an einen Einbezug der Selbständigen und der Beamten zu denken. Um Gebiete mit hoher Arbeitslosigkeit nicht zu benachteiligen, könnten sogar

1) G. Rau, G. Rieger, Melle 1981, S. 32.
2) Siehe Institut Finanzen und Steuern, Brief 211, S. 8 f.
3) Vgl. ebenda, S. 9.

arbeitslose Erwerbspersonen im Verteilungsschlüssel berücksichtigt werden, dann allerdings nur nach dem Wohnortprinzip. Dies hatte bei Betriebsschließungen in zentralen Orten mit hohem Anteil auswärtiger Arbeitnehmer jedoch den Effekt, daß die Schlüsselzahlen im Zentrum sinken und im Umland steigen würden.

Gegen einen Schlüssel Beschäftigte kann geltend gemacht werden, daß Belastungen einer Gemeinde bei weitgehend automatisierter kapitalintensiver Produktion unberücksichtigt bleiben. Das Interesse der Gemeinden wird also auf die Attrahierung arbeitsintensiver Produktionen gelenkt. Der Schlüssel wirbt damit nicht neutral in dem Sinne, daß für jede Art von Produktion ein angemessener Interessenausgleich stattfindet.

- Ähnlich wie die Anzahl der Beschäftigten ist auch die hohe Lohnsumme als alleiniger Verteilungsschlüssel zu beurteilen. Allerdings ergäbe sich eine andere räumliche Streuung, da das Aufkommen neben der Arbeitszentralität auch vom regionalen Lohn- und Gehaltsniveau bestimmt wird.

- Die örtliche Wertschöpfung bzw. der Nettoumsatz enthalten neben Kostenbestandteilen auch den Ertrag. Dieser ist als Verteilungskomponente nach den Vorstellungen der Steuerreformkommission ungeeignet, da zwischen den Gewinnen der örtlichen Industrie und den kommunalen Lasten kein enger Zusammenhang bestehe.[1)]

- Die Diskussion konzentriert sich daher zunehmend auf einen kombinierten Schlüssel Lohnsumme und Gewerbekapital, wobei beide Schlüsselelemente gleichgewichtet werden. Während die Lohnsumme nach den Maßstäben ermittelt werden kann, die der Lohnsummensteuer zugrundelagen, erscheint es fraglich, welches der maßgebende Kapital-

---

1) Steuerreformkommission, Bonn 1971, Tz 205.

wert der Betriebe ist, der als Indikator für Aufwendungen der Gemeinden für örtliche Betriebsanlagen gelten kann. Die Steuerreformkommission äußert sich zu dieser Frage:

"Der maßgebende Kapitalwert wird dadurch gewonnen, daß die für die örtlichen Lasten entscheidenden Teile des Anlage- und Umlaufvermögens ermittelt werden. Vom betrieblichen Anlage- und Umlaufvermögen bleiben somit vor allem außer Ansatz die Grundstücke, welche schon von der Grundsteuer erfaßt werden, die Forderungswerte, die Beteiligungen sowie das Geldvermögen, da diese Wertansätze mit kommunalen Lasten in keinem Zusammenhang stehen." 1)

- Das Institut Finanzen und Steuern folgt im wesentlichen dem Vorschlag der Steuerreformkommission 1971, möchte aber die Betriebsgrundstücke als Maßstab für die Größe der Betriebe in den Schlüssel "materielle Wirtschaftsgüter" einbezogen wissen. Ebenso soll eine Hinzurechnung der Werte (Teilwerte) der Wirtschaftsgüter, die dem Betrieb dienen, aber im Eigentum eines Mitunternehmers oder eines Dritten stehen, vorgenommen werden, da es für die Berücksichtigung der dem Betrieb dienenden Wirtschaftsgüter unerheblich ist, in wessen Eigentum sie stehen.[2]

- Der Wissenschaftliche Beirat bringt in seinem Gutachten ohne besondere Begründung auch das Anlagevermögen ins Spiel.[3] Es bleibt allerdings zu fragen, wieso das Vorratsvermögen als Indikator weniger geeignet sein soll als das Anlagevermögen. So beanspruchen Handelsbetriebe in City Lage mit hohem Publikumsverkehr stark die kommunale Verkehrsinfrastruktur. Das Anlagevermögen solcher Betriebe ist im Vergleich zu Produktionsstätten gering, das Vorratsvermögen entsprechend hoch. Die Beschränkung auf das Anlagevermögen wurde also Gemeinden

---

1) Steuerreformkommission, Bonn 1971, Tz 207.
2) Institut Finanzen und Steuern, Brief 211, S. 28.
3) Wissenschaftlicher Beirat beim Bundesministerium der Finanzen, Berlin 1982, S. 55.

mit einem starken Anteil des Produzierenden Gewerbes bevorzugen und Handelszentren benachteiligen. Doch auch die Berechtigung, Finanzanlagen, Betriebskapital und sonstige immaterielle Wirtschaftsgüter gänzlich unberücksichtigt zu lassen, kann bezweifelt werden. Dies würde bedeuten, daß Kreditinstitute und Versicherungen nur mit ca. 3 v.H. ihrer Aktiva im Verteilungsschlüssel Berücksichtigung finden. Der tertiäre Sektor wäre damit im Schlüssel unterrepräsentiert. Es kann aber nicht davon ausgegangen werden, daß nur das Produzierende Gewerbe den Kommunen Lasten verursacht, auch wenn hier aufgrund der stärkeren Umweltbelastungen vielleicht eine stärkere finanzielle Kompensation notwendig wird. Andererseits ist nicht zu leugnen, daß reine Beteiligungsfirmen, die über beträchtliche Finanzanlagen verfügen mögen, den Gemeinden keine Lasten verursachen. Es wäre daher, ausgehend von der Bilanzstruktur (Aktivseite) der Unternehmen[1], zu fragen, ob nicht für bestimmte Branchen, etwa Banken und Versicherungen, abweichende Regelungen getroffen werden müßten; z.B. könnte das Finanzvermögen nur mit einem bestimmten Prozentsatz berücksichtigt werden, oder statt eines Kapitalwertes die Lohnsumme zweifache Berücksichtigung erfahren.

Die verschiedenen produktionsbezogenen Verteilungsschlüssel unterscheiden sich also in den Fragen der räumlichen Streuung, des Interessenausgleichs und des Aufwandes bei der Erstellung des Schlüssels.

Besondere Probleme der Ermittlung des Schlüssels stellen sich eigentlich nur beim Gewerbekapital. Gegenwärtig könnte dieser Schlüssel noch aus der Statistik der Einheitswerte der gewerblichen Betriebe gewonnen werden. Einheitswerte werden für Zwecke der Gewerbe- und Vermögensbe-

---

1) Vgl. Tabelle A6, S. 229.

steuerung erstellt. Diese Grundlage könnte zukünftig entfallen, wenn die Gewerbesteuer abgeschafft wird und die Besteuerung des Vermögens auf natürliche Personen beschränkt wird - eine Reform und Senkung der Vermögensteuer wird gegenwärtig ebenfalls stark diskutiert. Entfällt die Grundlage der Einheitsbewertung, müßte der Schlüssel direkt aus den Steuerbilanzen der Unternehmen gewonnen werden.

Die Funktion des Interessenausgleichs ist bei allen Beteiligungsschlüsseln geschwächt, da es an dem direkten Zusammenhang zwischen kommunalen Leistungen und gewerblichen Steuerlasten fehlt. Allerdings bleibt das Gemeindeinteresse an der Wirtschaftsförderung erhalten, im Vergleich zur Gewerbesteuer ergibt sich sogar der Vorteil, daß sich dieses Interesse nicht einseitig auf Mittel- und Großbetriebe richtet; welche Unternehmen für die Gemeinden fiskalisch besonders interessant sind, variiert natürlich mit dem Schlüssel. Gleiches gilt für die räumliche Streuung.

Der Vorschlag, das Aufkommen nach Einwohnern oder veredelten Einwohnern zu verteilen, entspricht nicht dem Kriterium des Interessenausgleichs. Eine Berücksichtigung der Produktion fände im kommunalen Finanzsystem praktisch nicht mehr statt; das Interesse der Gemeinden an der Wirtschaftsförderung wäre merklich gemindert.

5. Möglichkeiten der Reform der Gewerbesteuer

Wie die Analyse gezeigt hat, kann keine der Substitutionsvarianten, gemessen an den Anforderungen des Kriterienkatalogs voll befriedigen. Ist es bei der Wertschöpfungsteuer die Kompliziertheit und der Einführungsaufwand, der im Vergleich mit den übrigen Varianten besonders zu Buche schlägt, so bei der Verbrauchsteuer die Gefahr einer kommunalen Konkurrenz um Einzelhandelsumsätze mit unerwünschten regionalen Folgewirkungen, bei den Formen der Umsatzsteuerbeteiligung der Verlust an Autonomie und fiskalpolitischer Flexibilität der Gemeinden. Die Liste der Mängel der einzelnen Varianten ist damit nicht erschöpft. Es stellt sich daher die Frage, ob nicht durch relativ einfache Reformen der Gewerbesteuer mit geringerem Risiko für Gesetzgeber und Gemeinden gleichwertige Verbesserungseffekte im kommunalen Steuersystem geschaffen werden können.

Zwar hat der Gesetzgeber durch fortlaufende Eingriffe in die Gewerbesteuer die Entscheidung, in welcher Richtung eine Umgestaltung der Steuer laufen könnte, anscheinend weitgehend präjudiziert. Dies kann aber nicht daran hindern, seine Entscheidungen an den finanzwissenschaftlichen Kriterien für ein kommunales Steuersystem zu messen.

5.1 Die Bewertung der Gewerbesteuer in ihrer gegenwärtigen Form

Beginnt man mit den kommunalpolitischen Kriterien, so bleibt die Bewertung der Gewerbesteuer zwiespältig. Zwar werden die Kriterien Gemeindeautonomie, Fühlbarkeit, Interessenausgleich und Flexibilität noch in Ansätzen erfüllt, jedoch insbesondere durch die steuerrechtlichen Maßnahmen seit der Gemeindefinanzreform in immer schwächerem Maße. Die mehrmalige Anhebung der Freibeträge hat dazu geführt, daß immer mehr Gewerbetreibende aus der Gewerbebesteuerung herausfielen. Gegenwärtig zahlen noch rund ein Drittel der Gewerbebetriebe Gewerbeertragsteuer, ca. 17 v.H. Gewerbekapitalsteuer.[1] Die Kürzung der Hinzurechnungen für Dauerschulden und Dauerschuldzinsen wirkt in gleicher Richtung. Unter den noch der Gewerbesteuer unterworfenen Betrieben trägt wiederum ein Bruchteil der Pflichtigen die Hauptlast des Aufkommens. Damit ist das Prinzip der Allgemeinheit bei der Gewerbesteuer in hohem Maße verletzt und der Interessenausgleich in Frage gestellt. Die Gewerbesteuer entwickelt sich zur Sondersteuer für wenige Betroffene, die kommunale Leistungen für die Allgemeinheit finanzieren müssen.

Auch dem Kriterium der Fühlbarkeit entspricht die Gewerbesteuer nur schlecht. Hierzu fehlt ihr die Breitenwirkung, die erforderlich ist, damit ein möglichst großer Teil der Einwohner die Abgabe spürt. Die Fühlbarkeit richtet sich also auf wenige besteuerte Unternehmen, die dann als wichtigste Steuerzahler am Ort, insbesondere bei Großunternehmen, auch einen unangemessenen Einfluß auf die Gemeindepolitik gewinnen können. Damit wird die mangelnde Allgemeinheit der Besteuerung auch für die Gemeinden zu einer zweischneidigen Sache. Die zunehmende Reduzierung ertragsunabhängiger Bestandteile in der Steuerbemessungsgrundlage verstärkt die Konjunkturabhängigkeit. Auch die Gemeindeautonomie, die zwar formell gewahrt ist, wird dadurch materiell beeinträchtigt, daß das Steueraufkommen zunehmend von der unsicheren Ertragslage weniger Betriebe abhängt. Die regionale Streuung des Gewerbeertrages entspricht auch nicht den regionalpolitischen Zielsetzungen. Dies zeigt sich schon daran, daß die Steuerkraft von Städten wie Oberhausen und Bottrop unter der wenig industrialisierter Landkreise liegt;[2] eine Entsprechung von kommunalen Lasten aus der Produktion und Gewerbesteuerkraft ist auch nicht annähernd gegeben.

---

1) Vgl.H. Karrenberg; E. Münstermann: Gemeindefinanzbericht 1980, in: Der Städtetag, N.F., 33.Jg., Heft 2, 1983,S.11.
2) Vgl. Kapitel IV, 3.2.

Bei den wirtschaftspolitischen Kriterien hat sich durch die Umgestaltung der Gewerbesteuer eine Verbesserung ergeben. Zwar kann von Neutralität der Steuer keine Rede sein - gegenwärtig wird z.B. der Faktor Kapital noch gesondert belastet -, auch ist kein Grenzausgleich bei Exporten möglich, jedoch werden durch den Abbau der ertragsunabhängigen Bestandteile der Steuer Wachstumshemmnisse und Gefahren der Substanzbesteuerung verringert.

Bei den übergeordneten Kriterien ist durch die steuergesetzlichen Änderungen seit der Gemeindefinanzreform keine wesentliche Änderung eingetreten, allerdings hat der Wegfall der Lohnsummensteuer zu einer gewissen Steuervereinfachung beigetragen.

5.2 Die Umgestaltung der Gewerbesteuer in eine kommunalpolitischen Erfordernissen entsprechende Steuer

"Die Gewerbesteuer war trotz ihrer vielen Mängel seit Inkrafttreten des Grundgesetzes nie Gegenstand einer Reformdiskussion im eigentlichen Sinne; vielmehr ging es durchweg, wenn auch mit wechselnden Begründungen, eher um ihre Abschaffung."[1] Es verwundert daher nicht, daß grundlegende Vorschläge zur Weiterentwicklung der Steuer, die das Problem des kommunalen Steuersystems langfristig lösen, kaum existieren. Dies mag daran liegen, daß die Reformfähigkeit der Steuer ohne Sprengung ihres Systems nur noch sehr begrenzt ist.[2] Fast alle Vorschläge zum Umbau der Gewerbesteuer verstehen sich denn auch eher als Übergangslösung bis zu ihrer endgültigen Abschaffung.[3]

---

1) K.-H. Hansmeyer, 1981, S. 629.
2) Vgl. K.-D. Wagner, 1974, S. 123.
3) Vgl. z.B. Kommission für die Finanzreform, Stuttgart 1966, Tz. 385.

Bei allen technischen Einzelheiten liegt diesen Übergangslösungen die grundsätzliche Wahl zugrunde, die Gewerbesteuer besser an die kommunalpolitischen Erfordernisse oder an die wirtschaftspolitischen Kriterien anzupassen; dementsprechend wird entweder eine Verstärkung der ertragsunabhängigen Bemessungsgrundlage, gegebenenfalls bei Beseitigung der Gewerbeertragsteuer[1], oder der Ausbau zu einer rein auf den Ertrag abstellenden Steuer[2] gefordert. Es scheint, daß hier ein grundsätzlicher Zielkonflikt vorliegt, der instrumentell auch durch den Einsatz zusätzlicher finanzpolitischer Instrumente nicht entschärft werden kann.[3]

Im folgenden soll zunächst dargelegt werden, wie eine an den kommunalpolitischen Kriterien ausgerichtete Gewerbesteuer aussehen müßte.

Der infragegestellte Interessenausgleich macht es erforderlich, die Allgemeinheit der Besteuerung wiederherzustellen. Dies kann durch eine Senkung der hohen Freibeträge der Steuer geschehen. Darüber hinaus wäre an eine Einbeziehung der freien Berufe in die Besteuerung zu denken. Die Steuerfreiheit der freien Berufe läßt sich nicht durch sachliche Argumente rechtfertigen. Auch die freien Berufe sind auf kommunale Vorleistungen und eine funktionierende kommunale Infrastruktur angewiesen. Folgerichtig sind sie in Frankreich auch der mit der Gewerbesteuer vergleichbaren taxe professionelle unterworfen. Die Abgrenzung des Gewerbebegriffs bei der deutschen Gewerbesteuer erklärt sich denn auch aus historisch gegebenen politischen Kräfte-

---

1) So die Kommission für die Finanzreform, Stuttgart 1966, Tz. 387.
2) Institut Finanzen und Steuern, Brief 162, S. 41.
3) Das DIHT-Modell versucht diesen Konflikt zwischen den Interessen der Kommunen und der Wirtschaft durch die Anrechenbarkeit der Gewerbesteuer auf die Mehrwertsteuer zu entschärfen, allerdings gelingt dies nur, indem ein neues Konfliktfeld eröffnet wird; siehe hierzu Abschnitt 5.2 in diesem Kapitel.

verhältnissen und spezifischen Interessenlagen. Die Ausweitung der Steuerpflicht würde die Steuerlast für den einzelnen auf ein tragbares Maß reduzieren und hätte zudem den Vorteil, daß in den Kommunalparlamenten wieder mehr Betroffene sitzen, wenn über eine Erhöhung der Hebesätze verhandelt wird.

Die Freibeträge sind vor allem mittelstandspolitisch motiviert und widersprechen dem Charakter einer kommunalen Objektsteuer. Die Folgekosten kommunaler Infrastruktureinrichtungen machen den Kommunalhaushalt weitgehend unbeweglich. Im Interesse einer gesicherten und kontinuierlichen Leistungserstellung sind die Gemeinden auf kontinuierlich fließende Steuereinnahmen angewiesen. Der Fixkostencharakter der kommunalen Lasten erfordert es, sie durch Finanzquellen zu finanzieren, die nicht auf die mit der Konjunktur schwankende Leistungsfähigkeit der Betriebe Rücksicht nehmen; hierfür sowie für die Verfolgung mittelstands- und verteilungspolitischer Ziele ist im Rahmen der Finanzpolitik von Bund und Ländern zu sorgen.

Der Gewerbeertrag ist deshalb als Bemessungsgrundlage für eine kommunale Steuer ungeeignet. Sie ist zu konjunkturabhängig und führt zu unangemessenen Steuerkraftunterschieden zwischen den Gemeinden. Die Kommission für die Finanzreform schlug deshalb vor, die Ertragsteuer völlig zu beseitigen und die Gewerbesteuer gleichgewichtig nach den Bemessungsgrundlagen Gewerbekapital und Lohnsumme zu bemessen[1], die eine geringere Aufkommenselastizität und

---

1) Kommission für die Finanzreform, Stuttgart 1966

örtlichen Streuung aufweisen als die Gewerbeertragsteuer. Auch stellten diese Bemessungsgrundlagen eher einen Bezug zu den durch die Betriebe verursachten Lasten der Gemeinden her. Die Steuerreformkommission variierte in ihrem Gutachten 1971 diesen Vorschlag dahingehend, nur solche Teile des Gewerbekapitals zu berücksichtigen, bei denen ein Zusammenhang mit den kommunalen Lasten zu vermuten ist. Für geeignet hielt sie die Kapitalbestandteile bewegliches Sachvermögen und Vorratsvermögen. Auch sollten die Meßzahlen so festgelegt werden, daß die Bemessungsgrundlage Kapital 70 v.H. und die Bemessungsgrundlage Lohnsumme 30 v.H. des Gesamtaufkommens der Steuer erbringen. Bei dieser Relation wäre die Belastung beider Produktionsfaktoren etwa gleich hoch; auf beide Bemessungsgrundlagen sollte dann ein einheitlicher Hebesatz angewandt werden. Die so umgestaltete Gewerbesteuer nannte die Kommission Gewerbesteuer neuer Art.[1)]

Seit der Einführung der französischen taxe professionelle stellt sich die Frage, ob diese Steuer nicht Leitbildcharakter für die Gewerbesteuerreform haben könnte.[2)] Die zur Zeit noch gültige Bemessungsgrundlage der taxe professionelle ist der Mietwert (valeur locative) der dem Steuerpflichtigen zur Verfügung stehenden materiellen Betriebsmittel und ein Fünftel der betrieblichen Lohnsumme. Die taxe professionelle entspricht weitgehend einer Gewerbekapitalsteuer und Lohnsummensteuer, wie sie die Kommission für die Finanzreform bereits vorgeschlagen hat. Sie vermeidet die Nachteile der Gewerbeertragsteuer, hohe Konjunkturreagibilität und regionale Steuerkraftdisparitäten. Auch die Belastung der Produktionsfaktoren Arbeit und Kapital ist ausgewogener. Allerdings ist das Ermittlungsverfahren der Kapitalsteuer über den Mietwert angreifbar.[3)] Dies gilt, wenn auch in unterschiedlicher Weise, auch für die

---

1) Steuerreformkommission, Bonn 1971, Tz. 215-230.
2) Vgl. die Aufsätze von E. Elsner, 1980, S. 1ff.; Claude Adé, 1981,S. 240 ff. und G.H. Milbradt, 1982, S. 28 ff.
3) Ebenda.

Gewerbekapitalsteuer.Beide Steuern erfassen nicht wirklich Kapitalerträge, sondern setzen an Kapitalbestandsgrößen an. Zum Beispiel bestimmt die taxe professionelle, daß für Betriebsmittel, die nicht von einer Grundsteuer erfaßt werden, ein einheitlicher Mietwert von 16 v.H. des Anschaffungs- und Herstellungswertes angesetzt wird. Das bedeutet, einzelne Verbesserungen und Korrekturen im System der Gewerbebesteuerung sind zwar möglich. Will man jedoch eine grundlegende Reform der Bemessungsgrundlage, so stößt man schnell an die Grenzen der analytischen Ertragsbesteuerung und wird auf die Bemessungsgrundlage Wertschöpfung verwiesen. Von einer Gewerbesteuer, die teilweise an Bestandsgrößen ansetzt, kann weder vollkommene Neutralität bezüglich der Produktionsfaktoren noch Wachstumsproportionalität erwartet werden. So schreibt Adé über die taxe professsionelle:"In einem Land mit einer Inflationsrate von heute rund 13% sieht sich das Stadtparlament jedes Jahr mit der unangenehmen Perspektive konfrontiert, die Steuerhebesätze erhöhen zu müssen und sich somit bei den steuerpflichtigen Bürgern (Wählern) unbeliebt zu machen."[1]

Weitere Vorschläge zur Reform der Gewerbesteuer betreffen die räumliche Streuung. Schon im Gutachten des wissenschaftlichen Beirats vom 11.7.1959 findet sich der Gedanke die Steuerkraft der Gemeinden durch Abschöpfung des Spitzenaufkommens steuerstarker Städte zu nivellieren.[2] Die abgeschöpften Beträge könnten für einen interkommunalen Finanzausgleich verwandt werden. Eine solche Regelung findet sich auch bei der taxe professionelle.[3] Ob eine solche Regelung bei einer Steuer auf Gewerbekapital und Lohnsumme überhaupt notwendig wäre, wäre zu prüfen. Wahrscheinlich würde sie sehr viel gleichmäßiger streuen als etwa die gegenwärtige Gewerbesteuer. Auch sind die französ-

---

1) C.Adé, 1981, S. 243.
2) Wissenschaftlicher Beirat beim Bundesministerium der Finanzen, Tübingen 1974, S. 178.
3) C. Adé, 1981, S. 244.

sischen Verhältnisse nicht übertragbar; eine Gebietsreform hat dort nicht stattgefunden, die Disparitäten zwischen den Gemeinden sind sehr viel stärker ausgeprägt als in Deutschland.

Eine Gewerbesteuer auf ertragsunabhängiger Basis stellt natürlich für die Wirtschaft eine Belastung dar, die bei schlechter Ertragslage mit der Gefahr einer Substanzbesteuerung verbunden ist. Um eine solche Steuer für die Wirtschaft erträglicher zu gestalten, ohne von ihrer Eignung als Kommunalsteuer Abstriche zu machen, sind zusätzlich finanzpolitische Instrumente denkbar, z.B. die Plafondierung der Gesamtsteuerlast von Unternehmen oder die Anrechenbarkeit der Gewerbesteuer auf andere Steuern ganz oder teilweise im Wege des tax credit. Ein solcher Vorschlag stellt das in Abschnitt 5.4. diskutierte DIHT-Modell dar.

5.3 Die Umwandlung der Gewerbesteuer in eine Ertragsteuer bzw. Gewinnsteuer

Verschiedentlich wurden Vorschläge diskutiert, die ertragsunabhängigen Elemente der Gewerbesteuer völlig zu beseitigen. So schlug das Institut Finanzen und Steuern vor, die Gewerbesteuer in eine reine Ertragsteuer umzugestalten, also die Gewerbekapitalsteuer und die damals noch bestehende Lohnsummensteuer aufzuheben. Durch Abschaffung der Gewerbesteuerumlage könne gleichzeitig das Aufkommen der Steuer reduziert werden. Der Erfolg der Gewerbesteuersenkung müsse durch eine bundesgesetzliche Begrenzung der Hebesätze gegen eine erneute Erhöhung des Hebesatzniveaus durch die Gemeinden abgesichert werden. Als Ersatz für die Umlage biete sich eine Umsatzsteuererhöhung an.[1)]

Noch weitreichender ist der Vorschlag, der sich als Minderheitsvotum im Gutachten des Wissenschaftlichen Beirats zur Reform der Gemeindesteuer findet.[2)] Er empfiehlt die Einführung einer am Gewinn bzw. Einnahmeüberschuß orientierten Kommunalsteuer.Dazu wären die Einkünfte aus Land- und Forstwirtschaft, aus Gewerbebetrieb, aus selbständiger Arbeit und aus Vermietung und Verpachtung unter Abschaffung der Gewerbesteuer und der Grundsteuer A und B zu einer proportionalen Objektsteuer in der Belegenheit- bzw. Betriebsgemeinde heranzuziehen. Den Gemeinden könnte ein Hebesatzrecht eingeräumt werden.[3)]

---

1) Institut Finanzen und Steuern Brief 162; zum Vorschlag der Begrenzung der Hebesätze siehe auch Brief 206.
2) Ähnlich auch G. Kremer, 1983, S. 55 ff.
3) Der Wissenschaftliche Beirat beim Bundesministerium der Finanzen, Bonn 1982, S. 136.

Für die Gewerbebetriebe ergibt sich im Vergleich zur Gewerbesteuer eine entscheidende Verbesserung. Die Gefahr der Substanzbesteuerung ist beseitigt; eine Belastung der Exporte mit Produktionsteuer findet nicht statt. Jedoch wird die direkte Besteuerung entgegen der allgemeinen Forderung weiter verstärkt. Es besteht die Gefahr, daß von der Einführung einer zweiten Einkommensteuer für die Kommunen leistungshemmende Anreize ausgehen.

Durch die Abschaffung der gewerbesteuerlichen Hinzurechnungen und Kürzungen beim Gewerbeertrag und den Wegfall der Gewerbekapitalsteuer und der Grundsteuer wird die Besteuerung wesentlich vereinfacht, zumal die Daten für sämtliche vier einbezogenen Einkunftsarten direkt der Einkommensteuerveranlagung entnommen werden können. Zusätzlicher Informationsbedarf entsteht nur in geringem Umfang, wenn eine Zerlegung von Einkünften auf die Belegenheitsgemeinden vorgenommen werden muß.[1] Zwar kann der letzte Vorschlag kaum noch als Reform der Gewerbesteuer bezeichnet werden; aufgrund seiner Ähnlichkeit und dem Vorschlag des Instituts Finanzen und Steuern bietet sich jedoch eine gemeinsame Betrachtung in diesem Kapitel an.

Der Vorschlag des Instituts Finanzen und Steuern entlastet zwar die Wirtschaft, muß aber in bezug auf die kommunalpolitischen Kriterien negativ beurteilt werden. Die Zahl der steuerlich belasteten Betriebe würde weiter sinken, die Basis für einen Interessenausgleich weiter geschmälert. Auch den Kriterien Konjunkturunabhängigkeit und Wachstumsproportionalität würde schlechter entsprochen; die räumlichen Aufkommensdisparitäten würden sich verstärken. Allerdings ergäbe sich eine Steuervereinfachung durch den Wegfall der Gewerbekapitalsteuer.

---

1) Zu den Problemen der Zerlegung vgl. G. Kremer, 1983, S. 57.

Das Minderheitsvotum des Wissenschaftlichen Beirats hat demgegenüber entscheidende Vorteile: Durch Einbeziehung der Einkünfte aus selbständiger Arbeit, aus Land- und Forstwirtschaft und aus Vermietung und Verpachtung wird die Basis des Steueraufkommens, gemessen an der Einkommensteuerstatistik 1977, um ca. 50 v.H. verbreitert. Die Gemeindeertragsteuer hat daher nicht mehr den Charakter einer Sondersteuer, die Allgemeinheit der Besteuerung ist wiederhergestellt, eine einseitige Belastung einzelner Gruppen findet nicht statt. Insbesondere bei den Einnahmen aus Mieten und Pachten dürfte aufgrund der im Vergleich zur Grundsteuer höheren Belastung eine erhöhte Fühlbarkeit in breiteren Kreisen der Bevölkerung zustande kommen, so daß die erhoffte Wirkung einer Kommunalsteuer, die Aufmerksamkeit der Öffentlichkeit auf das kommunalpolitische Geschehen zu lenken, stärker zum Tragen kommt.[1)] Die Verbreiterung der Bemessungsgrundlage, insbesondere die Einbeziehung der Mieten verringert auch die Konjunkturabhängigkeit des Aufkommens und nivelliert die räumliche Streuung; auch reine Wohngemeinden haben noch ein gewisses Aufkommen zu erwarten.

Für beide Vorschläge stellt sich aber die Frage der steuersystematischen Einordnung und Rechtfertigung einer "Zweiten Einkommensteuer".

---

1) Vgl. hierzu etwa die Ausführungen bei R. Mayntz, Stuttgart, Berlin, Köln, Mainz 1981, S. 162, zur englischen local rate, eine Steuer, die allerdings nicht nur Haus- und Gebäudebesitzer, sondern auch direkt die Mieter trifft: "Die local rate ist dabei um ein Vielfaches höher als die in deutschen Gemeinden erhobene Grundsteuer, weshalb die Bevölkerung gegen ihre Erhöhung auch oft scharf protestiert. Die gewählten Gemeindevertreter stehen daher unter dem ständigen Druck, alles zu unterlassen, was eine Erhöhung der local rate notwendig machen würde, was ihre Initiative bei der Inangriffnahme kostenträchtiger kommunaler Vorhaben entscheidend dämpft.

5.4 Vorschläge zur Kombination einer umgestalteten Gewerbesteuer mit einer Beteiligung an der Umsatzsteuer - das DIHT-Modell und der Vorschlag Ritters

Eine grundlegende Reform der Gemeindefinanzen ist zwar dringlich, wird aber blockiert durch gegensätzliche Maximalforderungen der Gemeinden, die ihre Hebesatzautonomie verteidigen und der Wirtschaft, die auf einer Entlastung von der Gewerbesteuer dringt. Um diesen Konflikt nicht zur politischen Immobilität auswachsen zu lassen und wenigstens Teilerfolge zu erzielen, wurden bei den Wirtschaftsverbänden zwei Kompromißvorschläge diskutiert, die den Gemeinden die Gewerbesteuer mit Hebesatzrecht belassen.

Der Vorschlag des DIHT lautet[1]: Die Gewerbesteuer wird mit der vom Unternehmen zu zahlenden Umsatzsteuer verrechnet; überschießende Beträge werden vom Finanzamt erstattet. Das sich aus der Vollverrechnung der Gewerbesteuer ergebende Defizit im Haushalt von Bund und Ländern wird durch den Wegfall der Abzugsfähigkeit der Gewerbesteuer als Betriebsausgabe bei Einkommen- und Körperschaftsteuer und die Anhebung der Umsatzsteuer um zwei Prozentpunkte aufkommensneutral ausgeglichen.

Die Steuerverrechnung würde den Interessengegensatz von Gemeinden und Unternehmen auflösen, die Erstattung der Gewerbesteuer die Gefahr einer Substanzbesteuerung der Unternehmen bei schlechter Ertragslage bannen. Daher könnte die Gewerbesteuer auch wieder mehr den Bedürfnissen der Gemeinden Rechnung tragen, etwa durch die Wiedereinführung der Lohnsummensteuer und sogar die Ausweitung des Kreises der Steuerpflichtigen.

---

1) Vgl. Deutscher Industrie- und Handelstag, Bonn 1982.

Der Vorschlag des DIHT stellt letzten Endes nichts anderes dar als eine Beteiligung der Gemeinden an der Umsatzsteuer, zugeteilt nach dem Schlüssel bisherigen Gewerbeaufkommens. Durch die Anrechnung auf die Mehrwertsteuer ändert sich in der Bewertung der Gewerbesteuer für die Gemeinden zunächst nichts. Sämtliche Mängel - hohe Konjunkturreagibilität, starke regionale Aufkommensdisparitäten, interregionale Ansiedlungskonkurrenz bleiben erhalten. Darüber hinaus wird das jetzt schon gelockerte Interessenband zu den Unternehmen aufgehoben; zwar bleibt das kommunale Interesse an der Wirtschaftsförderung erhalten. Ein wirklicher Interessenausgleich findet aber nicht mehr statt, wenn bei den Unternehmen die Belastung entfällt.

Die Beurteilung des DIHT-Vorschlages könnte sich ändern, je nachdem, wie die Gewerbesteuer umgestaltet wird. Durch die Wiedereinführung der Lohnsumme als Bemessungsgrundlage und die Ausweitung des Kreises der Steuerpflichtigen könnte die regionale Streuung gleichmäßiger gestaltet, das einseitige fiskalische Interesse an Mittel- und Großbetrieben vermindert und die Konjunkturabhängigkeit reduziert werden.

Es bleibt jedoch ein gewichtiger Einwand. Die Gemeinden könnten versuchen, die Gewerbesteuer einseitig zu Lasten der Umsatzsteuergläubiger zu erhöhen und so das Steueraufkommen von Bund und Ländern aushölen, zumal ein Widerstand gegen Hebesatzanspannungen aus den Kreisen der örtlichen Wirtschaft nicht mehr zu erwarten wäre. Auch der DIHT hat diese Gefahr gesehen und deshalb die Einführung eines landeseinheitlichen Rahmenrechtes für Hebesatzfestsetzungen empfohlen, das den Gemeinden Zügel anlegen soll. Damit lägen die Verhältnisse nach seiner Auffassung ähnlich wie heute, wo die Gewerbesteuer bereits durch ihren Charakter als Betriebsausgabe Umverteilungselement ist.[1] Dieser Vorschlag ist allerdings in sich nicht

1) Deutscher Industrie- und Handelstag, Bonn 1982, S. 12.

schlüssig. Bei Einführung von Hebesatzgrenzen wäre zu erwarten, daß sich die Gemeinden in ihren Festsetzungen allgemein an der Obergrenze orientieren. Die Hebesatz-autonomie wäre damit nur noch formal gegeben. Einer starren Hebesatzbegrenzung könnte natürlich durch genehmigungs-pflichtige Ausnahmeregelungen abgeholfen werden. Die Beurteilung hinge dann von der Handhabung der Genehmigungs-pflicht ab. Die bisherigen Erfahrungen mit diesem Instrument zeigen, daß es in der Vergangenheit wirkungslos war. Der Vergleich zwischen Ländern, die Höchsthebesatzgrenzen haben, die nur mit Genehmigung überschritten werden dürfen, und Ländern, die keine solchen Vorschriften haben, ist eindeutig: In der langfristigen Entwicklung der Durchschnittshebesätze ergeben sich keine signifikanten Unterschiede.[1] Die Situation stellt sich beim DIHT-Modell allerdings etwas anders dar, denn Hebesatzanspannungen führen unmittelbarer und in stärkerem Ausmaß zu einem Verlust an eigenem Steueraufkommen. Es wäre deshalb mit einer restriktiveren Handhabung von Ausnahmeregelungen zu rechnen. Damit ergibt sich ein neuer negativ zu wertender Aspekt. Durch die Genehmigung, Höchstgrenzen für Hebesätze zu überschreiten, gewährt ein Land der begünstigten Gemeinde praktisch eine Sonderfinanzzuweisung aus der eigenen Umsatzsteuermasse, vermindert damit die im kommunalen Finanzausgleich zu berücksichtigende Steuerverbundmasse und eröffnet gleichzeitig eine zweite Front für allgemeine Finanzzuweisungen. Dies sollte im Interesse einer einheitlichen und in sich konsistenten Finanzausgleichspolitik vermieden werden. Auch der Vorschlag, die Hebesätze von Gewerbesteuer und Grundsteuer stärker zu verkoppeln, kann die Problematik des DIHT-Vorschlags nicht entschärfen. Denn die Grundsteuer ist für sich genommen viel zu gering und zudem unmerklich, so daß auch auf diesem Wege den Gemeinden kein entsprechender Widerstand gegen Hebesatzanspannungen entgegengesetzt würde.

---

1) F. Haverkamp, Bonn 1982, S. 552.

Um die Finanzausgleichsproblematik, die das DIHT-Modell birgt, zu entschärfen, wurde vorgeschlagen, die Anrechenbarkeit der Gewerbesteuer zu begrenzen. Die Anrechnung könnte entweder bis zu einem mäßigen fiktiven Hebesatz erfolgen oder aber nur die ertragsunabhängigen Bestandteile der Gewerbesteuer umfassen. In letzterem Fall wäre zwar keine absolute Begrenzung für die Inanspruchnahme der Umsatzsteuer gegeben; allerdings könnte auch nicht mehr von einem stillschweigenden Einverständnis der Unternehmen bei Hebesatzerhöhungen ausgegangen werden, da ihnen die Belastung durch den ertragsabhängigen Teil der Steuer bliebe.

Das Modell des DIHT hat den Vorzug, daß sein Hauptelement, die Verrechnung mit der Umsatzsteuer relativ schnell und problemlos zu bewältigen wäre. Die gewünschte Entlastung der Wirtschaft kann es allerdings nur bei voller Anrechnung leisten. Dann besteht, wie gezeigt, die Gefahr, daß der Hebesatzspielraum bei der notwendig werdenden Begrenzung binnen kurzem ausgeschöpft sein wird. Dies käme praktisch einer Abschaffung dieses Rechts gleich. Damit macht das Modell keinen Sinn mehr, denn allein, um einen Verteilungsschlüssel für die Umsatzsteuerbeteiligung abzugeben, ist die Gewerbesteuer mit ihrem komplizierten Ermittlungsverfahren zu aufwendig; darüber hinaus ist sie aufgrund der regionalen Streuung auch nicht sachgerecht. Das DIHT-Modell stellt daher keine langfristige Lösung für ein kommunales Steuersystem dar. Vielfach wird es auch nur als Übergangslösung bis zu einer direkten Beteiligung der Gemeinden an der Umsatzsteuer gehandelt.[1)]

---

1) So etwa der Tenor bei einigen Vertretern der Wirtschaft bei der Anhörung der FDP-Bundestagsfraktion und der FDP-Kommission "Föderalismus und Finanzverfassung" zur Problematik des Gemeindesteuersystems am 23.November 1982, ebenso der Bundesminister für Wirtschaft, Dr. Otto Graf Lambsdorf, in seinem Konzept für eine Politik zur Überwindung der Wachstumsschwäche und zur Überwindung der Arbeitslosigkeit vom 9. September 1982.

Ein weiterer Vorschlag, der dem DIHT-Modell mit Begrenzung der Anrechnung auf die ertragsunabhängigen Bestandteile der Gewerbesteuer nahekommt, ist der Vorschlag von Ritter. Dieser sieht vor[1]:

- Beteiligung der Gemeinden an der Umsatzsteuer gemäß dem Vorschlag des Instituts Finanzen und Steuern[2], jedoch nur zu zwei Dritteln des von diesem vorgesehenen Ausmaßes.
- Senkung der Gewerbesteuerhebesätze durch Gesetz auf ein Drittel der Sätze des Jahres 1982 und Einfrieren dieser Sätze für drei Jahre.
- Beseitigung der ertragsunabhängigen Elemente der Gewerbesteuer, Rückführung der weitreichenden Befreiungsvorschriften und Aufhebung der Gewerbesteuerumlage.
- Bei Wiederinkrafttreten der Hebesatzberechtigung feste Verkoppelung der Hebesätze mit denen der Grundsteuer.

Dieser Vorschlag hat die Vorzüge, zu einer Vereinfachung der Gewerbesteuer beizutragen, ein kommunales Hebesatzrecht beizubehalten und die Unternehmen von den vermögensabhängigen Bestandteilen der Gewerbesteuer zu entlasten. Für die Bewertung der Umsatzsteuerbeteiligung gilt das in Abschnitt 4.1 dieses Kapitels Gesagte. Allerdings besteht auch bei diesem Vorschlag die Gefahr, daß das Hebesatzrecht nur formal beibehalten wird. Denn bisher steuerstarke Städte werden versuchen, ihre alte Steuerkraft wieder herzustellen, so daß nach Auslaufen der Hebesatzmoratoriums eine erneute Diskussion um die Gewerbesteuer ausbrechen dürfte mit den beiden Alternativen Einschränkung des Hebesatzrechtes oder gänzliche Beseitigung der Gewerbesteuer. Auch die als unbefriedigend empfundene regionale Steuerkraftverteilung kann auf diesem Wege nicht entscheidend verbessert werden. Es zeigt sich damit, daß ein kommunales Hebesatzrecht nicht beizubehalten ist, ohne daß jemand die Lasten trägt, seien dies nun direkt die Wirtschaft, oder, wie beim DIHT-Modell, Bund und Länder.

---

1) W. Ritter, 1983, S. 396.
2) Siehe Abschnitt 4.1. dieses Kapitels.

IV. Änderungen in der räumlichen Streuung der Steuerkraft bzw. des Steueraufkommens bei einzelnen Substitutionsvarianten der Gewerbesteuer

1. Methodische Fragen der Berechnung differentialer Aufkommensinzidenzen einzelner Substitutionsvarianten

Vergleichsgröße zur Messung der Auswirkungen einer Gewerbesteuersubstitution muß die gegenwärtige Steuerverteilung sein. Je nach Umfang des Reformmodells muß dabei vom Fortfall nur der Gewerbesteuer oder auch der Grundsteuern A und B ausgegangen werden.

Von der Idee der Gemeindeautonomie her muß es im Belieben der Gemeinden stehen, den Hebesatz entsprechend den kommunalen Bedarfen festzulegen. Deshalb darf nicht das effektive Steueraufkommen Vergleichsbasis sein; denn dieses spiegelt den Einfluß unterschiedlicher Hebesätze wider. Ein kommunales Hebesatzrecht ergibt aber nur dann einen Sinn, wenn man auch die dadurch bedingten Steueraufkommensunterschiede als gerechtfertigt ansieht. Von Interesse ist hier also zunächst nur die räumliche Streuung der einzelnen Steuervarianten aufgrund der örtlichen Verteilung der Bemessungsgrundlage. Zur Ausschaltung der Effekte unterschiedlicher Hebesätze wird daher von der Gewerbe- bzw. Realsteuerkraft ausgegangen. Sie ergibt sich als fiktives Aufkommen der Realsteuern, das durch Multiplikation der jeweiligen Grundbeträge mit den gewogenen Landesdurchschnittshebesätzen je Realsteuerart ermittelt wird. Bei der Gewerbesteuer muß zusätzlich die Umlage in Abzug gebracht werden, da ja den Gemeinden nur das Nettoaufkommen ersetzt werden muß. Für die Substitutionsvarianten, die kein Hebesatzrecht mehr vorsehen, d.h. die verschiedenen Modelle der Beteiligung an der Mehrwertsteuer, wird zusätzlich ein Vergleich mit den effektiven Gewerbesteuereinnahmen (netto) angestellt. Denn die Gemeinden hätten hier nicht die Möglichkeit, durch Anpassung der Hebesätze Aufkommensausfälle durch die Steuerreform auszugleichen und müßten eventuelle dauerhafte Steuereinnahmeminderungen hinnehmen.

Des weiteren wird hier von einem für die kommunale Ebene insgesamt aufkommensneutralen Tausch kommunaler Steuerquellen ausgegangen, obwohl mit einer Steuerreform auch das Ziel einer Erhöhung des Einnahmeniveaus insgesamt verbunden sein könnte. Die Struktureffekte der unterschiedlichen räumlichen Streuung der einzelnen Steuervarianten werden jedoch am besten sichtbar, wenn sie nicht von einem Niveaueffekt überlagert werden. Es läßt sich dann erkennen, wie die vorgeschlagenen Substitutionsvarianten tendenziell die räumliche Streuung im Vergleich mit der Gewerbesteuer beeinflussen. Aussagen über die Streuung des kommunalen Steuersystems insgesamt werden allerdings nicht gemacht; hierzu müßte bekannt sein, in welcher Kombination und mit welchem Gewicht die einzelnen Steuern in das kommunale Steuersystem eingehen werden. Beispielsweise diskutiert der Wissenschaftliche Beirat[1] ja auch ein Nebeneinander von Wertschöpfungsteuer und kommunaler Verbrauchsteuer.

Von der Verfügbarkeit der Daten her ergeben sich vier Problemfelder:

- Geeignete Daten liegen nicht für alle, jedoch für die wichtigsten Substitutionsvarianten, nämlich Wertschöpfungsteuer, Allgemeine kommunale Verbrauchsteuer und Beteiligung an der Umsatzsteuer vor. Nicht berechnen läßt sich die veränderte Streuung der Gewerbesteuer nach dem Fortfall sämtlicher ertragsunabhängiger Bestandteile. Sie dürfte jedoch ähnlich der der heutigen Gewerbesteuer sein, wobei vermutlich die horizontalen Aufkommensdisparitäten noch stärker ausgeprägt sind. Die Streuung einer Ertragsteuer nach dem Minderheitsvotum des Wissenschaftlichen Beirats läßt sich mangels geeignet regionalisierter Daten nicht berechnen. Das DIHT-Modell ändert allein durch die Anrechnung der Gewerbesteuer auf die Umsatzsteuer die räumliche Streuung nicht. Eine Berechnung erübrigt sich somit. Bei Wiedereinführung der Lohnsummensteuer als Bemessungsgrundlage ergibt sich eine Streuung, die zwischen der der heutigen Gewerbesteuer und einer Umsatzsteuerbeteiligung, verteilt nach der Lohnsumme liegen dürfte. Analoges gilt für eine Kombination von Umsatzsteuerbeteiligung und im Aufkommen reduzierter Gewerbesteuer, wie z. B. nach dem Vorschlag Ritters.

1) Wissenschaftlicher Beirat beim Bundesministerium der Finanzen, Bonn 1982, S. 50.

- Die sachlichen Abgrenzungen, nach denen statistische Daten erhoben werden, stimmen nur näherungsweise mit den den Substitutionsvarianten zugrundeliegenden Steuerideen bzw. Verteilungsschlüsseln überein; z.B. ist der Endverbrauch nicht mit den Umsätzen des Einzelhandels identisch, da ein nicht quantifizierbarer Teil der Verkäufe vom Großhandel direkt an den Konsumenten geht, andererseits tätigt der Einzelhandel auch in gewissem Umfang Verkäufe an Unternehmen, die als Vorleistungen in die Produktion eingehen, also keinen Endverbrauch darstellen. Es kann daher in den folgenden Berechnungen nur darum gehen, sich dem tatsächlich zu erwartenden Steueraufkommen auf der Grundlage der verfügbaren Datenbasis möglichst weit anzunähern.

- Der Zeitpunkt der Erhebung der einzelnen Daten ist unterschiedlich. Die aktuellsten Daten für die Gewerbesteuer liegen aus dem Jahr 1981 vor. Veränderungen der regionalen Streuung, die sich aus der Kürzung der Hinzurechnungsvorschriften bei Dauerschulden und Dauerschuldzinsen zum 1.1.1983 bzw. 1.1.1984 bei gleichzeitiger Absenkung der Gewerbesteuerumlage ergeben, können damit noch nicht berücksichtigt werden. Zur Berechnung der Aufkommensstreuung der Substitutionsvarianten muß auf Daten anderer Jahre seit 1978 zurückgegriffen werden. Hierbei wird unterstellt, daß sich die räumliche Struktur der benutzten Indikatoren der Aufkommenstreuung, in der kurzen Spanne, die zwischen den Vergleichsdaten liegt, nicht wesentlich verändert hat. Soweit hierzu Daten vorliegen, wird zusätzlich auf die Stabilität des räumlichen Verteilungsmusters der Substitutionsvarianten eingegangen. Nicht abschätzen läßt sich jedoch, inwieweit regionale Hebesatzunterschiede bei einer Wertschöpfungsteuer bzw. kommunalen Verbrauchsteuer über regionale Steuerausweichungen die Streuung des Aufkommens verändern würden.

- Die Daten liegen in tiefster regionaler Gliederung durchgängig für die zu berechnenden Substitutionsvarianten nur bis zur Kreisebene vor. Welche regionalen Analyseeinheiten sich damit bilden lassen, wird im folgenden zu behandeln sein.

2. Regionale Analyseeinheiten zur Berechnung der räumlichen Streuung der Substitutionsvarianten

Das Landesgebiet von Nordrhein-Westfalen umfaßt zur Zeit 396 Gemeinden. Bei einer Betrachtung regionaler Steuerkraftunterschiede nach Kreisen liegen Rechenergebnisse in gemeindescharfer Abgrenzung nur für die 23 kreisfreien Städte vor. Die 373 kreisangehörigen Gemeinden müssen daher, soweit keine einzelgemeindlichen Daten vorliegen, zu den 31 Landkreisen zusammengefaßt werden. Damit ist zunächst eine Analyse der Gewerbesteuersubstitution nach dem gemeinderechtlichen Status (kreisfrei - kreisangehörig) möglich. Die im Bereich der Kommunalfinanzen übliche Betrachtungsweise nach Gemeindegrößenklassen, auf die ja auch der Finanzausgleich abstellt, ist daher nur für die kreisfreien Städte möglich.

Eine solche Betrachtung nach Größenklassen verstellt jedoch häufig auch den Blick dafür, daß sich die Situation für die in den einzelnen Klassen zusammengefaßten Ballungsrandgemeinden und den ländlichen Gemeinden sehr unterschiedlich darstellt. Aus regionalpolitischer Sicht ist daher eine Analyse der nach ihrer Siedlungsstruktur zusammengefaßten Gemeinden bzw. ein Vergleich der Gemeinden nach ihrer zentralörtlichen Bedeutung aussagekräftiger.

Der Landesentwicklungsplan I/II "Raum- und Siedlungsstruktur" (LEP I/II) v. 1. Mai 1979[1] unterteilt das Landesgebiet nach der siedlungsräumlichen Grundstruktur in gemeindescharfer Abgrenzung in die Gebietskategorien

- ländlicher Raum,
- Ballungskerne,
- Ballungsrandzonen,
- solitäres Verdichtungsgebiet.

1) Ministerialblatt für das Land Nordrhein-Westfalen, 32. Jg., Nr. 50, Düsseldorf 22. Juni 1979, S. 1080 ff..

Kriterien zur Abgrenzung dieser Zonen sind die Bevölkerungsdichte sowie zusätzlich die Arbeitsplatzdichte. Im Rahmen der raumstrukturellen Entwicklung des Landes haben diese Zonen unterschiedliche Aufgaben für die Entwicklung des Landes zu erfüllen. Hieraus resultiert auch ein unterschiedlicher Finanzbedarf.

Um eine Analyse nach diesen Gebietskategorien zu ermöglichen, werden die Kreise den einzelnen Zonen derart zugeordnet, daß die Kreisabgrenzung weitgehend der Gemeindeabgrenzung entspricht. Zwangsläufig auftretende Ungenauigkeiten werden dadurch gemindert, daß Kreise, die die Grenzen zwischen den Gebietskategorien überlagern, derjenigen Zone voll zugeschrieben werden, in der mehr als 50 v.H. der Kreisbevölkerung leben.

Die genaue Zuordnung der Kreise ist in Tabelle A1 im Tabellenanhang dargestellt. Die Ballungskerne, Ballungsrandzonen und die kreisfreien Städte Münster und Bielefeld als solitäre Verdichtungsgebiete werden zu den Verdichtungsgebieten insgesamt zusammengefaßt. Da die übrigen solitären Verdichtungsgebiete Siegen und Paderborn nicht kreisfreie, sondern kreisangehörige Städte sind, deren Wohnbevölkerung anteilig weniger als 50 v.H. der jeweiligen Kreisbevölkerung bildet, werden diese Städte dem ländlichen Raum zugerechnet.

Ein besonders problembeladenes Verdichtungsgebiet stellt für Nordrhein-Westfalen das Ruhrgebiet dar. Das Gewerbesteueraufkommen der Städte dieses durch ertragsschwache Industrien im Montanbereich gekennzeichneten Raumes liegt deutlich unter dem von Städten vergleichbarer Größenordnung im übrigen Landesgebiet. Wie schon die Diskussion um die Abschaffung der Lohnsummensteuer gezeigt hat, verdient das Ruhrgebiet im Rahmen der Diskussion um die räumliche Streuung der kommunalen Steuerkraft besondere Aufmerksamkeit. Die voraussichtliche Änderung der Steuerkraft wird daher für dieses Gebiet gesondert berechnet. Dabei wird von der regionalen Abgrenzung des Gebietes durch den Minister für Wirtschaft, Mittelstand und Verkehr des Landes Nordrhein-Westfalen ausgegangen.[1]

---

1) Demzufolge umfaßt das Ruhrgebiet die kreisfreien Städte Bochum, Bottrop, Dortmund, Duisburg, Essen, Gelsenkirchen, Hamm, Herne, Mülheim a.d. Ruhr, Oberhausen und die Kreise Recklinghausen, Unna und Wesel.

3. Die räumliche Streuung der Wertschöpfungsteuer

3.1 Methodische Überlegungen

Die Streuung einer Wertschöpfungsteuer hängt von der Reichweite dieser Steuer ab. Der Wissenschaftliche Beirat schlägt vor, sich bei der Abgrenzung des steuerlichen Tatbestandes an der Volkswirtschaftlichen Gesamtrechnung zu orientieren. Neben der staatlichen Wertschöpfung werden in dieser sämtliche privaten Produktionsleistungen zur Wertschöpfung gerechnet, die am Markt angeboten werden; die internen Leistungen der privaten Haushalte bleiben unberücksichtigt. Die Wertschöpfung aus der Volkswirtschaftlichen Gesamtrechnung ist daher ein geeignetes Maß zur Berechnung der Aufkommensstreuung. Sie stellt eine Art maximale Bemessungsgrundlage dar. Inwieweit es einer Wertschöpfungsteuer gelingt, dieses Potential auszuschöpfen, hängt auch davon ab, wie umfassend für den privaten Sektor der Begriff des Unternehmens als Ort der Wertschöpfung definiert werden kann, wobei Praktikabilitätsüberlegungen sicherlich zu Abweichungen zwischen steuerlich erfaßter und gesamtwirtschaftlicher Wertschöpfung führen können. Solche Abweichungen sind jedoch nach den Vorstellungen des Wissenschaftlichen Beirats möglichst gering zu halten.[1)]

Aus der Volkswirtschaftlichen Gesamtrechnung für 1979 stehen, regional disaggregiert bis auf Kreisebene, die Daten der Bruttowertschöpfung, untergliedert in die fünf Wirtschaftsbereiche Land- und Forstwirtschaft, Produzierendes Gewerbe, Handel und Verkehr, Dienstleistungsunternehmen sowie Staat, private Haushalte, private Organisationen ohne Erwerbscharakter zur Verfügung. Im Unterschied zur Nettowertschöpfung als eigentlich von der Wertschöpfungsteuer anvisierte Größe umfaßt die Bruttowertschöpfung zusätzlich die Abschreibungen und den Saldo aus Produktionssteuern und Subventionen. Da für beide Bereiche durchaus

1) Vgl. Wissenschaftlicher Beirat beim Bundesministerium der Finanzen, Bonn 1982, S. 58.

regionale Unterschiede zu vermuten sind, werden Korrekturrechnungen notwendig.

Die Bruttowertschöpfung (BWS) betrug 1979 in Nordrhein-Westfalen 390.425 Mio DM. Die Abschreibungen erreichten mit 44.485 Mio DM einen Anteil von 11,4 v.H. an der BWS. Bei diesem Gewicht werden interregionale Vergleiche dann beeinträchtigt, wenn in bestimmten Regionen Wirtschaftseinheiten mit kapitalintensiver Produktion überwiegen. Kreiswerte für die Abschreibungen liegen jedoch nicht vor. Es wurden daher die Landeswerte der Abschreibungen für die fünf Wirtschaftsbereiche, in denen auch die BWS vorliegt, entsprechend den Anteilen der Kreise an den Landeswerten der BWS je Bereich aufgeteilt und von der BWS subtrahiert.

Der Saldo aus Produktionssteuern und Subventionen betrug 1979 28.848 Mio DM; dies sind 7,4 v.H. der BWS. Auch hier liegt nur der Landeswert vor. Allerdings konnte auf eine Sonderauswertung des Statistischen Landesamtes für das Jahr 1978 zurückgegriffen werden, in der die Produktionssteuern und Subventionen - soweit nicht, wie bei den Gemeindesteuern, bereits originäre Daten vorliegen - regional aufgeschlüsselt wurden. Diese Untersuchung[1)] zeigt, daß das Bruttoinlandsprodukt zu Faktorkosten (BIP zu Fk) im Landesdurchschnitt bei 90 v.H. des Bruttoinlandsprodukts zu Marktpreisen (BIPzMp) liegt, und die Werte der kreisfreien Städte und Kreise nur unwesentlich um diesen Wert streuen. Erhebliche Abweichungen in wenigen Kreisen werden jedoch durch das Übergewicht einzelner Verbrauchsteuern hervorgerufen, da die Produktion von Gütern, auf denen diese Steuern liegen, regional stark konzentriert ist. Dies schlägt aufgrund des hohen Gewichts der Mineralölsteuer insbesondere in Regionen mit Raffineriestandorten zu Buche, etwa in den kreisfreien Städten Gelsenkirchen und Köln und in den Kreisen Wesel und Erftkreis, bei denen das

---

1) Die Methodik und die hauptsächlichen Ergebnisse der Untersuchung werden erläutert bei H.-J. Treeck, 1981, S. 851 ff. Die Daten für die kreisfreien Städte und Kreise NWs sind veröffentlicht in: Das Bruttoinlandsprodukt (BIP) 1978 in den kreisfreien Städten und Kreisen, 1981, S. 902 f.

BIP zu Fk um 23,6 v.H. (Gelsenkirchen), 18,3 v.H. (Wesel), 17,3 v.H. (Erftkreis) und 14,1 v.H. (Köln) unter dem BIPzMp liegt; der Landesdurchschnitt beträgt 10v.H. Die BWS der Kreise wurde daher neben den Abschreibungen auch um den Saldo von Produktionssteuern und Subventionen vermindert, wobei die regionale Struktur unterschiedlicher Abschläge vom BIPzMp, wie sie sich aufgrund dieser Untersuchung für 1978 ergibt, auf die Daten der BWS für 1979 übertragen wurde. Die verbleibende Restgröße repräsentiert näherungsweise die Nettowertschöpfung, auf die die Wertschöpfungsteuer abstellt.

Die Wertschöpfungsteuer soll auch die Wertschöpfung des Staates erfassen. Bei der Ermittlung der regionalen Streuung ist jedoch der Teil der Wertschöpfung abzuziehen, der von den Gemeinden selbst erbracht wird (9.247 Mio DM). Denn egal, ob diese kommunale Wertschöpfung von der Steuer befreit wird, oder ob sie formal erhoben wird - in diesem Fall stehen den erhöhten Einnahmen auch Belastungen der Gemeinden in gleicher Höhe gegenüber -, die kommunale Finanzkraft wird durch die regional unterschiedliche eigene Wertschöpfung der Kommunen nicht beeinflußt.

Damit stand 1979 als besteuerbares Potential eine Nettowertschöpfung von insgesamt 307.845 Mio DM zur Verfügung. Um ein Aufkommen von 6.791 Mio DM zu erzielen - dies entspricht der Realsteuerkraft der Gemeinden 1981 netto, d.h. nach Abzug der Gewerbesteuerumlage -, muß auf diese Wertschöpfung ein Steuersatz von ca. 2,2 v.H. angewandt werden.

Inwieweit ist nun diese Nettowertschöpfungssumme mit der Bemessungsgrundlage einer Wertschöpfungsteuer kongruent? Folgende Fehlerquellen können zu Differenzen führen:

- Die statistische Materialbasis läßt eine originäre Berechnung der Bruttowertschöpfung nach Kreisen über den Bruttoproduktionswert und die Vorleistungen nicht zu. Vielmehr wird zunächst die Wertschöpfung für das Bundesgebiet berechnet und anhand von Schlüsseln für die einzelnen Wirtschaftsbereiche auf Länder und Kreise aufgeteilt. Der Fehlerspielraum bei diesem Verfahren ist nicht exakt abschätzbar. Das Verfahren der Regionalisierung selbst entspricht allerdings durchaus der Konzeption einer Wertschöpfungsteuer. Denn die Entstehungsrechnung der Volkswirtschaftlichen Gesamtrechnung ist unternehmensbezogen; bei einer Regionalisierung ist die zweckmäßigste örtliche Darstellungseinheit aber der Betrieb. Für die richtige Regionalisierung der volkswirtschaftlichen Aggregate werden deshalb die Werte der Mehrbetriebsunternehmen anhand von Schlüsseln auf die einzelnen Arbeitsstätten aufgeteilt.[1)] Dies entspricht der Regel, daß das Aufkommen der Wertschöpfungsteuer den Betriebsgemeinden zustehen soll. In diesem Fall muß auch für Unternehmen mit Betriebsstätten in mehreren Gemeinden eine Zerlegung des Wertschöpfungsteueraufkommens vorgenommen werden, die wohl auf ähnlichen Schlüsseln - wie in der Volkswirtschaftlichen Gesamtrechnung angewandt - beruhen würde.

- Ein besonderes Problem bereiten bei der Regionalisierung der BWS die Entgelte für Bankdienstleistungen und der Vorsteuerabzug auf Investitionen. Die von den Unternehmen an die Banken gezahlten Zinsen stellen nur teilweise Wertschöpfung dar, teilweise sind sie als Entgelt für Bankdienstleistungen zu verstehen, bilden also Vorleistungen. Der Unternehmenssektor kann jedoch nur insgesamt in pauschaler Form um den Vorsteuerabzug auf Investitionen und die unterstellten Entgelte für Bankdienstleistungen bereinigt werden. Eine Aufgliederung der Bereinigungswerte auf die Kreise ist nicht möglich, so daß die Werte der BWS in unbereinigter Form dargestellt werden. Zumindest, was die Bankentgelte betrifft, muß dies kein Nachteil sein. Denn der Wissenschaftliche Beirat schlägt vor, aus Gründen der Praktikabilität der Wertschöpfungsteuer auf die Erfassung dieser relativ geringen und kaum exakt zu ermitteln-

---

1) Vgl. W. Gerß, 1979, S. 291.

den Beträge zu verzichten, also die Zinsen insgesamt als Wertschöpfung zu behandeln.[1]

- Die Wertschöpfung einzelner Wirtschaftsbereiche wird mit unterschiedlicher statistischer Genauigkeit erfaßt. Auch dies muß nicht unbedingt als Nachteil gewertet werden. Es ist zu vermuten, daß etwa den statistischen Problemen einer exakten Erfassung der Wertschöpfung der Land- und Forstwirtschaft ebensolche Probleme bei der steuerlichen Erfassung dieser Wertschöpfung gegenüberstehen.

- Die Wertschöpfungsteuer soll auch die Wertschöpfung des Staates erfassen. Diese soll in Analogie zur Erfassung des Staates in der Volkswirtschaftlichen Gesamtrechnung näherungsweise durch die gezahlten Löhne und Gehälter der Bediensteten bestimmt werden, so daß in diesem Bereich recht exakte Daten vorliegen. Die Bruttowertschöpfung des Staates ist jedoch bei den Kreiswerten mit der der privaten Haushalte und der privaten Organisationen ohne Erwerbscharakter zusammengefaßt, deren Wertschöpfung ebenfalls als Summe des Bruttoeinkommens aus unselbständiger Arbeit berechnet wird. Inwieweit diese Bereiche besteuert werden sollen, ist bisher nirgendwo ausgeführt. Ihr Anteil an der Wertschöpfung des Gesamtbereiches macht ca. 15 v.H. aus. Die Wertschöpfung der privaten Haushalte umfaßt das Bruttoeinkommen der Haushaltsangestellten und ist so gering, daß sie das Gesamtergebnis nicht beeinflußt. Unter den privaten Organisationen ohne Erwerbscharakter sind zusammengefaßt:[2]

  · Christliche Kirchen u.a. religiöse Vereinigungen
  · Organisationen der freien Wohlfahrtspflege
  · Organisationen der Erziehung, Wissenschaft und Kultur
  · Organisationen der Sport- und Jugendpflege

---

1) Wissenschaftlicher Beirat beim Bundesministerium der Finanzen, Bonn 1982, S. 66.
2) Vgl.: Private Organisationen ohne Erwerbscharakter als Teil des Haushaltssektors in den Volkswirtschaftlichen Gesamtrechnungen, 1976, S. 638.

- Gewerkschaften
- Politische Parteien u.ä.

Hier muß vermutet werden, daß ein großer Teil dieser Wertschöpfung auch der Wertschöpfungsteuer unterworfen werden soll, denn wenn etwa nach den Intentionen des Wissenschaftlichen Beirats ein Landeskrankenhaus wertschöpfungspflichtig sein soll, muß dieses auch für ein Krankenhaus in Trägerschaft der freien Wohlfahrtspflege gelten. Insgesamt gesehen ist der Bereich nicht so bedeutend, daß einzelne Ausnahmen von der Steuerpflicht die Brauchbarkeit der Daten entwerten würden.

3.2 Die Ergebnisse der Berechnungen

Das Gesamtbild der Auswirkungen einer Substitution der Realsteuern durch die Wertschöpfungsteuer kommt aufgrund folgender Einflußfaktoren zustande:

- Die Grundsteuer streut relativ gleichmäßig. Die Realsteuerkraft hängt somit weitgehend von der Gewerbesteuerkraft ab.

- Die Gewerbesteuer erreicht in den Regionen hohe Werte, in denen ein großer Anteil der Wertschöpfung sich in Bereichen vollzieht, die unter die Gewerbeabgrenzung fallen, und gleichzeitig ertragsstarke Unternehmen vorherrschen; denn das Aufkommen der Gewerbesteuer ist zu ca. 80 v.H. ertragsabhängig.

- Von der Wertschöpfungsteuer profitieren Regionen mit einem hohen Anteil an Wertschöpfung in Bereichen, die nicht unter die Abgrenzung des Gewerbebegriffs fallen, und Regionen, die zwar viel Gewerbe und damit Wertschöpfung aufweisen, deren

Wirtschaft aber insgesamt ertragsschwach ist. Denn ca. 75 v.H. der Bemessungsgrundlage einer Wertschöpfungsteuer wären ertragsunabhängig.

- Schließlich erreichen Gewerbesteuer und Wertschöpfungsteuer als produktionsbezogene Steuern, werden sie auf die Einwohner bezogen, in solchen Regionen überdurchschnittliche Werte, die eine starke Arbeitszentralität aufweisen, in denen also die Wirtschaftsbevölkerung die Wohnbevölkerung deutlich übersteigt[1] oder anders ausgedrückt, ein positiver Pendlersaldo vorhanden ist. Dieser Effekt ist erwünscht, denn beide Steuern sollen ja im Rahmen des kommunalen Steuersystems gerade die Produktionsstandorte für Belastungen aus der Produktion entschädigen. Die Gewerbesteuer zeigt allerdings in den strukturschwachen Ballungsgebieten auffallende Abweichungen von dieser Gesamttendenz, auf die noch zurückzukommen sein wird.

Betrachtet man nach diesen grundsätzlichen Überlegungen die Ergebnisse in Tabelle 1[2], so zeigt sich: Die kreisfreien Städte würden insgesamt von einer Wertschöpfungsteuer profitieren, insbesondere die Großstädte mit über 500.000 Einwohnern. Eine Ausnahme bildet hier nur die Größenklasse der Städte unter 200.000 Einwohnern. In dieser Klasse wird das Ergebnis bei insgesamt kleiner Besetzungszahl (7 Städte) dominiert von den im Verhältnis zu

1) Die Wirtschaftsbevölkerung ist eine dem Inlandskonzept der Volkswirtschaftlichen Gesamtrechnungen entsprechende Bezugsgröße. Sie berücksichtigt die Bevölkerung, die mit der Erstellung des Inlandsprodukts eines Gebietes im Zusammenhang steht, indem die Wohnbevölkerung um den doppelten Pendlersaldo korrigiert wird. An sich wäre sie die geeignetere Bezugsgrundlage zur Beurteilung der Streuung produktionsbezogener kommunaler Steuern, jedoch wird die Wirtschaftsbevölkerung aufgrund mangelnder statistischer Daten zur Fortschreibung der Pendlerzahlen aus der Volkszählung 1970 vom Landesamt für Datenverarbeitung und Statistik Nordrhein-Westfalen nicht mehr berechnet.

2) Die Einzelergebnisse der Kreise und kreisfreien Städte finden sich in Tabelle A2 im Tabellenanhang.

Tabelle 1: Grundsteuer-, Gewerbesteuer- (netto) und Realsteuerkraft (netto) 1981 sowie Wertschöpfungsteuerkraft nach Art der Körperschaft, Gemeindegrößenklassen und Zonen der Siedlungsstruktur in Nordrhein-Westfalen in DM je Einwohner

Art der Körperschaft / Gemeindegrößenklasse / Zonen der Siedlungsstruktur	Grundsteuerkraft in DM je EW	Gewerbesteuerkraft (netto) in DM je EW	Realsteuerkraft (netto) in DM je EW	Wertschöpfungsteuerkraft in DM je EW	Saldo Wertsch.st.kr. ./.Realst.kr. in DM je EW	Variationskoeffizient der Realsteuerkraft	Variationskoeffizient der Wertschöpfungssteuerkraft
1	2	3	4 = 2+3	5	6 = 5-4	7	8
Kreisfreie Städte mit							
500.000 u. mehr EW	108	393	501	584	+ 83	31,14	30,69
200.000 - 500.000 EW	93	304	397	448	+ 51	21,43	10,20
unter 200.000 EW	89	309	398	382	- 16	37,18	22,00
Zusammen	99	344	443	499	+ 56	31,41	26,91
Kreisangehörige Gemeinden	88	281	369	317	- 52	16,85	15,90
Ballungskerne	98	335	433	490	+ 57	32,21	28,45
Ballungsrandzonen	84	276	360	300	- 60	13,89	13,70
Solitäre Verdichtungsgebiete 1)	99	408	508	475	- 33	3,34	4,61
Verdichtungsgebiete insges.	94	323	417	437	+ 20	35,14	31,11
darunter Ruhrgebiet	81	267	348	402	+ 54	21,89	21,26
Ländliche Zonen	80	284	364	325	- 39	18,39	16,44
NW insgesamt	89	309	398	398	0	26,66	30,17

1) Nur Münster und Bielefeld; Siegen und Paderborn wurden der ländlichen Zone zugerechnet.
Quelle: Eigene Berechnungen nach den Tabellen A1 und A2

ihrer Wertschöpfung besonders gewerbeertragsstarken und damit realsteuerstarken Städten Leverkusen (Realsteuerkraft DM 662,-- je EW), Remscheid (DM 534,-- je EW) und Mülheim a.d. Ruhr (DM 442,-- je EW), die durch die Wertschöpfungsteuer naturgemäß an Steuerkraft verlieren würden (um DM - 111,--, - 101,-- bzw. - 62,-- je EW). Die kreisangehörigen Gemeinden verlieren insgesamt durch die Wertschöpfungsteuer DM 52,-- je EW, das sind ca. 14 v.H. ihrer Realsteuerkraft.

Nach den Zonen der Siedlungsstruktur betrachtet, profitieren allein die Ballungskerne von der Wertschöpfungsteuer entsprechend den in ihnen konzentrierten Produktionstätigkeiten. Dagegen müssen die Ballungsrandzonen bis zu ca. 17 v.H. Verlust an Steuerkraft hinnehmen. Dies mag darauf zurückzuführen sein, daß die Ballungsrandgemeinden zum Teil reine Wohngemeinden sind, die Produktionstätigkeit und damit die Wertschöpfung also - bezogen auf die Wohnbevölkerung - nicht allzu hoch ist, gleichzeitig insgesamt relativ wenige, aber ertragsstarke Unternehmen angesiedelt sind, die für ein entsprechendes Gewerbesteueraufkommen sorgen. Denn in dem im letzten Jahrzehnt zu beobachtenden Prozeß der Industrie- und Gewerbesuburbanisierung haben vor allem solche Betriebe kleiner und mittlerer Größe den Ballungskern verlassen und sich am Ballungsrand neu angesiedelt, die im Kern gesund waren, deren Expansionsabsichten sich am alten Standort aber nicht realisieren ließen; ein insgesamt positiver Ausleseprozeß für den Ballungsrand. Der Verlust der solitären Verdichtungsgebiete um DM 33,-- je EW erklärt sich aus dem hohen Niveau des Gewerbesteueraufkommens in dieser nur die beiden Städte Münster und Bielefeld umfassenden Kategorie. Dennoch beläßt die Wertschöpfungsteuer diesen Regionen ein angemessenes Steuerkraftniveau.

Aufgrund des durchschlagenden Gewichts der Ballungskerne erreichen auch die Verdichtungsgebiete insgesamt durch die Wertschöpfungsteuer einen Zuwachs an Steuerkraft, während die ländlichen Zonen einen Verlust von DM 39,-- je EW (= ca. 11 v.H. ihrer Realsteuerkraft (netto)) hinnehmen müssen. Sie liegen aber, da in diesen Regionen zumindest in den zentralen Orten mehr Produktion konzentriert ist als in den Ballungsrandgebieten, auch im Aufkommen der Wertschöpfungsteuer deutlich über diesen.

In der räumlichen Entwicklung wird der traditionelle Konflikt zwischen ländlichem Raum und Verdichtungsgebiet zunehmend überlagert durch den Konflikt zwischen Ballungsgebieten mit vielfältiger, moderner Wirtschaftsstruktur und den Gebieten mit überalterter Industriestruktur - überwiegend des Montanbereichs -, die sich in der Krise befinden und einen tiefgreifenden Strukturwandel mitmachen, wie etwa in Nordrhein-Westfalen das Ruhrgebiet. Die Aggregation von Duisburg und Düsseldorf, Bottrop und Leverkusen in der gleichen Größenklasse bzw. als Ballungskern verdeckt hier, daß zwischen einzelnen Verdichtungsgebieten gravierende Unterschiede in der gegenwärtigen Steuerkraft und in den Auswirkungen der einzelnen Substitutionsvarianten bestehen. So weisen die drei Ruhrgebietsstädte Oberhausen, Bottrop und Herne mit DM 230,-- bzw. DM 234,-- und DM 241,-- je EW die niedrigste Realsteuerkraft (netto) insgesamt von allen Kreisen und kreisfreien Städten auf; selbst die wirtschaftlich wenig entwickelten Landkreise Heinsberg (DM 266,-- je EW), Coesfeld (DM 272,-- je EW) und Höxter (DM 283,-- je EW) stehen hier besser da. Dementsprechend würde Oberhausen mit DM + 154,-- je Einwohner den höchsten Zuwachs an Steuerkraft durch die Wertschöpfungsteuer erfahren und mit DM 384,-- je EW fast den Landesdurchschnittswert an Wertschöpfungsteuerkraft (DM 398,-- je EW) erreichen. Auch andere Ruhrgebietsstädte haben einen Zugewinn zu erwarten, z.B. Bochum (+ DM 141,-- je EW), Gelsenkirchen (+ DM 118,-- je EW), Essen (+ DM 87,-- je EW), Dortmund (+ DM 79,-- je EW), Duisburg (+ DM 45,-- je EW). Insgesamt würde sich für das Ruhrgebiet die Einführung einer Wertschöpfungsteuer mit ihrem hohen Anteil an ertragsunabhängigem Steueraufkommen sicher positiv auswirken, die Steuerkraft würde um ca. 16 v.H. der Realsteuerkraft (netto) steigen und damit leicht über dem Landesdurchschnitt liegen, ein Tatbestand, der bei der Ballung von industrieller Produktion in diesem Raum sicherlich angemessen ist.

Ein Vergleich der Variationskoeffizienten von Realsteuer und Wertschöpfungsteuer als Maßgröße der Streuung in den einzelnen Klassen von regionalen Einheiten zeigt folgendes: Die Unterschiede in der Streuung sind nicht allzu ausgeprägt; dies mag zum Teil auch auf die mit den vorhandenen Daten mögliche Klassenbildung zurückzuführen sein. In der Tendenz sind die Streuungswerte innerhalb der einzelnen Klassen bei der Wertschöpfungsteuer etwas geringer, die Streuung über die kreisfreien Städte und Kreise insgesamt ist höher. Geht man von den Begriffen der horizontalen und vertikalen Streuung aus, wobei horizontal die Streuung zwischen Gemeinden gleicher Größenordnung meint, vertikal die zwischen Gemeinden unterschiedlicher Größenklassen, so muß das Ergebnis dahingehend interpretiert werden, daß die Wertschöpfungsteuer mit ihrem ballungsfördernden Effekt die vertikale Streuung verschärft. Dagegen dürfte innerhalb der einzelnen Klassen die Steuerkraft gleichmäßiger streuen.

Eine Besonderheit der Wertschöpfungsteuer ist die Einbeziehung der Wertschöpfung des Staates einschließlich der halbstaatlichen Institutionen in die Besteuerung. Der Wissenschaftliche Beirat verspricht sich von der Erfassung bisher steuerfreier Bereiche eine Anhebung der Steuerkraft der Verwaltungsstädte, die derzeit wegen ihrer vergleichsweise niedrigen Steuerkraft und der Wahrnehmung zentralörtlicher Aufgaben in besonderem Maße auf Finanzzuweisungen angewiesen seien.[1] Welche Auswirkungen eine Wertschöpfungsteuer für die Verwaltungsstädte hätte, zeigt die Tabelle 2. Demnach würde das Steueraufkommen, das auf staatlicher Wertschöpfung beruht, insbesondere in den Städten Bonn und Münster sowie Düsseldorf beachtliche Ausmaße erreichen. Allerdings wäre nicht in jedem Fall die Substitution der Realsteuern durch die Wertschöpfungsteuer für Verwaltungsstädte von Vorteil. So müßte Münster, das besonders gewerbesteuerstark ist, einen Verlust an Steuerkraft hinnehmen, ebenso würden die Landkreise Coesfeld, Höxter und Düren insgesamt Steuerkraft verlieren. Hier könnte aber eine aufgrund

---

1) Wissenschaftlicher Beirat beim Bundesministerium der Finanzen, Bonn 1982, S. 74.

Tabelle 2: Die Auswirkungen einer Wertschöpfungsteuer in den kreisfreien Städten und Kreisen Nordrhein-Westfalens mit hohem Anteil des Staates, privater Haushalte und privater Organisationen ohne Erwerbscharakter, berechnet anhand von Daten der volkswirtschaftlichen Gesamtrechnung für 1979

Kreisfreie Stadt /Kreis	Anteil des Staates, priv.Haushalte u. priv.Org. ohne Erw.charakter		Gewinn (+) Verlust(-) insges. durch die Wertschöpfungsteuer in DM je EW
	an der BWS in v.H.	am Aufkommen der Wertschöpfungsteuer in DM je EW	
Bonn	31,1	135,16	+ 124
Münster	26,2	112,79	- 27
Aachen	22,8	67,58	+ 34
Coesfeld	19,9	44,52	- 8
Höxter	18,9	41,24	- 15
Düren	18,4	48,88	- 72
Düsseldorf	10,8	81,69	+ 119

Quelle: Eigene Berechnungen nach Tabelle A2 und Landesamt für Datenverarbeitung und Statistik Nordrhein-Westfalen, Statist.Bericht PII1 1979, Das Bruttoinlandsprodukt in den kreisfreien Städten und Kreisen Nordrhein-Westfalens 1978 und 1979.

der Datenlage nicht mögliche Betrachtung der einzelnen Gemeinden zu dem Ergebnis kommen, daß die ländlichen Zentralorte, die als Kreissitz auch Zentrum der staatlichen Verwaltung sind, durchaus von der Wertschöpfungsteuer profitieren, ein Effekt, der nur durch die kreisweise Aggregation in den Gesamtdaten für Kreise untergeht. Auch die Landeshauptstadt Düsseldorf würde von der Einbeziehung des Staates in die Wertschöpfungsteuer profitieren. Daß der Anteil des Staates an der Bruttowertschöpfung dennoch relativ gering ist, liegt an der hohen Arbeitszentralität und Wirtschaftskraft dieser Stadt auch in den anderen Sektoren der Wertschöpfung. Das Steueraufkommen aus der staatlichen Wertschöpfung würde dazu beitragen, daß Düsseldorf seine Spitzenstellung in punkto Steuerkraft in Nordrhein-Westfalen durch die Wertschöpfungsteuer weiter ausbauen könnte (von DM 791,-- je EW Realsteuerkraft auf DM 910,-- je EW Wertschöpfungsteuerkraft).

Die Streuung einer Wertschöpfungsteuer hinge weiterhin davon ab, inwieweit es gelänge, die Wertschöpfung der Landwirtschaft und des Wohnungssektors zu erfassen. Da dies mit besonderen technischen und politischen Schwierigkeiten verbunden sein dürfte, ist auch die Möglichkeit einzubeziehen, daß diese Bereiche von der Wertschöpfungsteuer frei bleiben, dafür aber die Grundsteuern beibehalten werden.

Die Nettowertschöpfung der Land- und Forstwirtschaft macht ca. 1,26 v.H. der gesamten besteuerbaren Wertschöpfung Nordrhein -Westfalens aus und würde, da die Wertschöpfungsteuer nicht nach Produktionsbereichen differenzieren soll, auch entsprechend zum Aufkommen dieser Steuer beitragen. Demgegenüber macht das Aufkommen der Grundsteuer A gerade 0,65 v.H. des Realsteueraufkommens aus. Das bedeutet, daß die Grundsteuer die landwirtschaftliche Produktion nur etwa halb so stark belastet, wie dies eine Wertschöpfungsteuer mit einem durchschnittlichen Steuersatz von 2,2 v.H. der Nettowertschöpfung tun würde. Die Wertschöpfung der Land- und Forstwirtschaft vollzieht sich zu 75,6 v.H. in der ländlichen Zone, die auch allein mit DM 5,42 je Einwohner eine nennenswerte Steuerkraft aus der Grundsteuer A besitzt. Könnte die Wertschöpfung der Land- und Forstwirtschaft voll von der Wertschöpfungsteuer erfaßt werden, würde dieser Sektor mit DM 10,77 zur Steuerkraft der ländlichen Zonen beitragen. Ein ähnlicher Effekt wäre jedoch auch bei Beibehaltung der Grundsteuer A und Koppelung des Hebesatzes an das Niveau der Wertschöpfungsteuer zu erwarten.

Die Frage, in welcher Form die Landwirtschaft besteuert wird, ist eigentlich nur für die ländlichen Zonen von Belang; in den Verdichtungsgebieten fällt dies nicht ins Gewicht. Schon eher wirkt sich hier aus, in welcher Form die Wohnungswirtschaft der Besteuerung unterworfen wird. Bezeichnet man die Wertschöpfungsteuer in ihrer umfassenden Version einschließlich Land-, Forst- und Wohnungswirtschaft als Version A, in der Version ohne Wohnungswirtschaft als Version B, so müßte eigentlich Wertschöpfungsteuer A mit Wertschöpfungsteuer B und Grundsteuer B, soweit auf Wohngrundstücke erhoben, verglichen werden. Einem solchen Vergleich steht entgegen, daß für die Regionalisierung der Wertschöpfung der Wohnungswirtschaft nur eine unzureichende Datenbasis vorhanden ist - die folgenden Schätzungen basieren auf den Daten der Gebäude- und Wohnungszählung 1968, fortgeschrieben auf den Stand von 1979 anhand der Statistiken fertiggestellter Wohngebäude und Wohnungen[1) -], und daß die Grundsteuer B nicht danach aufgeteilt werden kann, ob sie Wohngrundstücke oder gewerblich genutzte Grundstücke belastet. Es ist jedoch anzunehmen, daß bei Einführung einer Wertschöpfungsteuer Gewerbebetriebe nicht mehr der Grundsteuer unterworfen werden; diese stellt das letzte Glied eines "analytischen" Ertragsteuersystems dar, das bei einer ganzheitlichen "synthetischen" Erfassung des Ertrages der Produktionsfaktoren durch die Wertschöpfungsteuer seine Berechtigung verliert. Die Zahlen der folgenden Tabelle 3 können deshalb nur als Hinweis auf wahrscheinliche Konsequenzen der alternativen Formen der Besteuerung der Wohnungswirtschaft gedeutet werden.

---

1) Landesamt für Datenverarbeitung und Statistik Nordrhein-Westfalen, Stat. Bericht FO, Gebäude- und Wohnungszählung 1968; ders. sh. Stat. Berichte FII4, Wohnungsbestand in den Gemeinden NW's, laufende Jahrgänge.

Tabelle 3: Die Wertschöpfung der Wohnungswirtschaft und ihre alternative Besteuerung durch die Wertschöpfungsteuer und die Grundsteuer B nach Zonen der Siedlungsstruktur in Nordrhein-Westfalen

Zonen der Siedlungsstruktur	Wohnungswirtschaft		Steuerkraft in DM je Einwohner				
	NWS in DM je EW	Anteil an der NWS insges. in v.H.	Realsteuern	Wertsch. steuer A	Wertsch. steuer B	Grundsteuer B	Wertsch. steuer B u.Grundsteuer B
1	2	3	4	5	6	7	8 = 6+7
Ballungskerne	646	2,9	433	490	385	98	483
Ballungsrandzonen	554	4,4	360	300	233	84	317
Solitäres Verdichtungsgebiet 1)	629	3,0	508	475	373	99	472
Ländliche Zonen	479	5,5	364	325	254	80	334
NW insgesamt	571	3,2	398	398	312	87	398

1) Umfaßt nur Münster und Bielefeld. Siegen und Paderborn wurden den ländlichen Zonen zugerechnet.

Quelle: Eigene Berechnungen nach Tabelle 1 sowie Landesamt für Datenverarbeitung und Statistik Nordrhein-Westfalen, Stat. Bericht FO, Gebäude- und Wohnungszählung 1968; ders.: Stat. Berichte FII4, Wohnungsbestand in den Gemeinden NW's, laufende Jahrgänge.

Infolge des höheren Mietpreisniveaus ist die Nettowertschöpfung in der Wohnungswirtschaft pro Kopf in den Ballungskernen und den solitären Verdichtungsgebieten höher als in den Ballungsrandzonen und dort höher als in den ländlichen Zonen. Das absolute Aufkommen aus der Wohnungsbesteuerung, egal welche Variante realisiert wird, liegt deshalb in den Ballungskernen am höchsten. Dennoch ist der Anteil der Wohnungswirtschaft an der gesamten Nettowertschöpfung in den Ballungsrandgemeinden und ländlichen Zonen deutlich höher. Unter der restriktiven Annahme eines für das Land insgesamt aufkommensneutralen Austausches von Steuern stehen sich Ballungsrand und ländliche Zonen besser, je höher die steuerliche Belastung der Wohnungswirtschaft im Vergleich zu den übrigen Wertschöpfungsbereichen ist. Dies zeigt die berechnete Variante einer die Wohnungswirtschaft nicht belastenden Wertschöpfungsteuer B in Verbindung mit der bisherigen Grundsteuer B, eine Konstellation, die für die Steuerkraft dieser Regionen günstiger wäre.

Die regionale Streuung hinge also weitgehend von der Relation der Hebesätze zwischen Grundsteuern und Wertschöpfungsteuer ab. Daneben spielt auch die Frage eine Rolle, ob Steuervergünstigungen, wie sie die Grundsteuer gewährt, bei Einbeziehung der Wohnungswirtschaft in die Wertschöpfungsteuer gegebenenfalls in modifizierter Form übernommen werden. So muß etwa der relativ niedrige Wert der Grundsteuer B von DM 84,-- je Einwohner in den Ballungsrandzonen auch darauf zurückgeführt werden, daß hier ein vergleichsweise neuer Wohnhausbestand zu finden ist, der aufgrund der in den ersten zehn Jahren gewährten Grundsteuervergünstigungen noch wenig zum Gesamtaufkommen beiträgt.

Der Wissenschaftliche Beirat hat selbst einige steuertechnische und politische Hemmnisse gesehen, die der Realisierung einer Wertschöpfungsteuer in umfassender Form entgegenstehen.[1] Er erwägt daher auch andere Möglichkeiten der Besteuerung der Wohnungswirtschaft. Insbesondere bei der Landwirtschaft sieht er Schwierigkeiten der Ermittlung der Wertschöpfung. Hierzu wäre wohl die Buchführungspflicht sämtlicher Landwirte Voraussetzung. Auch die Frage des Einbezugs der Wertschöpfung des Staates und halbstaatlicher Institutionen in die Besteuerung ist noch längst nicht hinsichtlich aller Konsequenzen ausdiskutiert. Denn die Gemeinden könnten auch bei der Wertschöpfungsteuer mit Hebesatzrecht, wenn auch nicht in so krassem Ausmaß wie beim DIHT-Modell, zusätzliche Steuereinnahmen zu Lasten der oberen staatlichen Ebenen erzielen.

Sollte deshalb eine Wertschöpfungsteuer ohne die Einbeziehung des Staates, der Land- und Forstwirtschaft und der Wohnungswirtschaft realisiert werden, so würde sich die besteuerbare Nettowertschöpfung von 307.845 Mio.DM um ca. 16 v.H. auf 259.225 Mio. DM verringern. Da die Grundsteuern dann beibehalten würden, sieht man einmal davon ab, daß die Grundsteuer B auf gewerbliche Grundstücke entfallen würde, wäre in etwa das Gewerbesteueraufkommen (netto) von 5265,7 Mio. DM in 1971 zu ersetzen. Hierzu müßte die Wertschöpfung mit einem Satz von etwa 2,0 v.H. belastet werden.

Eine derart eingeschränkte Wertschöpfungsteuer hätte vom Kreis der Steuerpflichtigen her etwa die Reichweite einer auf die freien Berufe ausgedehnten Gewerbesteuer. Tabelle 4 zeigt, wie sich durch die Beschränkung der Bemessungsgrundlage die räumliche Streuung ändert. Dabei wird die Wertschöpfungsteuer in ihrer umfassenden Version als Typ I, in ihrer begrenzten Version ohne die Bereiche Staat, Land- und Forstwirtschaft und Wohnungswirtschaft als Typ II bezeichnet.

---

1) Wissenschaftlicher Beirat beim Bundesministerium der Finanzen, Bonn 1982, S. 99 ff. u. S. 110 ff.

Die Wertschöpfungsteuer II bringt bei Beibehaltung der Grundsteuer A und B leichte Vorteile für die kreisangehörigen Gemeinden und unter diesen insbesondere für die Ballungsrandgemeinden. Diese profitieren aufgrund ihres überdurchschnittlichen Beitrages der Wohnungswirtschaft zur Wertschöpfung vor allem von der höheren Belastung der Wohngrundstücke durch die Grundsteuer B im Vergleich zur Wertschöpfungsteuer. Darüber hinaus findet eine Umverteilung von Steuerkraft insbesondere innerhalb der kreisfreien Städte bzw. der Verdichtungsgebiete statt. Besonders die Klasse der Städte von 200-500.000 Einwohnern stünde bei der Wertschöpfungsteuer II schlechter da. In dieser Klasse sind mit Bonn, Münster und Aachen Verwaltungsstädte angesiedelt, die naturgemäß von der Besteuerung der Staatlichen Wertschöpfung profitieren würden.

Gleiches gilt, geht man von den Zonen der Siedlungsstruktur aus. Von Verlusten betroffen wäre bei einer Wertschöpfungsteuer vom Typ II vor allem das solitäre Verdichtungsgebiet, bestehend aus den Verwaltungs- und Universitätsstädten Münster und Bielefeld. Die Umverteilung zwischen Verdichtungsgebiet und ländlicher Zone ist gering, dagegen verschiebt sich die Steuerkraft, wie bereits dargelegt, zugunsten der Ballungsrandzonen. Bemerkenswert ist, daß das Ruhrgebiet bei einer Wertschöpfungsteuer II sich dem Durchschnitt der Verdichtungsgebiete weiter annähert. Dies mag daran liegen,daß im Vergleich zum übrigen Verdichtungsgebiet die staatliche Wertschöpfung gering ist; die Herausnahme dieser Wertschöpfung aus der Besteuerung läßt das Ruhrgebiet zum übrigen Verdichtungsgebiet aufschließen. Der Zugewinn an Steuerkraft wird jedoch durch die Herausnahme der Wohnungswirtschaft aus der Wertschöpfungsteuer zum größten Teil kompensiert. Denn die Grundsteuerkraft des Ruhrgebiets ist aufgrund niedriger Einheitswerte unterdurchschnittlich. Dies wirkt sich nachteilig aus, wenn die Wohnungswirtschaft, aufgrund der höheren Belastung mit der Grundsteuer B im Vergleich zur Wertschöpfungsteuer als Steuerquelle an Bedeutung gewinnt.

Tabelle 4: Die räumliche Streuung der Wertschöpfungsteuerkraft bei unterschiedlicher Reichweite der Bemessungsgrundlage aufgrund der Daten der volkswirtschaftlichen Gesamtrechnung 1979 für die Gemeinden Nordrhein-Westfalens nach Art der Körperschaft, Gemeindegrößenklassen und Zonen der Siedlungsstruktur

Art der Körperschaft Gemeindegrößenklasse	Wertschöpfungsteuer Typ I		Wertschöpfungsteuer Typ II		Grundsteuer A und B		Wertschöpfungsteuer II und Grundsteuer A und B		
Zonen der Siedlungsstruktur	DM je EW	Anteil am Landesaufk. in v.H.	DM je EW	Anteil am Landesaufk. in v.H.	DM je EW	Anteil am Landesaufk. in v.H.	DM je EW	Differenz zu Wertschöpfungsteuer I	Anteil am Landesaufk. in v.H.
1	2	3	4	5	6	7	8 = 4+6	9 = 8-2	10
Kreisfreie Städte mit									
500.000 u.mehr EW	584	29,0	470	30,1	108	23,9	578	- 6	28,7
200.000-500.000 EW	448	20,8	339	20,2	93	19,2	432	-16	20,0
unter 200.000 EW	382	6,2	312	6,5	89	6,4	401	+19	6,5
zusammen	499	55,9	393	56,8	99	49,6	492	- 7	55,2
Kreisangehörige Gemeinden	317	44,1	241	43,2	88	50,4	329	+12	44,8
Ballungskerne	490	54,0	389	55,3	98	48,1	487	- 3	53,7
Ballungsrandzonen	300	13,3	227	13,0	84	16,6	311	+11	13,8
solitäre Verdichtungsgebiete 1)	475	4,1	336	3,7	99	3,8	435	-40	3,7
Verdichtungsgebiet insgesamt	437	71,5	342	72,0	94	68,6	436	- 1	71,3
darunter Ruhrgebiet	402	28,5	323	29,5	81	25,8	404	+ 2	28,7
ländliche Zonen	325	28,5	247	28,0	80	31,4	327	+ 2	28,7
NW insgesamt	398	100,0	309	100,0	89	100,0	398	0	100,0

1) Umfaßt nur Münster und Bielefeld. Siegen und Paderborn wurden der ländlichen Zone zugerechnet.

Quelle: Eigene Berechnungen nach Tabelle 1 und Daten des Landesamtes für Datenverarbeitung und Statistik Nordrhein-Westfalen sowie ders.: Statistischer Bericht P II 1-j 179. Das Bruttoinlandsprodukt in den kreisfreien Städten und Kreisen Nordrhein-Westfalens 1948 und 1979; ders.: Statistischer Bericht L II 2. Die Gemeindefinanzen in Nordrhein-Westfalen 1981. Ergebnisse der vierteljährlichen Kassenstatistik.

Wenn im nachfolgenden Text von der Streuung der Wertschöpfungsteuer im Vergleich zur Streuung anderer Steuern die Rede ist, wird, trotz der Bedenken, die gegen eine Realisierung bestehen, von der Wertschöpfungsteuer in der umfassenden Konzeption des Wissenschaftlichen Beirats ausgegangen.

4. Die räumliche Streuung einer allgemeinen kommunalen Verbrauchsteuer

4.1 Methodische Überlegungen

Eine kommunale Endverbrauchsteuer müßte die Verbrauchsausgaben der Privaten möglichst umfassend belasten. Der Wissenschaftliche Beirat erwägt daher auch die Einbeziehung der Mieten in die Verbrauchsbesteuerung. Für die Belastung der Mieten sind jedoch auch andere steuerliche Lösungen denkbar, nämlich Beibehaltung, gegebenenfalls Reform der Grundsteuer bzw. Einführung einer Mietsteuer. Im folgenden wird deshalb davon ausgegangen, daß eine kommunale Verbrauchsteuer nur die Gewerbesteuer zu ersetzen hat, bei Beibehaltung der Grundsteuern. Die Mietausgaben sind folglich nicht in die Berechnung einzubeziehen.

Der verbleibende private Verbrauch muß anhand der Daten der regionalen Umsätze solcher Wirtschaftszweige regionalisiert werden, bei denen vollständig oder überwiegend Endverbrauch angenommen werden kann. Solche Daten liegen aus der Umsatzsteuerstatistik und der Handels- und Gaststättenzählung vor. Bisherige Modellrechnungen zur Streuung einer kommunalen Verbrauchsteuer wurden überwiegend anhand der Daten der Umsatzsteuerstatistik vorgenommen.[1] Sie hat den Vorzug, daß sie mehr Wirtschaftsbereiche umfaßt als die Handels- und Gaststättenzählung und um zwei Jahre aktueller ist. Jedoch verbucht die Umsatzsteuerstatistik die Umsätze jeweils am Unternehmenssitz, die Handels- und Gaststättenzählung am Ort der Arbeitsstätte, was auch der Idee einer kommunalen Verbrauchsteuer entspricht. Durch den hohen Grad der Konzentration im Einzelhandel entsprechen die Daten der Umsatzsteuerstatistik daher nicht dem hier gewünschten Zweck, wie ein Vergleich mit den Daten der Handels- und Gaststättenzählung beweist. Augenscheinlichstes Beispiel für den "Unternehmenssitzeffekt" in der Umsatzsteuerstati-

---

1) So bei H. Rudlof, Bonn 1961, A. Oberhauser, Berlin 1964, D. Bertelmann, R.D. Postlep, 1979 , S. 721 ff., dagegen verwendet Goergens, Düsseldorf 1968 , für seine Berechnungen Daten der Handels- und Gaststättenzählung 1960 und der Handwerkszählung von 1963.

stik ist die Stadt Mülheim a.d. Ruhr als Firmensitz zweier bedeutender Ketten des Lebensmitteleinzelhandels: Nach der Umsatzsteuerstatistik weist sie 1978 im Einzelhandel Umsätze von DM 54.117,-- je EW auf, nach der Handelszählung DM 7.416,-- je EW. Macht man diese Zahlen zur Grundlage der Berechnung eines etwaigen Anteils am Landesaufkommen einer kommunalen Verbrauchsteuer, so müßte Mülheim a.d. Ruhr nach der Umsatzsteuerstatistik 8,7 v.H. des Landesaufkommens erhalten, nach der Handelszählung, was realistisch ist, 1,27 v.H.. Da Betriebe mit Zweigniederlassungen den Ballungsraum als Firmensitz bevorzugen, ergibt sich aus der Umsatzsteuerstatistik über das Maß an Handelszentralität hinaus, das die Großstädte aufweisen, ein scheinbarer Trend der kommunalen Verbrauchsteuer zugunsten der Ballungsgebiete. Laut Umsatzsteuerstatistik macht etwa der Anteil der kreisfreien Städte am Umsatz des Einzelhandels 1978 65,8 v.H. aus, nach der Handelszählung sind es 52,3 v.H.. Die folgenden Berechnungen fußen deshalb auf der Handels- und Gaststättenzählung. Aus methodischen Gründen wurde darauf verzichtet, Daten aus beiden Statistiken zu verknüpfen, etwa die Umsätze des Einzelhandels nach der Handelszählung mit den Umsätzen solcher Wirtschaftsbereiche aus der Umsatzsteuerstatistik zu addieren, in denen vermutlich das Unternehmenssitzprinzip weniger durchschlägt (wie Bäckereien und Fleischereien). Denn die Methodik beider Statistiken ist zu unterschiedlich; Überschneidungen und Doppelerfassungen einzelner Umsätze sind nicht auszuschließen.

Der private Verbrauch betrug 1978 DM 197.632 Mio.[1] Bei einem vorsichtig geschätzten Anteil von ca. 15 % für Mietausgaben[2] verbleiben DM 167.987 Mio zu besteuernder Endverbrauch. Um ein Gewerbesteueraufkommen (netto) von DM 5.265,7 Mio zu ersetzen, müßten

---

1) Statistisches Jahrbuch Nordrhein-Westfalen, Düsseldorf 1982, S. 619.
2) Geschätzt aufgrund der durchschnittlichen Mietbelastung nach Hauptmieterhaushalten, in: Statistisches Jahrbuch Nordrhein -Westfalen, Düsseldorf 1980, S. 414 f..

diese Verbrauchsausgaben mit einem Steuersatz von ca. 3,2 v.H. belastet werden.

Die Handelszählung weist für 1978 Umsätze von DM 105.037 Mio im Einzelhandel aus, hinzukommen DM 9.181 Mio Umsätze im Gastgewerbe.[1)] Die insgesamt erfaßten Umsätze von DM 114.218 Mio entsprechen ca. 70 v.H. des privaten Verbrauchs nach Abzug der Mietausgaben. Inwieweit sind nun diese Umsatzdaten als Indikator der räumlichen Streuung einer kommunalen Verbrauchsteuer geeignet?

- Zunächst ist zu bedenken, daß bestimmte Umsätze im Einzelhandel und Gastgewerbe nicht Verbrauch, sondern Vorleistungen darstellen. Der Anteil der Verkäufe im Einzelhandel an Unternehmen (Büromaterial u.ä.) dürfte jedoch so gering sein, daß er die Gesamtstruktur der Umsätze nicht beeinflußt. Auch die Umsätze im Beherbergungsgewerbe können nicht nach privaten oder dienstlichen Anlässen differenziert werden; jedoch ist auch hier die Größenordnung nicht derart, daß Verzerrungen zu vermuten sind. Die Umsätze an Beherbergung machen nur ca. 8 v.H. der Gesamtumsätze des Gastgewerbes aus.

- Problematischer erscheint, daß wichtige Bereiche des privaten Konsums nicht erfaßt sind, da sie nicht dem Einzelhandel zugerechnet werden, etwa die Umsätze des Handwerks (Bäckereien, Fleischereien, Reperaturwerksätten u.ä.) und des Dienstleistungsbereichs - außer dem Gastgewerbe - (z.B. Wäschereien, Körperpflege, Bildung, Kultur, Sport, Unterhaltung, Gesundheitswesen u.ä.). Es liegen jedoch keine Anhaltspunkte dafür vor, daß die räumliche Streuung der Umsätze in diesen Bereichen wesentlich von der des Einzelhandels differiert.

---

1) Eigentlich müßte die Rechnung anhand des höheren privaten Verbrauchs 1981 vorgenommen werden. Jedoch liegt diese Zahl noch nicht vor. Geht man davon aus, daß aus steuertechnischen Gründen nicht der gesamte Konsum erfaßt werden kann, und auch der Teil der Konsumausgaben, der die Mehrwertsteuer ausmacht, nicht noch einmal steuerlich belastet wird, ergeben sich jedoch aufgrund der obigen Rechnung realistische Werte.

- Ein weiteres Problem bildet der Versendungskauf. Hierzu gehören nicht nur Lieferungen des Versandhandels, sondern auch Direktlieferungen industrieller und landwirtschaftlicher Erzeuger.

  Das Steueraufkommen, das aus diesen Umsätzen resultiert, sollte nicht der Betriebsgemeinde zufließen.[1] Die in den Umsätzen der Handelszählung enthaltenen Versendungskäufe machen jedoch nur 1,3 v.H. der Gesamtumsätze des Einzelhandels aus.[2] Verzerrungen in der regionalen Umsatzstruktur sind dadurch nicht zu befürchten.

Im Vergleich zu den übrigen Substitutionsvarianten ist das Problem der zeitlichen Stabilität der regionalen Aufkommensstruktur bei einer kommunalen Verbrauchsteuer besonders gravierend. Denn die Einzelhandelsumsätze lassen sich regional leichter und rascher verlagern als andere Bemessungsgrundlagen bzw. Schlüssel für Steuerbeteiligungen. Hebesatzdifferenzen können der im Gefolge der Ballungskern-Randwanderung der Einwohner zu beobachtenden Verlagerung der Kaufkraftströme zusätzlichen Antrieb verleihen. Es soll deshalb abgeschätzt werden, welche Hebesatzdifferenzen bei einer kommunalen Verbrauchsteuer auftreten können.

4.2 Die Ergebnisse der Berechnungen

Staatliche Umverteilungsmaßnahmen über Steuer-und Sozialtransfers sorgen dafür, daß das verfügbare Einkommen als maßgebliche Bestimmungsgröße des privaten Konsums regional wesentlich gleichmäßiger streut als etwa das Erwerbs- und Vermögenseinkommen oder andere wirtschaftsbezogene Maßgrößen wie etwa die Wertschöpfung.

---

1) Sh. hierzu die Ausführungen in Kap. III.
2) Landesamt für Datenverarbeitung und Statistik Nordrhein-Westfalen (Hrsg.): Beiträge zur Statistik des Landes Nordrhein-Westfalen, Heft 448, Handels- und Gaststättenzählung in Nordrhein-Westfalen 1979, Arbeitsstätten des Einzelhandels, S. 386.

Andererseits ziehen die zentralen Orte einen Teil der Kaufkraft des Umlandes auf sich und verstärken so ihren Vorsprung, der sich aufgrund des im Durchschnitt höheren verfügbaren Einkommens je Einwohner ergibt. Deshalb ist von einer kommunalen Verbrauchsteuer zu erwarten, daß sie zwar in den zentralen Orten, Großstädten und Ballungskernen deutlich über dem Durchschnitt liegt, jedoch im Vergleich zu einer an der Produktion anknüpfenden Steuer - wie der Wertschöpfungsteuer - weitaus nivellierender wirkt. Tabelle 5 zeigt denn auch, daß die Variationskoeffizienten als Maßgröße der Streuung für die einzelnen Klassen von Regionen, ebenso wie für Nordrhein-Westfalen, insgesamt sehr niedrige Werte aufweisen, die denen des Gemeindeanteils an der Einkommensteuer vergleichbar sind. Dies bedeutet: Sowohl die Aufkommensunterschiede innerhalb der einzelnen Klassen als auch zwischen den meisten Klassen von Gemeinden sind deutlich geringer als bei der Gewerbesteuer oder einer Wertschöpfungsteuer.

Innerhalb der kreisfreien Städte ergibt sich eine Nivellierung des Aufkommens dadurch, daß die Städte über 500.000 Einwohner an Steuerkraft verlieren, während die Städte unter 500.000 Einwohner in der Regel gewinnen würden. Besonders starke Verluste müßten die Städte Düsseldorf (- DM 200,-- je EW) und Leverkusen (- DM 171,-- je EW) hinnehmen. Düsseldorf bliebe mit DM 448,-- je Einwohner dennoch Spitzenreiter im Steueraufkommen, ein Zeichen für das hohe Einkommensniveau und die starke Einkaufszentralität dieser Stadt (vgl. Tabelle A2).

Gewinner bei einer kommunalen Verbrauchsteuer wären vor allem die Ballungskerne, Verlierer in gleicher Weise Ballungsrandzonen und ländliche Zonen. Daß die Ballungsrandzonen trotz des dort überdurchschnittlichen Einkommensniveaus nicht mehr dem Endverbrauch zuzuzählende Umsätze aufweisen, mag an der Nähe der Kernstädte liegen, die einen Teil der Konsumströme auf sich ziehen.

Tabelle 5: Die Steuerkraft einer allgemeinen kommunalen Verbrauchsteuer im Vergleich mit der Gewerbesteuerkraft (netto) in DM je Einwohner sowie die Variationskoeffizienten der Gewerbesteuerkraft (netto), der Verbrauchsteuerkraft und des Gemeindeanteils an der Einkommensteuer nach Art der Körperschaft, Gemeinderößenklassen und Zonen der Siedlungsstruktur in Nordrhein-Westfalen

Art der Körperschaft / Gemeindegrößenklasse / Zonen der Siedlungsstruktur	Gewerbesteuerkraft (netto)	Allgemeine kommunale Verbrauchsteuerkraft	Saldo Verbrauchsteuerkraft ./. Gewerbesteuerkraft	Variationskoeffizienten der Gewerbesteuerkraft (netto)	der Verbrauchsteuerkraft	des Gemeindeanteils an der Einkommensteuer
1	2	3	4 = 3-2	5	6	7
Kreisfreie Städte mit						
500.000 u. mehr EW	393	373	- 20	35,33	12,44	11,43
200.000 - 500.000 EW	304	364	+ 60	25,34	9,03	10,87
unter 200.000 EW	309	319	+ 10	39,45	13,15	17,72
Zusammen	344	361	+ 17	34,88	12,92	13,79
Kreisangehörige Gemeinden	281	267	- 14	19,89	10,34	14,64
Ballungskerne	335	355	+ 20	35,79	14,09	14,38
Ballungsrandzonen	276	262	- 14	14,49	12,23	10,42
Solitäre Verdichtungsgebiete 1)	408	365	- 43	4,27	1,10	1,51
Verdichtungsgebiete insges.	323	330	+ 7	32,34	17,80	15,90
darunter Ruhrgebiet	267	314	+ 47	25,07	13,68	13,23
Ländliche Zonen	284	269	- 15	22,09	10,57	14,37
NW insgesamt	309	309	0	29,68	18,25	19,34

1) Umfaßt Münster und Bielefeld; Siegen und Paderborn wurden den ländlichen Zonen zugerechnet.

Quelle: Eigene Berechnungen nach den Tabellen A1 und A3.

Auch der Konflikt zwischen steuerstarken und steuerschwachen Ballungsgebieten würde entschärft. Während die Verdichtungsgebiete insgesamt ein Plus von DM 7,-- je EW machen, würde das Ruhrgebiet um DM 47,-- je EW zulegen, bei gleichzeitigem Abschleifen bisheriger Hochburgen kommunaler Steuerkraft, wie Düsseldorf und Leverkusen. Die Verbrauchsteuer würde sich also sehr günstig auf die horizontale Streuung auswirken. Neben den Ruhrgebietsstädten (Oberhausen = + DM 145,-- je EW; Bochum = + DM 136,-- je EW; Hamm = + DM 115,-- je EW; Dortmund = + DM 108,-- je EW) wären vor allem Aachen und Bonn Gewinner einer Verbrauchsteuer. Aachen mit DM 425,-- je EW (+ DM 129,-- je EW) erzielte den zweithöchsten Wert und profitierte wahrscheinlich von seiner Grenzlage. Bonn mit seinem hohen Anteil an staatlicher und tertiärer Wertschöpfung, die nicht der Gewerbesteuer unterliegt, kann aufgrund des hohen Einkommens- und damit Kaufkraftniveaus DM 128,-- je EW zulegen.

Wie stabil ist nun die dargestellte regionale Verteilung des Verbrauchs in zeitlicher Hinsicht? Im Zuge der Kernstadt-Ballungsrandwanderungen von Einwohnern und Arbeitsplätzen wurde auch ein gewichtiger Teil der Einzelhandelsumsätze aus den Zentren in Nebenzentren und Vororte verlagert. Im Zeitraum 1967 bis 1978 mußte zwar keine kreisfreie Stadt absolute Umsatzeinbußen im Einzelhandel hinnehmen, jedoch verzeichneten die kreisfreien Städte insgesamt nur einen Zuwachs von 130 v.H., die Kreise von 215 v.H. der Umsätze von 1967. Die Stadt mit der größten Handelszentralität, Düsseldorf, mußte sich in diesem Zeitraum sogar mit dem geringsten Zuwachs aller kreisfreien Städte/Kreise überhaupt begnügen, während Kreise im ländlichen Raum und in Ballungsrandlage - wie Coesfeld, Rhein-Sieg-Kreis, Neuss, Erftkreis und Euskirchen - die höchsten Zuwächse erzielten (vgl. Tab. A3). Diese Entwicklung ist aller Voraussicht nach noch nicht abgeschlossen; eine weitere Nivellierung der bestehenden Unterschiede im Einzelhandelsumsatz ist deshalb wahrscheinlich.

Dieser Trend könnte nun durch höhere Hebesätze in den Kernstädten verstärkt werden, wenn diese versuchen, über Hebesatzanspannungen ein Einnahmeniveau wie bei der Gewerbesteuer zu erreichen. In Tabelle 6 ist deshalb dargestellt, welche Hebesatzunterschiede sich ergeben, wenn einige Kernstädte und die angrenzenden Kreise ihren Hebesatz derart festlegen, daß Einnahmen in Höhe der Gewerbesteuer (netto) 1981 erzielt werden. Während sich für den Durchschnitt der Ballungskerne, Randzonen und ländlichen Zonen nur geringe Unterschiede ergeben, liegen die Differenzen zwischen gewerbesteuerstarken Städten, wie Düsseldorf, Leverkusen und Köln, und ihren Umlandkreisen wahrscheinlich schon an der Aufmerksamkeitsschwelle, ab der die Kunden reagieren. Die Differenzen verstärken sich, betrachtet man innerhalb der Umlandkreise einzelne Gemeinden, wie Wülfrath im Kreis Mettmann (ca. 5 Prozent-Punkte unter Düsseldorf) und Roesrath (ca. 3 Prozent-Punkte unter Köln, 4 Prozent-Punkte unter Leverkusen). Solche Umlandgemeinden könnten sich zu Steueroasen entwickeln und als solche einen nicht unerheblichen Teil der Einzelhandelsumsätze der Kernstädte auf sich ziehen. Wie einschlägige Erfahrungen aus den USA zeigen, können nämlich Hebesatzunterschiede von der hier aufgezeigten Größenordnung beträchtliche regionale Umsatzverlagerungen auslösen.[1]

1) Sh. hierzu die Ausführungen in Kapitel III.

Tabelle 6: Kommunale Verbrauchsteuerkraft und effektive Gewerbesteuereinnahmen (netto) in DM je Einwohner und prozentuale Steuerbelastung der Umsätze im Einzelhandel und Gastgewerbe zur Erzielung eines den effektiven Gewerbesteuereinnahmen entsprechenden Verbrauchsteueraufkommens in ausgewählten Regionen

Kreisfreie Stadt /Kreis/Gemeinde —— Zonen der Siedlungsstruktur	Effektive Gewerbesteuereinnahmen (netto)	Kommunale Verbrauchsteuerkraft	Saldo der effekt. Gew.st.einnahm. (netto) u.d.kommun. Verbr.st.kr.	Steuerliche Belastung d.Verbrauchs in v.H. der Umsätze im Einzelhandel u. Gastgewerbe
1	2	3	4 = 3-2	5
Düsseldorf	773	448	- 325	7,95
Kreis Mettmann	271	239	- 32	5,23
darunter:				
Mettmann	193	235	+ 42	3,77
Wülfrath	160	335	+ 175	2,87
Kreis Neuss	303	297	- 6	4,70
daraus:				
Jüchen	116	150	+ 34	3,57
Kaarst	166	191	+ 25	4,00
Köln	492	395	- 97	5,74
Leverkusen	538	352	- 186	7,05
Rheinisch-Bergischer Kreis	240	248	+ 8	4,46
daraus:				
Kürten	118	138	+ 20	3,94
Leichlingen	134	190	+ 56	3,24
Odenthal	72	99	+ 27	3,34
Roesrath	159	259	+ 100	2,83
Ballungskerne	381	355	- 26	4,91
Ballungsrandzonen	247	262	+ 15	4,35
Ländliche Zonen	243	269	+ 26	4,16
NW insgesamt	309	309	0	4,61

Quelle: Eigene Berechnungen anhand der Tabellen A1, A2 sowie Landesamt für Datenverarbeitung und Statistik Nordrhein-Westfalen: Statistischer Bericht LII2, Die Gemeindefinanzen in Nordrhein-Westfalen 1981, Ergebnisse der vierteljährlichen Kassenstatistik.

5. Die räumliche Streuung einer Beteiligung der Gemeinden an der Umsatzsteuer bei alternativen Schlüsseln

Im folgenden wird davon ausgegangen, daß die Beteiligung an der Umsatzsteuer genau dem Gewerbesteueraufkommen entspricht. Die zu berechnenden regionalen Einnahmen aus einer solchen Beteiligung ergeben sich dann - entsprechend dem Gemeindeanteil an der Einkommensteuer - aus der insgesamt im Land zu verteilenden Steuermasse - hier wird von DM 5.265,7 Mio ausgegangen - und den jeweiligen Schlüsselzahlen, die den Anteil einer Region am Landeswert des Schlüssels angeben.

Es werden Modellrechnungen für folgende Schlüssel angestellt: Einwohner, Beschäftigte und Lohnsumme in Kombination mit einem Indikator für das Gewerbekapital. Verglichen werden die Beteiligungsmodelle zum einen mit der Gewerbesteuerkraft als auch mit den effektiven Gewerbesteuereinnahmen. Während letzteres für die betroffene Gemeinde von unmittelbarem Interesse ist, da dieser Vergleich die Änderung der effektiven Steuerkraft anzeigt, ermöglicht der Bezug zur Steuerkraft den Vergleich mit den Steuerkraftzahlen der Wertschöpfungsteuer und der kommunalen Verbrauchsteuer.

Als weitere Vorschläge zur Beteiligung der Gemeinden an der Umsatzsteuer werden diskutiert:

- Der Verteilungsschlüssel Nettoumsatz,
- das DIHT-Modell.

Der Nettoumsatz ist eine Größe, die der betrieblichen Wertschöpfung im Sinne des Beitrages zum Nettoinlandsprodukt zu Faktorkosten nahekommt.[1)] Die Umsatzsteuerstatistik weist auf Kreisebene jedoch nur das Umsatzsteuersoll aus, das nicht in eindeutiger Beziehung zum Nettoeinsatz steht. Daten über die Vorumsätze oder über den Vorsteuerabzug, anhand dessen der Nettoumsatz näherungsweise berechnet werden könnte, fehlen. Dennoch dürfte der Schlüs-

1) Vgl. G. Rau, G. Rieger, Melle 1981, S. 109.

sel geeignet sein und sich relativ leicht aus den Daten der Umsatzsteuer erstellen lassen. Die Verteilung anhand dieses Schlüssels würde der Steuerkraft einer Wertschöpfungsteuer ohne die Bereiche Land- und Forstwirtschaft, Staat und Wohnungswirtschaft und ohne Hebesatzrecht ähneln.

Das DIHT-Modell behält zwar formal die Gewerbesteuer bei, bedeutet aber materiell nichts anderes als eine Beteiligung der Gemeinden an der Umsatzsteuer, verteilt nach dem Schlüssel Gewerbesteueraufkommen. Die regionale Streuung wäre also zunächst mit der der heutigen Gewerbesteuer identisch, wobei das Modell für weitere Umgestaltungen, etwa die Wiedereinführung der Lohnsummensteuer, offen ist.[1] Solche Umgestaltungen der Gewerbesteuer sind jedoch ebensowenig absehbar wie die Hebesatzbewegungen, die sich aufgrund dieses Modells ergeben würden.

Die Modelle zur Beteiligung an der Umsatzsteuer haben aus der Sicht der Gemeinden einen Nachteil: Sie lassen kein kommunales Hebesatzrecht zu. Kompromißvorschläge versuchen deshalb, durch Kombination von Umsatzsteuerbeteiligung und einer rudimentären Gewerbeertragsteuer sowohl die Wirtschaft von ertragsunabhängigen Steuerlasten zu befreien als auch den Gemeinden ein Hebesatzrecht zu belassen, wie etwa der Vorschlag von Ritter.[2] Auch hier gilt, daß die Streuung einer umgestalteten Gewerbesteuer, die bar aller ertragsunabhängigen Elemente ist, nicht bekannt ist. Auch der Schlüssel für die Umsatzsteuerbeteiligung scheint noch nicht endgültig festgelegt in diesem Modell. Es können deshalb nur Anhaltspunkte über die mögliche Streuung geliefert werden, indem von einer auf ein Drittel geschrumpften gegenwärtigen Gewerbesteuer und einer Umsatzsteuerbeteiligung nach Gewerbekapital und Lohnsumme ausgegangen wird.

1) Vgl. Deutscher Industrie- und Handelstag, Bonn 1982, S. 19.

2) Vgl. die Ausführungen in Kapitel III.

5.1 Der Verteilungsschlüssel Einwohner

Der Schlüssel Einwohner entspricht nicht dem in Kapitel II ausgearbeiteten Kriterienkatalog, demzufolge eine kommunale Steuer oder Steuerbeteiligung in geeigneter Weise die Belastungen der Gemeinden als Standort der örtlichen Wirtschaft ausgleichen und einen Interessenausgleich zwischen Einwohnern und ortsansässigem Gewerbe bewirken soll. Wenn dieser - vor allem aus raumordnungspolitischen Gründen - vorgeschlagene Schlüssel hier dennoch Beachtung findet, so vor allem deshalb, weil dieser Vorschlag zur Gewerbesteuersubstitution unter allen Varianten ein Extrem in Bezug auf die Nivellierung der Steuerkraft darstellt, dessen finanzielle Folgen für den Ballungsraum es zu bedenken gilt.

Der Verteilungsschlüssel Einwohner nivelliert die Einnahmen aus der Mehrwertsteuerbeteiligung in allen Regionen auf den Landesdurchschnitt der Gewerbesteuereinnahmen nach Abzug der Umlage, dies sind DM 309,-- je Einwohner. Verlierer bei einer solchen Maßnahme sind, geht man von der Gewerbesteuerkraft aus, fast nur bei den Großstädten über 500.000 Einwohner und den Solitärstädten Münster und Bielefeld zu finden (vgl. Tabelle 7 u. 8). Nimmt man die effektiven Gewerbesteuereinnahmen zum Vergleich, müssen auch die Großstädte unter 200.000 Einwohnern aufgrund ihrer überdurchschnittlichen Anspannung der Gewerbesteuerhebesätze Verluste hinnehmen. Profitieren würden von einem solchen Verteilungsschlüssel die ländlichen Zonen, die Ballungsrandzonen und die meisten Kernstädte des Ruhrgebietes. Eine so weit gehende Umverteilung von Steuerkraft dürfte vor allem die bisher steuerstarken Ballungskerne in ernste Schwierigkeiten der Finanzierung ihrer laufenden Belastungen aus vorhandener Infrastruktur und Schuldendienst stürzen und entspricht auch nicht den raumordnungspolitischen Erfordernissen, die eine angemessene Steigerung der Finanzkraft mit Gemeindegröße und Zentralität durchaus zulassen. Dies zeigt sich schon daran, daß sogar die Schlüsselzahlen für den Gemeindeanteil an der Einkommensteuer eine deutlich ballungsfreundlichere Tendenz haben.

Tabelle 7: Schlüsselzahlen verschiedener Verteilungsschlüssel für einen Gemeindeanteil an der Umsatzsteuer (MWSt) und Schlüsselzahlen des Gemeindeanteils an der Einkommensteuer der kreisfreien Städte und Kreise nach Art der Körperschaft, Gemeindegrößenklassen und Zonen der Siedlungsstruktur in Nordrhein-Westfalen

Art der Körperschaft / Gemeindegrößenklasse / Zonen der Siedlungsstruktur	Summe der Schlüsselzahlen bei Verteilungsschlüssel					Summe der Schlüsselzahlen für den Gemeindeanteil Einkommensteuer[2)]
	Einwohner	Sozialversicherungspflichtig beschäftigte Arbeitnehmer	Lohnsumme	Rohbetriebsvermögen	Lohnsumme und Rohbetriebsvermögen	
1	2	3	4	5	6	7
Kreisfreie Städte mit						
500.000 u. mehr EW	0,197680	0,256007	0,290889	0,495041	0,392965	0,234890
200.000 - 500.000 EW	0,184134	0,209253	0,206524	0,168074	0,187299	0,200560
unter 200.000 EW	0,064625	0,068151	0,070110	0,039131	0,0546205	0,072224
Kreisfreie Städte zusammen	0,446440	0,533411	0,567524	0,702246	0,634885	0,507675
Kreisangehörige Gemeinden	0,553550	0,466564	0,432476	0,297728	0,365102	0,492325
Ballungskerne	0,439150	0,511815	0,549662	0,690115	0,621611	0,494303
Ballungsrandzonen	0,177030	0,146211	0,140242	0,077285	0,109265	0,171135
Solitäre Verdichtungsgebiete[1)]	0,034146	0,041684	0,0388970	0,024726	0,031949	0,036117
Verdichtungsgebiete insgesamt	0,650330	0,699710	0,728801	0,792126	0,762826	0,701555
darunter Ruhrgebiet	0,282806	0,278001	0,285954	0,306124	0,296969	0,279005
Ländliche Zonen	0,349660	0,300265	0,271199	0,207848	0,237174	0,298445

1) Nur Münster und Bielefeld, Siegen und Paderborn wurden der ländlichen Zone zugerechnet.

2) Gültig für das Haushaltsjahr 1981.

Quelle: Eigene Berechnungen nach Tabellen A1, A4 und der Achten Verordnung zur Änderung der Verordnung über die Aufteilung und Auszahlung des Gemeindeanteils an der Einkommensteuer und die Abführung der Gewerbesteuerumlage vom 20. Februar 1979, in: Gesetz- und Verordnungsblatt für das Land Nordrhein-Westfalen, Nr. 9 vom 13. März 1979, S. 60 ff..

Tabelle 8: Die Beteiligung der Gemeinden an der Umsatzsteuer (Mwst) bei unterschiedlichen Verteilungsschlüsseln und im Vergleich mit der Gewerbesteuerkraft bzw. den effektiven Gewerbesteuereinnahmen (jeweils netto) der Gemeinden Nordrhein-Westfalens nach Art der Körperschaft, Gemeindegrößenklassen und Zonen der Siedlungsstruktur in DM je Einwohner sowie als Variationskoeffizienten

Art der Körperschaft / Gemeindegrößenklasse / Zonen der Siedlungsstruktur	Gewerbesteuer (netto) in DM je Einwohner		Beteiligung der Gemeinden an der Umsatzsteuer bei unterschiedlichen Verteilungsschlüsseln in DM je Einwohner												Variationskoeffizienten			
			Einwohner			Sozialversicherungspflichtig Beschäftigte			Lohnsumme			Lohnsumme und Rohbetriebsvermögen						
	Gewerbesteuerkraft	Effektive Gewerbesteuereinnahmen	Einnahmen	Gewinn (+), Verlust (-) gegenüber Gew.steuerkraft	Gewinn (+), Verlust (-) gegenüber effekt. Gew.st.einn.	Einnahmen	Gewinn (+), Verlust (-) gegenüber Gew.steuerkraft	Gewinn (+), Verlust (-) gegenüber effekt. Gew.st.einn.	Einnahmen	Gewinn (+), Verlust (-) gegenüber Gew.steuerkraft	Gewinn (+), Verlust (-) gegenüber effekt. Gew.st.einn.	Einnahmen	Gewinn (+), Verlust (-) gegenüber Gew.steuerkraft	Gewinn (+), Verlust (-) gegenüber effekt. Gew.st.einn.	Effektive Gewerbesteuereinnahmen (netto)	Sozialversicherungspflichtig Beschäftigte	Lohnsumme	Lohnsumme und Rohbetriebsvermögen
1	2	3	4	5=4-2	6=4-3	7	8=7-2	9=7-3	10	11=10-2	12=10-3	13	14=13-2	15=14-3	16	17	18	19
Kreisfreie Städte mit																		
500.000 u. mehr EW	393	459	309	- 84	- 150	400	+ 7	- 59	455	+ 62	- 4	614	+ 221	+ 155	38,86	18,87	20,54	38,84
200.000 - 500.000 EW	304	330	309	+ 5	- 21	351	+ 47	+ 21	346	+ 42	+ 16	314	+ 10	- 16	24,70	9,48	15,89	19,02
unter 200.000 EW	309	329	309	0	- 20	326	+ 17	- 3	335	+ 26	+ 26	261	- 48	- 68	39,32	19,16	33,76	28,57
Kreisfreie Städte zusammen	344	387	309	- 35	- 78	369	+ 25	- 17	393	+ 49	+ 6	439	+ 95	+ 52	37,34	17,46	25,66	43,84
Kreisangehörige Gemeinden (nach Kreisen zusammengefaßt)	281	247	309	+ 28	+ 62	260	- 21	+ 13	241	- 40	- 6	204	- 77	- 43	24,60	15,20	16,52	19,36
Ballungskerne	335	381	309	- 26	- 72	360	+ 25	- 21	387	+ 52	+ 6	437	+ 102	+ 59	39,63	19,01	26,29	47,45
Ballungsrandzonen	276	247	309	+ 33	+ 62	255	- 21	+ 8	245	- 31	- 2	191	- 85	- 56	13,77	10,97	12,73	14,72
Solitäre Verdichtungsgebiete[1]	408	409	309	- 99	- 100	377	- 31	- 32	352	- 56	- 57	289	- 117	- 118	4,79	0,38	2,40	25,48
Verdichtungsgebiete insgesamt	323	344	309	- 14	- 35	332	+ 9	- 12	346	+ 23	+ 2	362	+ 39	+ 18	38,78	21,87	29,36	51,48
darunter Ruhrgebiet	267	279	309	+ 42	+ 30	304	+ 37	+ 25	312	+ 45	+ 33	324	+ 57	+ 45	29,27	16,26	20,84	32,97
Ländliche Zonen	284	243	309	+ 25	+ 66	266	- 18	+ 23	240	- 44	- 3	210	- 74	- 33	27,49	16,44	17,95	20,33
NW insgesamt	309	309	309	0	0	309	0	0	309	0	0	309	0	0	39,53	22,58	31,49	49,67

1) Nur Münster und Bielefeld, Siegen und Paderborn wurden der ländlichen Zone zugerechnet.

Quelle: Eigene Berechnungen nach den Tabellen A1, A4 und A5

5.2 Der Verteilungsschlüssel Beschäftigte

Die Rechnungen zum Verteilungsschlüssel Beschäftigte wurden anhand der Statistik der sozialversicherungspflichtig beschäftigten Arbeitnehmer vorgenommen, die von der Bundesanstalt für Arbeit geführt wird. Diese Beschäftigtenstatistik erfaßt jedoch nicht den Gesamtbereich der Erwerbstätigen, sondern ist begrenzt auf die Arbeitnehmer und die Auszubildenden, die krankenversicherungspflichtig, rentenversicherungspflichtig oder beitragspflichtig nach dem Arbeitsförderungsgesetz sind oder für die Beitragsanteile zu den gesetzlichen Rentenversicherungen entrichtet werden.

Nicht zum Personenkreis der Beschäftigtenstatistik zählen Selbständige, mithelfende Familienangehörige und Beamte sowie die Arbeitnehmer, die aufgrund einer nur geringfügigen Beschäftigung keiner Versicherungspflicht unterliegen.

Da es in der Logik des Verteilungsschlüssels Beschäftigte liegt, jeden Arbeitsplatz gleich zu bewerten, wäre auch an einen Einbezug der Selbständigen und der Beamten zu denken. Während für den Kreis der Selbständigen keine aktuellen Zahlen vorliegen, soll an ausgewählten Beispielen gezeigt werden, welchen Effekt der Einbezug der Beamten haben könnte. Welche Abgrenzung für diesen Schlüssel auch immer gewählt wird, insgesamt dürfte es sich um einen sachgerechten und statistisch leicht erlangbaren Schlüssel handeln.

Der Verteilungsschlüssel Beschäftigte liegt überall dort über dem Schlüssel Einwohner, wo eine überdurchschnittliche Erwerbsbeteiligung vorliegt und/oder die Wirtschaftsbevölkerung aufgrund von Einpendlerüberschüssen die Wohnbevölkerung übersteigt. Dies ist vor allem in den kreisfreien Städten, den Ballungskernen und den solitären Verdichtungsgebieten der Fall. Die Ballungsrandzonen und ländlichen Zonen, in denen die Wohnfunktionen überwiegen, stehen sich dagegen bei einem Schlüssel Beschäftigte schlechter als bei dem Schlüssel Einwohner (vgl. Tabelle 7).

Vergleicht man die Einnahmen aus der Mehrwertsteuerbeteiligung verteilt nach Beschäftigten, mit der Gewerbesteuer, so drehen sich die Situationen der Gewinner bzw. Verlierer oft um, je nachdem, ob man die Gewerbesteuerkraft oder die effektiven Einnahmen zugrundelegt. Der Anteil der Ballungskerne und Großstädte an den Beschäftigten liegt zwar über ihrem Anteil an den Gewerbesteuergrundbeträgen, aber es fehlt das Hebesatzrecht, um diesen Anteil noch zu steigern wie bei der Gewerbesteuer. Dementsprechend müßten die Ballungskerne und von diesen insbesondere die Großstädte über 500.000 Einwohner Verluste hinnehmen. Die Gesamttendenz liegt im Ruhrgebiet mit + DM 25,- je Einwohner Gewinn aus der Umsatzsteuerbeteiligung im Vergleich zu den effektiven Gewerbesteuereinnahmen konträr zur Tendenz der Verdichtungsgebiete insgesamt. Der Gewinn wäre hier bei einem Schlüssel Einwohner noch höher (vgl. Tabelle 8). Dies mag daran liegen, daß das Ruhrgebiet neben den Ballungskernen auch Gemeinden des Ballungsrandes mit, im Vergleich zu den Beschäftigten, hoher Wohnbevölkerung umfaßt, und die Arbeitslosigkeit hier 1981 über dem Durchschnitt des Verdichtungsgebietes ingesamt lag, so daß die Quote der Beschäftigten je Einwohner vergleichsweise niedrig lag.

Ballungsrandzonen und ländliche Zonen würden bei diesem Beteiligungsmodell im Vergleich zur Gewerbesteuerkraft Einbußen erleiden, im Vergleich zu den effektiven Gewerbesteuereinnahmen aber Gewinn machen, ein Zeichen dafür, daß die Hebesätze in diesen Räumen gering sind und unter dem Durchschnitt liegen.

Die Streuung der Pro-Kopf-Werte in den einzelnen Klassen ist vergleichsweise gering. Die Variationskoeffizienten liegen deutlich unter denen der effektiven Einnahmen. Die vertikale Streuung liegt deutlich unter der der Gewerbesteuerkraft. Die Nivellierung der horizontalen Streuung erklärt sich daraus, daß alle Beschäftigten, unabhängig von ihrer Produktivität, gleichviel zählen. Die bisher gewerbesteuerstarken Städte (Düsseldorf, Leverkusen) müßten daher beachtliche Einbußen erleiden, im Vergleich zu ihrer Größenklasse gewerbesteuerschwache Städte - wie Oberhausen und Dortmund - gewinnen an Steuerkraft (vgl. Tabelle A5).

Von dem Einbezug bisher nicht zum Steueraufkommen beitragender Beschäftigter würde auch eine Verwaltungsstadt wie Bonn stark profitieren, ein Effekt, der sich noch verstärken könnte, wenn auch die Beamten in den Schlüssel einbezogen werden. Dadurch würde sich die Zahl der insgesamt erfaßten, in den einzelnen Regionen Arbeitenden um 448.630 Beamte und Richter erhöhen, dies sind 7,4 Prozentpunkte. Größere Auswirkungen hätte dies nur für die Stadt Bonn. In den meisten Landesteilen wäre ein Effekt der Einbeziehung der Beamten kaum spürbar, auch in Städten mit absolut hohen Beamtenzahlen wie der Landeshauptstadt Düsseldorf und der Verwaltungsstadt Münster ist der Effekt gering, wie Tabelle 9 zeigt.

Tabelle 9: Die Auswirkungen einer Einbeziehung der Beamten in die Beschäftigten als Schlüssel für die Verteilung eines Gemeindeanteils Umsatzsteuer

Städte bz. Kreise	Umsatzsteuerbeteiligung in DM je EW bei Schlüssel		
	sozialversicherungspflichtig Beschäftigte	sozialversicherungspflichtig Beschäftigte und Beamte	Differenz
1	2	3	4 = 3-2
Bonn	386	431	+ 45
Düsseldorf	545	547	+ 2
Münster	384	384	0
Köln	404	411	+ 7
Rhein-Sieg-Kreis	194	199	+ 5

Quelle: Eigene Berechnungen nach Tabelle A5 sowie Landesamt für Datenverarbeitung und Statistik Nordrhein-Westfalen: Statistischer Bericht L III 21S-80. Das Personal der öffentlichen Verwaltung in Nordrhein-Westfalen 1980, Gemeindeergebnisse nach dem Sitz der Dienststellen.

5.3 Verteilungsschlüssel Lohnsumme und Rohbetriebsvermögen

Für die Berechnung des Schlüsselelementes Lohnsumme standen aktuelle Originärdaten in der notwendigen regionalen Zuordnung nach dem Arbeitsort weder aus der Lohnsteuerstatistik noch aus der Beschäftigtenstatistik der Bundesanstalt für Arbeit zur Verfügung. Es wurden deshalb zwei relativ grobe Verfahren zur überschlägigen Berechnung der Lohnsumme angewandt, die eine gegenseitige Kontrolle gewährleisten.

Zum einen werden die Schlüsselzahlen der Lohnsumme anhand der Lohnsummensteuerkraft der Gemeinden 1979 berechnet. Während die Zahlen für die kreisfreien Städte - mit Ausnahme von Aachen - vollständig vorlagen, ergab sich bei den meisten Kreisen das Problem, daß nicht sämtliche Gemeinden Lohnsummensteuer erhoben. In den nicht Lohnsummensteuer erhebenden Gemeinden wurde die Lohnsummensteuerkraft anhand der Beschäftigten und der durchschnittlichen Lohnsummensteuerproduktivität je Beschäftigter in nach Größe und Siedlungsstruktur vergleichbaren Gemeinden geschätzt und zu Kreiswerten aggregiert.

Die Alternativrechnung geht von der Zahl der sozialversicherungspflichtig Beschäftigten am 30.6.1981 aus und multipliziert diese mit der durchschnittlichen Bruttolohn- und Gehaltssumme der Beschäftigten in Bergbau, Industrie und Verarbeitendem Handwerk je Kreis. Dabei wird unterstellt, daß sich in den nicht erfaßten Dienstleistungsbereichen ein ähnliches regionales Gefälle der Bruttoverdienste ergibt.

Die beiden Rechnungen zur Bestimmung des Schlüsselelements Lohnsumme stimmen soweit überein, daß sie als gegenseitige Bestätigung aufgefaßt werden können (vgl. Tabelle A4). Abweichungen lassen sich aufgrund der unterschiedlichen Aufgaben der zugrundegelegten Statistiken erklären. So repräsentieren die Lohnsummensteuergrundbeträge nicht die gesamte Lohnsumme einer Gemeinde. Differenzen ergeben sich durch den hohen Freibetrag von DM 60.000,- je Betrieb und durch die Abgrenzung des Gewerbebegriffs, die einen

Teil der örtlichen Lohnsumme, weil nicht im Gewerbebetrieb erarbeitet, außer acht läßt. Die Alternativrechnungen stimmen deshalb dort am meisten überein, wo ein großer Anteil der Beschäftigten in Gewerbebetrieben arbeitet. Dagegen gibt es die auffallendsten Abweichungen in den Verwaltungsstädten. Zum Beispiel beträgt die Schlüsselzahl in Bonn, nach der Lohnsummensteuerstatistik berechnet, 0,013117, nach der Alternativrechnung 0,021882. Die Abweichung erklärt sich aus dem hohen Anteil der Beschäftigten im staatlichen und sonstigen tertiären Sektor, die in der Lohnsummensteuerstatistik keine Berücksichtigung finden. Auffallend ist auch, daß die anhand der Lohnsummensteuerstatistik berechneten Werte für die ländlichen Zonen und die Ballungsrandzonen in der Regel über den Werten der Alternativrechnung liegen. Dies deutet darauf hin, daß in diesen Regionen der Anteil der außerhalb des Gewerbes, insbesondere im tertiären und staatlichen Sektor, abhängig Beschäftigten relativ geringer ist als in den Ballungskernen. Wo diese Vermutung nicht zutrifft, wie etwa in den Kreisen Coesfeld und Höxter, die auch nach der Volkswirtschaftlichen Gesamtrechnung einen hohen Staatsanteil an der Wertschöpfung des Kreises aufweisen[1], liegen auch die auf der Lohnsummensteuerstatistik basierenden Werte unter den Werten der Alternativrechnung.

Welche Werte sind nun geeigneter zur Verteilung eines kommunalen Anteils an der Umsatzsteuer? Grundsätzlich besteht keine Notwendigkeit, bei dem Verteilungsschlüssel Lohnsumme der engeren Abgrenzung gemäß der Lohnsummensteuer zu folgen, zumal Belastungen der Gemeinden auch durch Arbeitsplätze in Wirtschaftsbereichen entstehen, die bisher nicht zum Steueraufkommen der Gemeinden beitrugen. Und da es sich nur um einen Verteilungsschlüssel für das Umsatzsteueraufkommen handelt, also keine direkten Belastungswirkungen für zusätzlich erfaßte Wirtschaftsbereiche folgen, erscheint es nicht angemessen, auf der engen Abgrenzung der Lohnsumme des Gewerbes zu beharren.

---

1) Vgl. Kapitel IV, 2.2.

Der Gedanke, daß neben beschäftigungsintensiven Betrieben auch große, aber weitgehend automatisierte Produktionsstätten Belastungen in einer Kommune hevorrufen können, führt zur Forderung nach einem weiteren Schlüssel zur Steuerverteilung, der sich in geeigneter Form am Gewerbekapital orientieren soll. Nach dem Vorschlag des Instituts Finanzen und Steuern sollte das zweite Schlüsselelement ein Indikator für den Einsatz materieller Wirtschaftsgüter sein.[1] Voraussetzung für einen solchen Schlüssel ist zum einen eine sachgerechte Abgrenzung, zum anderen, daß die entsprechenden Daten statistisch ohne allzu großen Aufwand erlangbar sind. Die Frage einer sachgerechten Abgrenzung muß anhand des vorgelegten Kriterienkatalogs - und hier insbesondere anhand des Kriteriums, ob der Schlüssel das Gemeindeinteresse an der Wirtschaft erhält und einen Interessenausgleich schafft - beurteilt werden. Hinter dem Vorschlag, nur materielle Wirtschaftsgüter zu berücksichtigen, mag die Vorstellung stecken, daß die Gemeinden insbesondere durch "schmutzige" kapitalintensive Produktionen Nachteile und Belastungen hinnehmen müssen, die eine Kompensation erfordern. Zwar ist besonders für die Industrie die Erhaltung eines fiskalischen Interessenbandes mit der Standortgemeinde wichtig. Jedoch verursacht auch das "saubere" Gewerbe (Banken, Versicherungen u.ä.) durch Berufs- und Kundenverkehr in der räumlichen Enge der City den Großstädten starke Belastungen, für die ein angemessener Ausgleich zu gewähren ist. Ob es hierzu ausreicht, wenn diese Wirtschaftsbereiche nur mit ihren materiellen Wirtschaftsgütern, also vor allem Grundstücken und Gebäuden, in den Schlüssel eingehen, ist zweifelhaft.

An statistisch verfügbaren Daten auf regionaler Ebene stehen aus der Statistik der Einheitswerte der gewerblichen Betriebe folgende Werte zur Verfügung:

---

1) Vgl. Institut FSt, Brief 211.

- Das Rohbetriebsvermögen, darunter
  . Betriebsgrundstücke
  . sonstige Anlagevermögen
- Die Einheitswerte

Die Argumente, die gegen den Einbezug des Fremdkapitals in die Gewerbebesteuerung sprechen, greifen bei einem Verteilungsschlüssel nicht; die Einheitswerte sind deshalb ungeeignet als Verteilungsmaßstab, da es nicht auf die Vermögensverhältnisse, sondern auf einen"objektiven" Indikator für kommunale Lasten ankommt. Dieser muß durch eine geeignete Abgrenzung der Aktiva, nicht der Passiva einer Unternehmung ermittelt werden.[1)]

Tabelle A6 zeigt, wie die Bilanzstruktur des gewerblichen Betriebes mit der Branche differiert. Die regionale Verteilung des Aufkommens einer Umsatzsteuerbeteiligung hängt daher stark von der Abgrenzung des Schlüsselelements d.h. den zu erfassenden Bereichen der Aktivseite der Bilanz in Verbindung mit der örtlichen Wirtschaftsstruktur ab. Insbesondere ist entscheidend, ob nur materielle Wirtschaftsgüter oder auch Finanzanlagen und Betriebskapital berücksichtigt werden sollen. Die Beschränkung auf das Anlagevermögen würde Gemeinden mit einem starken Anteil des Produzierenden Gewerbes bevorzugen und Handelszentren benachteiligen, da der Handel einen hohen Anteil von Vorratsvermögen und Betriebskapital aufweist (vgl. Tabelle A4). Das Ausklammern der Finanzanlagen würde bedeuten, daß Kreditinstitute, Versicherungsgewerbe und Beteiligungsgesellschaften nur mit ca. 3 v.H. ihrer Aktiva im Schlüssel Berücksichtigung finden und damit fiskalisch uninteressant für Gemeinden werden. Der geeignete Schlüssel, will man nicht bestimmte Branchen diskriminieren, kann daher nur das Rohvermögen sein.

---

1) Z.B. kann eine größere Firma, die sich hoch mit Krediten finanziert, unter Umständen sogar negative Einheitswerte erzielen. Damit würde sie in einem Verteilungsschlüssel Einheitswerte keine Berücksichtigung finden.

Auch wenn das Rohvermögen als geeigneter Schlüssel angesehen wird, stellt sich die Frage, ob sämtliche gesetzlichen Regelungen, die der Einheitswertstatistik zugrundeliegen, einem Schlüssel für die Umsatzsteuerbeteiligung angemessen sind. Es soll deshalb auf einige Besonderheiten der Statistik eingegangen werden[1]:

- Erfaßt wird in der Statistik nicht nur der Gewerbebetrieb nach der Abgrenzung des Gewerbesteuerrechts, sondern auch Vermögen, das der Ausübung eines freien Berufes dient, mit Ausnahme rein künstlerischer und wissenschaftlicher Tätigkeit. Dagegen gilt Land- und Forstwirtschaft nicht als Gewerbebetrieb, wenn sie Hauptzweck des Unternehmens ist. Diese Abgrenzung der erfaßten Vermögenswerte scheint angemessen, insbesondere bei Beibehaltung der Grundsteuer A.

- Aus dem zugrundeliegenden Zweck der Statistik erklärt sich, daß die Vermögenswerte nur erfaßt werden, wenn sie für die Besteuerung (Vermögensteuer oder Gewerbekapitalsteuer) von Bedeutung sind. Nicht erfaßt ist daher das Rohvermögen solcher Gewerbetriebe, deren Gewerbekapital unter der zum Feststellungszeitpunkt der Einheitswerte gültigen Freigrenze von DM 6.000,- lag, sofern diese nicht vermögensteuerpflichtig waren. Ebenso blieben Betriebe unerfaßt, deren Schulden das Rohvermögen überstieg.[2] Beide Regelungen sind für einen Verteilungsschlüssel nicht sinnvoll.

- Die regionale Zuordnung des Rohvermögens in der Einheitswertstatistik der gewerblichen Betriebe erfolgt in der Regel nach dem für den Verteilungsschlüssel richtigen Modus. Ausgewiesen werden die Betriebe mit ihrem Vermögen nach dem Belegenheitskreis. Bei reinen Filialunternehmen wird die Zurechnung dagegen am Sitz des Unternehmens vorgenommen. Die Zerlegung im Rahmen

---

1) Vgl. zum folgenden auch: G. Sieber, Hannover 1971, S.39 f.
2) Ebenda, S. 40.

der Gewerbebesteuerung erfolgt erst nach Feststellung des einheitlichen Steuermeßbetrages. In welchem Umfang die unterschiedlichen regionalen Zuordnungsprinzipien in der Statistik zum Tragen kommen, kann vom Landesamt für Datenverarbeitung und Statistik selbst nicht mehr überprüft werden, da es die Daten aus der Finanzverwaltung übernimmt. Der Wert der Statistik wird für die Modellrechnungen insbesondere durch das Unternehmenssitzprinzip beeinträchtigt. Es ist zu vermuten, daß dieses Prinzip vor allem in den Bereichen Banken und Versicherungen wirksam ist. Dies mag dazu führen, daß die Werte des Schlüssels für die Großstädte überhöht sind. Allein Köln und Düsseldorf vereinigen ca. 30 v.H. des Rohbetriebsvermögens des Landes auf sich, dagegen nur ca. 16 v.H. der Lohnsumme bzw. der Gewerbesteuerkraft. Die Konzentration des Betriebsvermögens auf die Ballungskerne und Großstädte dürfte also vermutlich geringer ausfallen als die Zahlen anzeigen, allerdings immer noch deutlich höher sein als bei der Lohnsumme.

- Ein Einwand gegen den vorgeschlagenen Schlüssel Rohbetriebsvermögen dürfte sein, daß mit dem Fortfall der Gewerbesteuer und der noch nicht genau absehbaren Weiterentwicklung der Vermögensteuer die Grundlage für die Erstellung des Verteilungsschlüssels zumindest teilweise entfällt. Der Schlüssel müßte dann direkt aus den Steuerbilanzen der Unternehmen gewonnen werden. Dies gäbe eventuell auch Gelegenheit zu einer anderen sachlichen Abgrenzung der in den Verteilungsschlüssel aufzunehmenden Aktiva. So wäre sicherlich noch genauer zu bestimmen, in welcher Form etwa Beteiligungsgesellschaften ihren Platz im Verteilungsschlüssel finden sollen.

Betrachtet man die Einnahmeverteilung, die sich aufgrund der beiden Verteilungsschlüssel Lohnsumme und Rohbetriebsvermögen ergibt, zeigt sich: Die Anteile der kreisfreien Städte bzw. der Ballungskerne aus Landeswert der Lohnsumme liegen über dem Anteil der Beschäftigten, ein Zeichen für das höhere Lohn- und Gehaltsniveau in diesen Regionen (vgl. Tabelle 7). Die vertikale Streuung würde sich bei einem Schlüssel Lohnsumme im Vergleich zum Schlüssel Beschäftigte also verstärken.

Die Verteilung der Einnahmen bei einem Schlüssel Lohnsumme ähnelt, über sämtliche regionale Kategorien betrachtet, stark der der effektiven Gewerbesteuereinnahmen. Allerdings ist die Streuung innerhalb der Klassen, gemessen am Variationskoeffizienten, deutlich geringer. Teilt man die Ansicht des Wissenschaftlichen Beirats[1], daß die vertikale Streuung der Einnahme aus der Gewerbesteuer angemessen ist und nur die horizontale Streuung verringert werden sollte, so wäre die Lohnsumme also ein geeigneter Schlüssel, um diesen Verteilungseffekt zu erreichen und die Anpassungsschwierigkeiten bzw. den Bedarf an zusätzlichen Finanzausgleichsmaßnahmen bei einer Ablösung der Gewerbesteuer durch die Beteiligung an der Umsatzsteuer gering zu halten. Der horizontale Nivellierungseffekt des Schlüssels Lohnsumme zeigt sich auch im Anstieg der Steuerkraft des Ruhrgebiets, dessen Einnahmen sich dem Durchschnitt der Verdichtungsgebiete deutlich annähern würden.

Betrachtet man im Vergleich dazu den kombinierten Schlüssel Lohnsumme und Rohbetriebsvermögen, so zeigt sich, daß die Konzentration der Einnahmen auf die Ballungskerne und unter diesen insbesondere auf die fünf Großstädte über 500.000 Einwohner stark zunimmt; diese erreichen allein einen Anteil von ca. 50 v.H. am Rohbetriebsvermögen des Landes (vgl. Tabelle 7). In der Tat scheint ein Schlüssel Lohnsumme in Kombination mit dem Rohvermögen auf die beiden Städte Köln (Gewinn + DM 228,- je Einwohner gegenüber den effektiven Gewerbesteuereinnahmen) und Düsseldorf (+ DM 147,- je Einwohner) zugeschnitten (siehe Tabelle A5). Wie Tabelle 8 ausweist,

---

1) Wissenschaftlicher Beirat beim Bundesministerium der Finanzen, Bonn 1982, S. 41.

liegen auch die Variationskoeffizienten des kombinierten Schlüssels in der Regel über dem der Gewerbesteuerkraft, die Streuung des Aufkommens verschärft sich sowohl innerhalb der kreisfreien Städte bzw. Ballungskerne (horizontale Streuung) als auch für das Land insgesamt, was auf eine Zunahme der Unterschiede zwischen den Klassen (vertikale Streuung) hindeutet. Diese Aufkommensverteilung dürfte allgemein als unangemessen beurteilt werden.

Damit läßt sich aussagen, daß das Rohbetriebsvermögen in der vorliegenden sachlichen Abgrenzung und mit den aufgezeigten statistischen Mängeln kein geeigneter Verteilungsschlüssel ist. Es läßt sich nicht aussagen,daß die Berücksichtigung des Gewerbekapitals in veränderter Form und in Kombination mit der Lohnsumme prinzipiell zu unangemessenen Ergebnissen führt. Allerdings läßt sich ein brauchbarer Verteilungsschlüssel nicht aus den vorliegenden statistischen Unterlagen gewinnen. Trotz aller Mängel der Datenbasis bleibt jedoch die bemerkenswerte Aussage möglich: Ein Effekt der Steuerkraftnivellierung würde sich wahrscheinlich nicht in dem Ausmaß einstellen, wie dies von einem Schlüssel Lohnsumme und Gewerbekapital im Vergleich zur Gewerbesteuer zu erwarten war.[1)]

---

1) Diese Erwartung lag ja auch dem Vorschlag der Steuerreformkommission zu einer Gewerbesteuer neuer Art zugrunde. Von der Streichung der Gewerbeertragsteuer und der obligatorischen Einführung der Lohnsummensteuer erhoffte sich die Kommission eine angemessenere räumliche Streuung der Gewerbesteuer. Allerdings ging sie auch von einer anderen Abgrenzung des Gewerbekapitals aus, als dem Rohbetriebsvermögen zugrunde liegt. Sie wollte nur Teile des Gewerbekapitals, nämlich das bewegliche Sachanlagevermögen und das Vorratsvermögen berücksichtigt wissen. Siehe dazu Steuerreformkommission, Bonn 1971, Tz.214 u. 221-223.

6. Vergleich der räumlichen Streuung der verschiedenen Substitutionsvarianten

Will man die verschiedenen Substitutionsvarianten vergleichen, ergibt sich die Schwierigkeit, daß ein kommunales Hebesatzrecht bei der Wertschöpfungsteuer und der kommunalen Verbrauchsteuer die Aufkommenstreuung noch verändern kann. Es gibt daher zwei Möglichkeiten eines Vergleichs: Entweder man vergleicht die Steuerkraftzahlen der einzelnen Modelle, wobei bei der Umsatzsteuerbeteiligung die Steuerkraft mit den Effektiveinnahmen identisch ist, oder man unterstellt den Gemeinden ein bestimmtes Verhalten bei der Nutzung des Hebesatzrechts. Eine plausible Hypothese wäre beispielsweise, daß Gemeinden, die an Steuerkraft verlieren, versuchen, dies durch den Hebesatz zu kompensieren, um ihr altes Einnahmeniveau beizubehalten. Schwierig wird die Frage jedoch, ob Gemeinden, die einen Zuwachs an Steuerkraft erfahren, dies voll oder teilweise zur Verbesserung der Einnahmen nutzen, oder ob sie teilweise ihr Hebesatzniveau senken. Schließlich gilt es zu bedenken, daß insbesondere bei einer Verbrauchsteuer die Hebesätze nicht beliebig im Vergleich zu Nachbargemeinden angehoben werden können, ohne Ausweichreaktionen zu provozieren. Die Gemeinden werden vermutlich ein Hebesatzrecht bei einer neuen Steuer erst vorsichtig austarieren. Es ist daher problematisch, von bestimmten Verhaltenshypothesen auszugehen. Einigermaßen gesicherte Aussagen lassen sich deshalb nur über die Veränderung der Steuerkraft machen.

6.1 Vergleich der Steuerkraft

Vergleicht man die verschiedenen Modelle einer Umsatzsteuerbeteiligung mit der Wertschöpfungsteuer, der kommunalen Verbrauchsteuer, der Gewerbesteuer und dem Gemeindeanteil an der Einkommensteuer, so muß - um das Ausmaß, in dem die einzelnen Steuervarianten die verschiedenen Regionen begünstigen - von den Anteilen am Landesaufkommen ausgegangen werden, um die Steuern mit unterschiedlichem Gesamtaufkommen vergleichbar zu machen.

Bezüglich der Steuerkraft ergibt sich dann für kreisfreie Städte und kreisangehörige Gemeinden die in Abbildung dargestellte Reihenfolge der Gunst bzw. Ungunst einer Steuervariante. Von links nach rechts nimmt der Anteil der Region an der Steuerkraft für die kreisfreien Städte zu, für die kreisangehörigen Gemeinden ab. Erstaunlich ist, daß die Gewerbesteuerkraft der kreisangehörigen Gemeinden die zweitgünstigste Position einnimmt. Nur eine Beteiligung an der Umsatzsteuer, verteilt nach Einwohnern, wäre vorteilhafter. Ebenso unerwartet ist, daß die Gewerbesteuer für die kreisfreien Städte eine so ungünstige Alternative darstellt. Sie liegt noch unter dem Anteil dieser Städte an der Einkommensteuer. Dies mag auch Ausdruck der im Jahr 1981 - hierauf beziehen sich diese Zahlen - herrschenden Konjunkturlage sein. Allerdings zeigt sich auch, daß der Anteil der kreisfreien Städte bei der Gewerbesteuer von allen Steuern, die den Gemeinden ein Hebesatzrecht belassen, am geringsten ist. Er liegt deutlich höher bei der Verbrauchsteuer und erst recht bei der Wertschöpfungsteuer.

Die Abbildung 2 läßt deutlich werden, daß die großen Unterschiede in den Anteilen der einzelnen Substitutionsvarianten hauptsächlich auf wenige Gemeinden zurückgehen, nämlich auf die fünf Großstädte über 500.000 Einwohner. Dies zeigt auch Tabelle A7. Während etwa die Anteilswerte bei den Städten zwischen 200.000 und 500.000 Einwohnern um ganze 5,4 Prozentpunkte schwanken, bei den Städten unter 200.000 Einwohnern sogar nur um 1,7 Prozentpunkte, beträgt die Spannweite der Schwankungen bei den Großstädten über 500.000 Einwohnern maximal fast 20 Prozentpunkte. Als Ausreißer präsentiert sich dabei die Beteiligung der Gemeinden an der Umsatzsteuer, verteilt nach einem kombinierten Schlüssel Lohnsumme und Rohbetriebsvermögen. Dieser Schlüssel garantiert den fünf größten Städten einen Anteil am Steueraufkommen des Landes,

Abb. 2: Die Steuerkraft der kreisfreien Städte und kreisangehörigen Gemeinden Nordrhein-Westfalens bei Gewerbesteuer (netto), Gemeindeanteil an der Einkommensteuer sowie verschiedenen Substitutionsvarianten für die Gewerbesteuer, gemessen an den Anteilen am Landeswert in v.H.

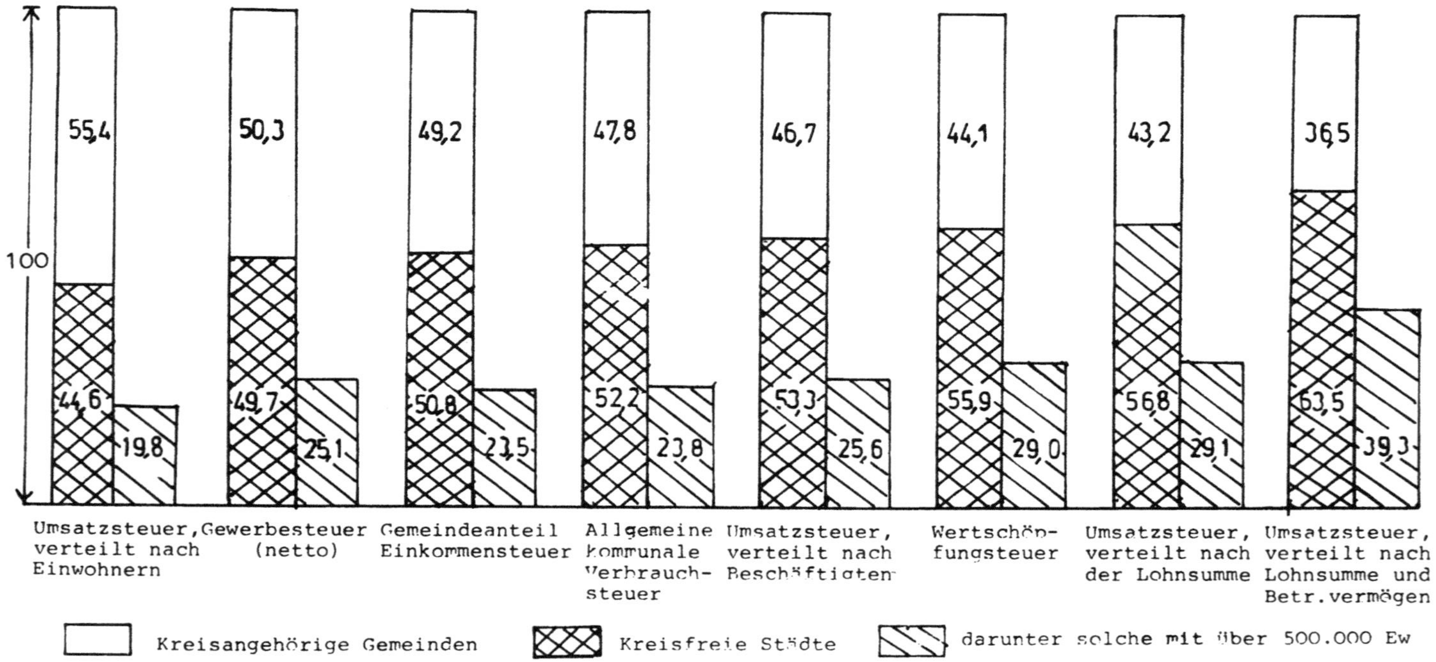

das dem Doppelten ihres Anteils an Einwohnern entspricht. Doch auch ein Verteilungsschlüssel Lohnsumme allein bzw. eine Wertschöpfungsteuer würde die Steuerkraft der fünf größten Städte beachtlich anheben.

Abbildung 3 zeigt die Steuerkraft, gemessen an den Anteilen am Landeswert für Verdichtungsgebiete und ländliche Zonen. Die Rangfolge der Steuern ist für die Verdichtungsgebiete ähnlich wie bei den kreisfreien Städten; die Unterschiede erklären sich daraus, daß zusätzlich die kreisangehörigen Ballungsrandgemeinden erfaßt sind. Für den ländlichen Raum erweist sich die Beteiligung an der Umsatzsteuer, verteilt nach Einwohnern als günstigste Variante. Doch auch die Gewerbesteuerkraft liegt erstaunlich hoch. Geht man von dem Kriterienkatalog aus, der der Beurteilung von Kommunalsteuern zugrundezulegen ist, so erscheint dieses Ergebnis unangemessen. Denn nach dem Prinzip des Interessenausgleichs bzw. der funktionalen Äquivalenz sollte die Steuerkraft räumlich wie die wahrgenommenen Funktionen der Gemeinden verteilt sein. Nur wenn dies der Fall ist, kann das Hebesatzrecht zur "Feineinstellung" des Interessenausgleichs genutzt werden, ohne gleichzeitig zu große und damit wettbewerbsstörende regionale Belastungsunterschiede hervorzurufen. Für den ländlichen Raum liegt die Gewerbesteuerkraft jedoch höher als sämtliche Indikatoren der wirtschaftlichen Tätigkeit, seien dies nun Beschäftigte, Wertschöpfung oder Lohnsumme und Kapitalvermögen. Dies ermöglicht ein weit unterdurchschnittliches Hebesatzniveau und verursacht ein unangemessenes Hebesatzgefälle.

Geht man davon aus, daß im Verdichtungsgebiet insgesamt in stärkerem Maße ökonomische Funktionen im Verhältnis zum Wohntatbestand anzutreffen sind, als im ländlichen Raum, so sollte dies auch anhand der Einnahmekraft wohn- und produktionsbezogener Steuerquellen zum Ausdruck kommen. Da die Wohnfunktion durch den Gemeindean-

Abb. 3: Die Steuerkraft in den Zonen der Siedlungsstruktur Nordrhein-Westfalens bei Gewerbesteuer (netto) Gemeindeanteil an der Einkommensteuer sowie verschiedenen Substitutionsvarianten für die Gewerbesteuer, gemessen an den Anteilen am Landeswert in v.H.

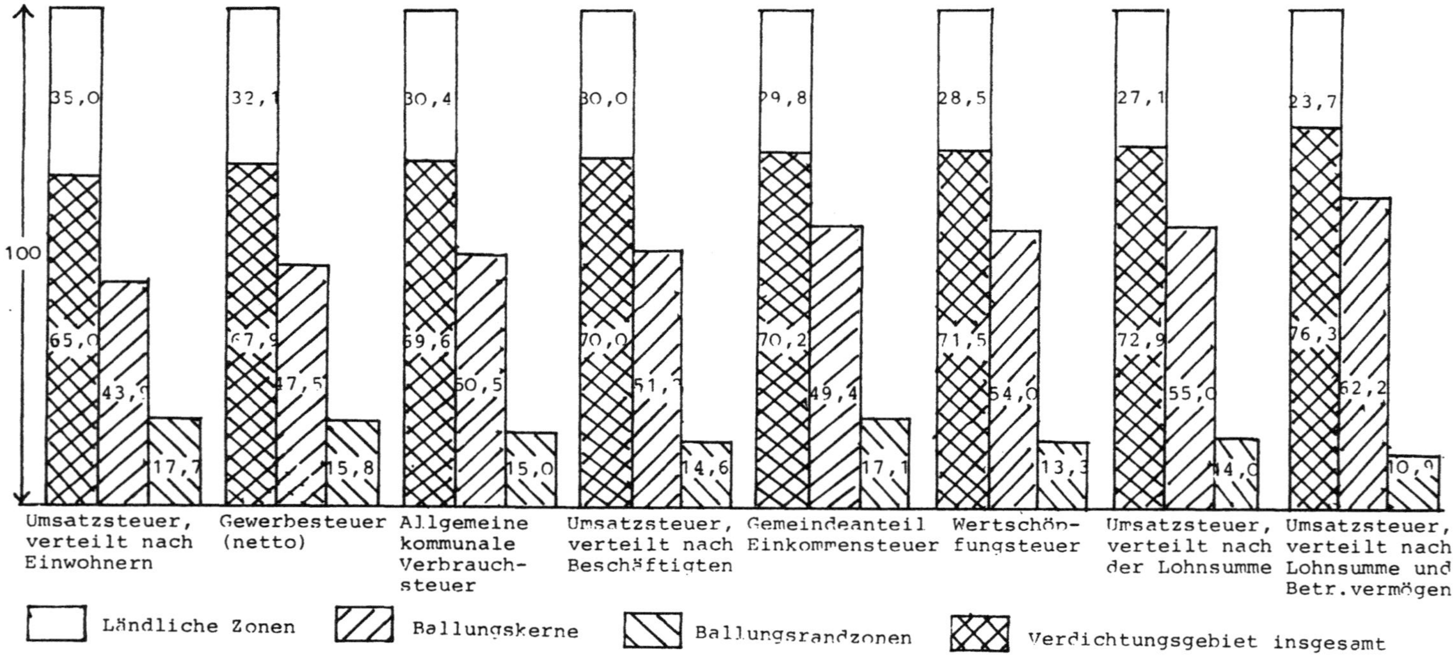

teil an der Einkommensteuer dotiert wird, wäre zu schlußfolgern, daß eine Steuerquelle mit wirtschaftsbezogener Bemessungsgrundlage dem Verdichtungsgebiet höhere Anteile am Landesaufkommen bringen sollte als die Einkommensteuer dies tut. Eine angemessene Streuung wäre dann die Wertschöpfungsteuer bzw. eine Umsatzsteuerbeteiligung, verteilt nach der Lohnsumme auf. Dies wurde aber implizieren, daß die Verteilung des Einkommensteueranteils angemessen ist. Dagegen könnte eingewandt werden, daß auch der Einkommensteueranteil über höhere Erwerbsquoten in den Ballungskernen bereits einen Teil der Arbeitszentralität mitberücksichtigt.

Innerhalb des Verdichtungsgebietes zeigen sich erwartungsgemäß größere Unterschiede zwischen Ballungskernen und Ballungsrandgemeinden.[1] Für die Ballungskerne stellt eine Mehrwertsteuerbeteiligung, verteilt nach dem Schlüssel Einwohnerzahl, die ungünstigste Alternative dar, für den Ballungsrand ist es die günstigste. Umgekehrt liegen die Verhältnisse bei einem Schlüssel Lohnsumme und Rohbetriebsvermögen. Diese in ihrer Streuung extremen Varianten dürften allgemein als unangemessen beurteilt werden.

1) Auf die Darstellung der solitären Verdichtungsgebiete wurde hier verzichtet, da durch die kreisweise Betrachtung zwei der vier zu dieser Kategorie gehörenden Gemein den nicht in ihr erfaßt werden können. Eine Aussage nur aufgrund der Solitärstädte Münster und Bielefeld ist aber wenig verallgemeinerungsfähig,zumal Siegen und Paderborn sehr viel kleiner sind.

6.2. Vergleich der effektiven Einnahmen

Für die Gemeinden ist natürlich letztlich entscheidend, wie sich ihre effektiven Einnahmen ändern werden. Um hier überhaupt eine Aussage treffen zu können, muß im folgenden bei der Wertschöpfungsteuer und der allgemeinen Verbrauchsteuer, die den Gemeinden ein Hebesatzrecht belassen, unterstellt werden, daß dieses wie bei der Gewerbesteuer genutzt wird, daß also das Hebesatzgefälle zwischen den Regionen, wie es bei der Gewerbesteuer besteht, beim Austausch gegen eine andere Kommunalsteuer erhalten bleibt. Diese These ist allerdings kritisch zu beurteilen. So wäre fraglich, ob die Verbrauchsteuer Hebesatzunterschiede wie bei der Gewerbesteuer zuließe, ohne daß dies auf Dauer regionale Verlagerungen der Umsätze zur Folge hätte. Auch bei der Wertschöpfungsteuer müßte gefragt werden, ob die im Sinne der funktionalen Äquivalenz angemessenere räumliche Streuung nicht für einen Abbau regionaler Hebesatzunterschiede genutzt werden könnte. Die Veränderungen der Anteilswerte bei Verbrauchsteuer und Wertschöpfungsteuer stellen daher eher Obergrenzen als mittlere Schätzwerte dar. Die Anteilswerte dürfen aufgrund der vielen Unsicherheiten der Rechnung nicht als exakte Werte mißverstanden werden. Sie sind aber geeignet, einigermaßen zuverlässige Trendaussagen anzustellen.

Abbildung 4 zeigt die Substituionsvarianten mit dem effektiven Steueraufkommen. Auch diesmal sind sie wieder so geordnet, daß von links nach rechts der Anteil der kreisfreien Städte am Steueraufkommen bei einem aufkommensneutralen Tausch mit der Gewerbesteuer steigt. Die Extremwerte, Beteiligung an der Umsatzsteuer, verteilt nach Einwohnern bzw. nach dem kombinierten Schlüssel Lohnsumme und Rohbetriebsvermögen, sind im Vergleich zur Rangfolge bei der Steuerkraft gleich geblieben. Die Verschiebungen in der Rangfolge sind die Folge überdurchschnittlicher Hebesätze in den kreisfreien Städten und unterdurchschnittlicher Hebesätze in den kreisange-

Abb. 4: Die effektiven Einnahmen der kreisfreien Städte und kreisangehörigen Gemeinden Nordrhein-Westfalens bei der Gewerbesteuer (netto), dem Gemeindeanteil an der Einkommensteuer sowie verschiedenen Substitutionsvarianten für die Gewerbesteuer, gemessen an den Anteilen am Landesaufkommen in v.H.

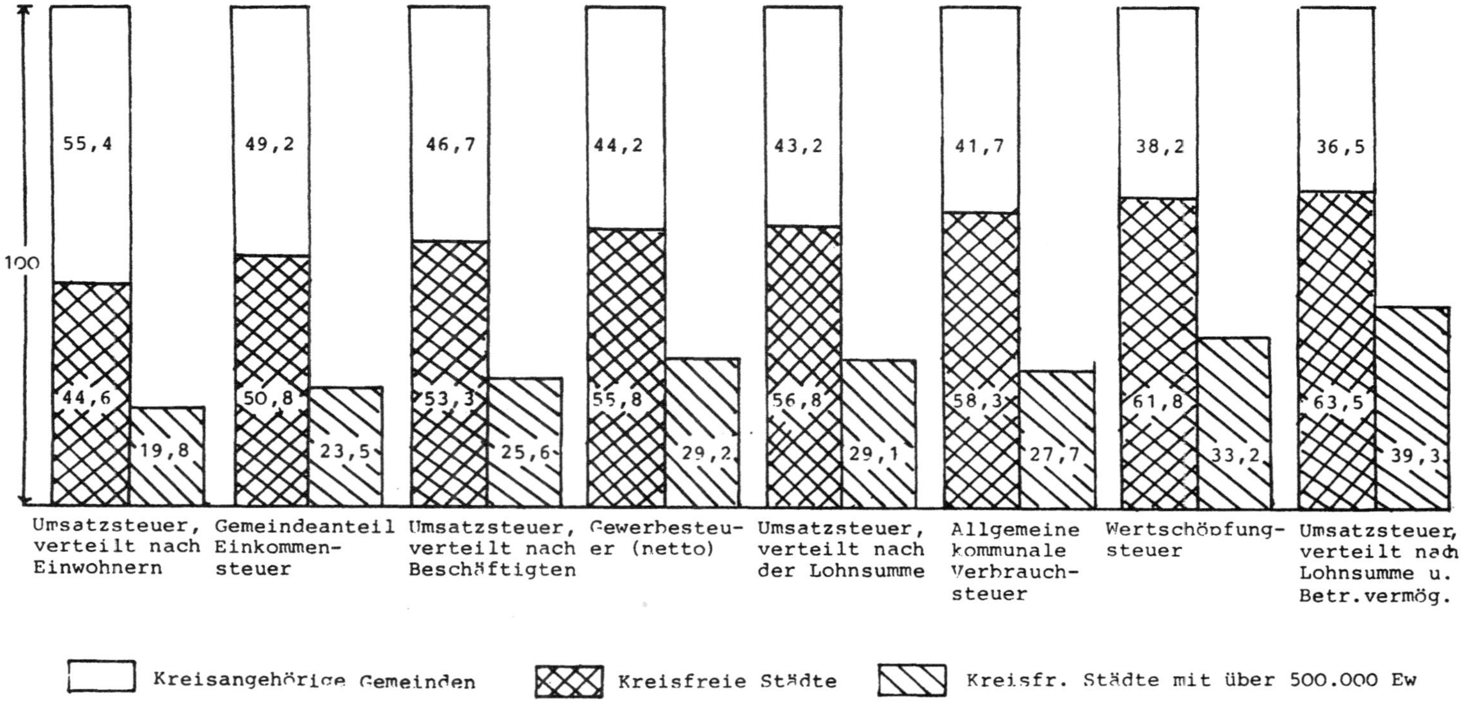

hörigen Gemeinden. So liegt bei den kreisfreien Städten der Anteil am effektiven Gewerbesteueraufkommen um 5 Prozentpunkte über dem Anteil an der Einkommensteuer (vgl. Abb.4), der Anteil an der Gewerbesteuerkraft lag noch um über einen Prozentpunkt darunter (vgl. Abb. 2). Infolge der Steigerung ihres Anteils durch der Gewerbesteuer vergleichbare Hebesatzanhebungen werden für die kreisfreien Städte die Wertschöpfungsteuer und die Verbrauchsteuer zur zweit- bzw. drittgünstigsten Alternative. Auch eine Beteiligung an der Umsatzsteuer, verteilt nach der Lohnsumme, bringt ihnen noch einen leichten Gewinn; ein Verteilungsschlüssel Beschäftigte dagegen Verluste an Steuereinnahmen. Auch in Abbildung 4 werden wieder die fünf Großstädte über 500.000 Einwohner gesondert dargestellt. Sie weisen die höchsten Hebesatzanspannungen bei der Gewerbesteuer auf. Von den Steuern mit Hebesatzrecht ist die Wertschöpfungsteuer für sie deutlich die günstigste Alternative. Die allgemeine kommunale Verbrauchsteuer ist für sie, im Gegensatz zu den kreisfreien Städten insgesamt ungünstiger als die Gewerbesteuer selbst. Trotz überdurchschnittlicher Hebesatzanspannungen würden sie ihr Niveau an Steueraufkommen nicht halten können. Dieses Ergebnis deutet darauf hin, daß der Endverbrauch zwar ebenso wie andere wirtschaftsbezogene Bemessungsgrundlagen in den kreisfreien Städten bzw. Ballungskernen konzentriert, aber innerhalb dieser Gebiete wesentlich gleichmäßiger verteilt ist als etwa Lohnsumme, Wertschöpfung oder Kapitalvermögen.

Abbildung 5 zeigt die effektiven Steuereinnahmen nach den Zonen der Siedlungsstruktur. Dabei sind die Substitutionsvarianten so geordnet, daß sie von links nach rechts zunehmend günstiger für die Verdichtungsgebiete werden. Die Rangfolge ist weitgehend die gleiche wie bei der Betrachtung nach dem Gemeindestatus (Abb. 4), allerdings ergibt sich eine Verschiebung in der Rangfolge, weil das Verdichtungsgebiet neben den kreisfreien Städten, die weitgehend mit den Ballungskernen identisch sind, wieder

Abb. 5: Die effektiven Einnahmen in den Zonen der Siedlungsstruktur Nordrhein-Westfalens bei Gewerbesteuer (netto), Gemeindeanteil an der Einkommensteuer sowie verschiedenen Substitutionsvarianten für die Gewerbesteuer, gemessen an den Anteilen am Landeswert in v.H.

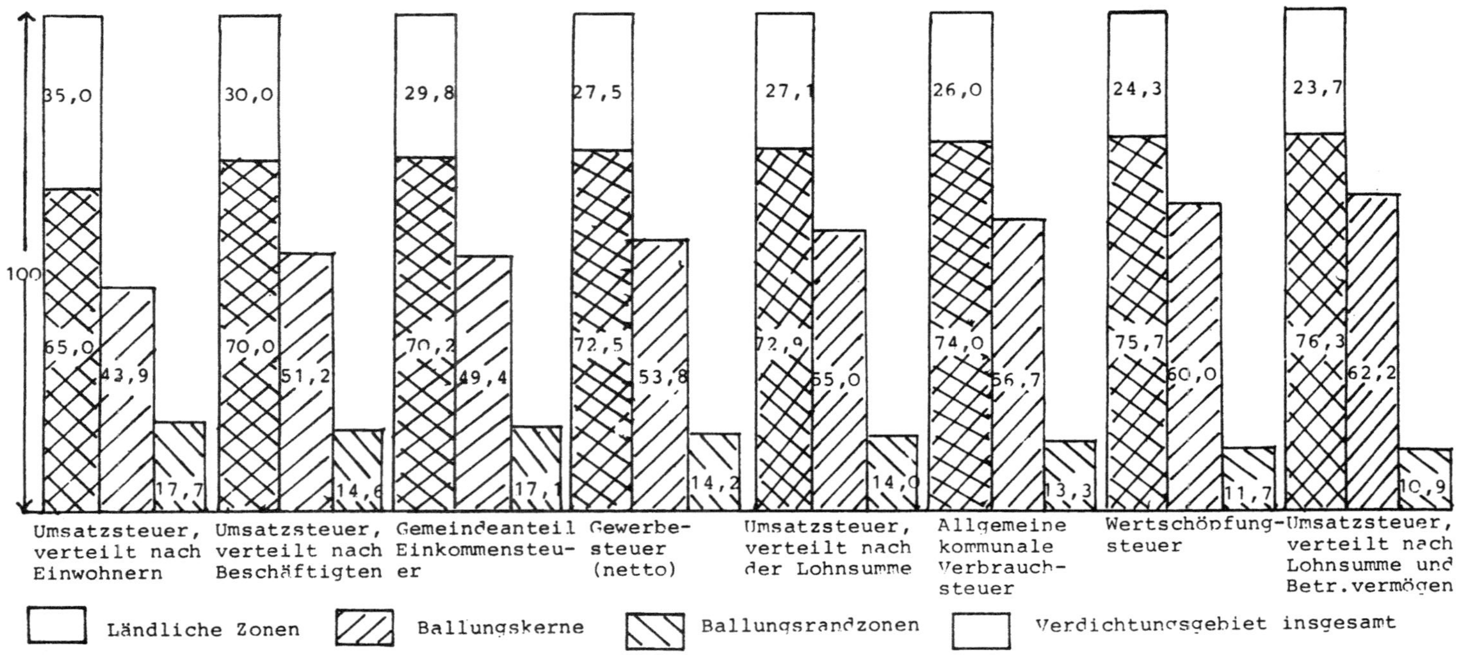

die kreisangehörigen Ballungsrandgemeinden umfaßt. Da diese überwiegend Wohnfunktionen wahrnehmen, rutscht die Umsatzsteuer verteilt nach dem Schlüssel Beschäftigte, zur zweitungünstigsten Alternative herab. Günstiger bzw. ungünstiger als die Gewerbesteuer ist für Verdichtungsgebiete bzw. ländliche Zonen, läßt man die Extreme weg, die Wertschöpfungsteuer gefolgt von der Verbrauchsteuer und einer Umsatzsteuerbeteiligung, verteilt nach der Lohnsumme. Dieses Ergebnis wird von den Ballungskernen bestimmt. Denn die Anteile der Ballungsrandgemeinden verhalten sich genau entgegengesetzt zum übrigen Verdichtungsgebiet. Bei ihnen entspricht die Reihenfolge der Günstigkeit der Steuervarianten mit einer Ausnahme, der der ländlichen Zonen. Lediglich der Gemeindeanteil Einkommensteuer ist für die Ballungsrandgemeinden noch günstiger als die Umsatzsteuerbeteiligung, verteilt nach dem Schlüssel Beschäftigte.

Im folgenden sei an die These erinnert, daß in den Regionen, die Schwerpunkte der Produktion sind, sich diese Funktion auch in einem angemessenen Anteil am Aufkommen einer produktionsbezogenen Steuer niederschlagen sollte, die logischerweise über dem wohnsitzbezogenen Gemeindeanteil an der Einkommensteuer liegt. Andererseits wird von einem Ersatz für die Gewerbesteuer erwartet, daß keine zu großen die räumliche Ordnung störenden Steuerkraftunterschiede entstehen. Damit kommen als Substitutionsvarianten in Betracht: Eine Beteiligung an der Umsatzsteuer, verteilt nach der Lohnsumme, eine allgemeine kommunale Verbrauchsteuer und eine Wertschöpfungsteuer. Die Verbrauchsteuer weist dabei die gleichmäßigste Streuung innerhalb der Verdichtungsgebiete auf. Die Wertschöpfungsteuer wäre die geeignete Steuer, wenn ein erklärtes Ziel der Reform des kommunalen Steuersystems die Stärkung der Finanzkraft der Kernstädte des Verdichtungsgebiets wäre. Die Wertschöpfungsteuerkraft liegt nämlich in den Ballungskernen mit einem Anteil von 54 v.H. in etwa gleich auf mit den effektiven Gewerbesteuereinnahmen (Anteil der Ballungskerne 53,8 v.H.). Eine Wertschöpfungsteuer würde deshalb kaum solche Hebesatzdifferenzen rechtfertigen, wie sie bei der Gewerbesteuer anzutreffen sind.

6.3. Die horizontale Streuung

Die Betrachtung der horizontalen Streuung - verstanden als Streuung des Aufkommens innerhalb einer Klasse von Gemeinden, sei dies nun Größe oder Siedlungsstruktur, muß an der Steuerkraft ansetzen. Denn wenn man den Gemeinden ein Hebesatzrecht zugesteht, muß man auch die daran resultierenden Einnahmeunterschiede als gerechtfertigt ansehen. Es interessiert hier also nur die Streuung aufgrund der Bemessungsgrundlage. Maßgröße für diese Streuung ist der Variationskoeffizient. Er drückt aus, um wieviel DM je Einwohner das Steueraufkommen bei den Gemeinden einer Klasse durchschnittlich vom Mittelwert der Klasse abweicht. Dagegen zeigt der Variationskoeffizient für Nordrhein-Westfalen insgesamt eher auf, wie große die Unterschiede zwischen den einzelnen Klassen sind.

Tabelle 10 zeigt deutlich, daß von allen Substitutionsvarianten die Verbrauchsteuer die geringste horizontale Streuung aufweist, sieht man von einer Umsatzsteuerbeteiligung, verteilt nach Einwohnern ab, bei der der Variationskoeffizient null ist. Auch ein Verteilungsschlüssel sozialversicherungspflicht Beschäftigter wurde für eine relativ geringe horizontale Streuung einer Umsatzsteuerbeteiligung sorgen. Die Streuung der Wertschöpfungsteuer und des Verteilungsschlüssels Lohnsumme ist über die einzelnen Klassen hinweg uneinheitlich im Trend, jedoch zeigt sich auch hier im Vergleich zur Gewerbesteuer eine Nivellierung der Steuerkraftunterschiede. Eine sehr starke noch über die der Gewerbesteuer hinausgehende Streuung würde ein Verteilungsschlüssel Lohnsumme und Rohbetriebsvermögen hervorrufen. Das macht diesen Schlüssel ungeeignet.

Welche der vorliegenden Streuungen ist nun angemessen. Da auch gleichgroße Gemeinden in unterschiedlicher Weise Produktionsstandort sind und Lasten durch die örtliche Wirtschaft zu tragen haben, ist die Forderung unbegründet, die Streuung innerhalb der einzelnen Größenklassen

Tabelle 10: Die Variationskoeffizienten der Gewerbesteuerkraft (netto) und der Substitutionsvarianten nach Art der Körperschaft, Gemeindegrößenklassen und Zonen der Siedlungsstruktur in DM je Einwohner

Art der Körperschaft Gemeindegrößenklassen Zonen der Siedlungsstruktur	Variationskoeffizienten					
	Gewerbesteuerkraft (netto)	Verbrauchsteuerkraft	Wertschöpfungsteuerkraft	Beteiligung an der Umsatzsteuer verteilt nach Schlüssel		
				Beschäftigte	Lohnsumme	Lohnsumme u.Rohbetriebsvermögen
Kreisfreie Städte mit						
500.000 u.mehr EW	35,33	12,44	30,69	18,87	20,54	38,84
200.000-500.000 EW	25,34	9,03	10,20	9,48	15,89	19,02
unter 200.000 EW	39,45	13,15	22,00	19,16	33,76	28,57
Kreisfreie Städte zusammen	34,88	12,92	26,91	17,46	25,66	43,84
Kreisangehörige Gemeinden (nach Kreisen zusammengefaßt)	19,89	10,34	15,90	15,20	16,52	19,36
Ballungskerne	35,79	14,09	28,45	19,01	26,29	47,45
Ballungsrandzonen	14,49	12,23	13,70	10,97	12,73	14,72
Verdichtungsgebiet insgesamt	32,34	17,80	31,11	21,87	29,36	51,48
darunter: Ruhrgebiet	25,07	13,68	21,26	16,26	20,84	32,97
ländliche Zonen	22,09	10,57	16,44	16,44	17,95	20,33
NW insgesamt	29,68	18,25	30,17	22,58	31,49	49,67

Quelle: Tabellen 1,4 und 7.

müsse gegen null gehen. Zu große Steuerkraftunterschiede zwischen Gemeinden gleicher Größe, Funktion und Zentralität sind jedoch aus raumordnungspolitischen Gründen unerwünscht. Zwar läßt sich keine genaue Ziffer angeben, bis zu der Steuerkraftunterschiede gehen dürfen. Die horizontale Streuung der Gewerbesteuer wird jedoch vom Wissenschaftlichen Beirat als zu hoch und störend für die räumliche Ordnung beurteilt.[1]

Daß dies so ist, läßt sich auch an einigen extremen Beispielen nordrhein-westfälischer Großstädte demonstrieren. Bedeutsam für die Durchsetzung raumordnerischer Ziele ist das Konzept der Zentralen Orte. Gemeinden gleicher Größe und Zentralität sollten daher auch über eine vergleichbare Finanzausstattung verfügen. Im folgenden werden die von der Einwohnerzahl her vergleichbaren Städte Düsseldorf und Dortmund betrachtet; beide sind Oberzentren mit mehr als 2 Millionen Einwohnern im Oberbereich. In einem weiteren Vergleich werden die Städte Leverkusen und Oberhausen gegenübergestellt. Beide sind Mittelzentren mit mehr als 150.000 Einwohnern im Mittelbereich. Düsseldorf und Leverkusen sind als gewerbesteuerstarke Städte bekannt; Dortmund und Oberhausen sind im Vergleich zu Städten ihrer Größenordnung steuerschwach.

Abbildung 6 zeigt die Steuerkraft von Düsseldorf und Dortmund, dabei nehmen die Steuerkraftunterschiede von links nach rechts zu. Dortmund erreicht, obwohl es ein bedeutender Industriestandort ist, nicht einmal den Landesdurchschnitt an Gewerbesteuerkraft von 309 DM je Einwohner. Es würde daher sogar von einer Umsatzsteuerbeteiligung, verteilt nach Einwohnern, profitieren. Dies gilt auch, wenn man von den effektiven Gewerbesteuereinnahmen ausgeht (269 DM je Einwohner für Dortmund). Auch die kommunale

---

1) Vgl. Wissenschaftlicher Beirat beim Bundesministerium der Finanzen, Bonn 1982, S. 41.

Abb. 6: Die Steuerkraft von Düsseldorf und Dortmund als zweier Oberzentren mit mehr als 2 Mio. Einwohnern im Oberbereich bei der Gewerbesteuer und ihren Substitutionsvarianten in DM je Einwohner

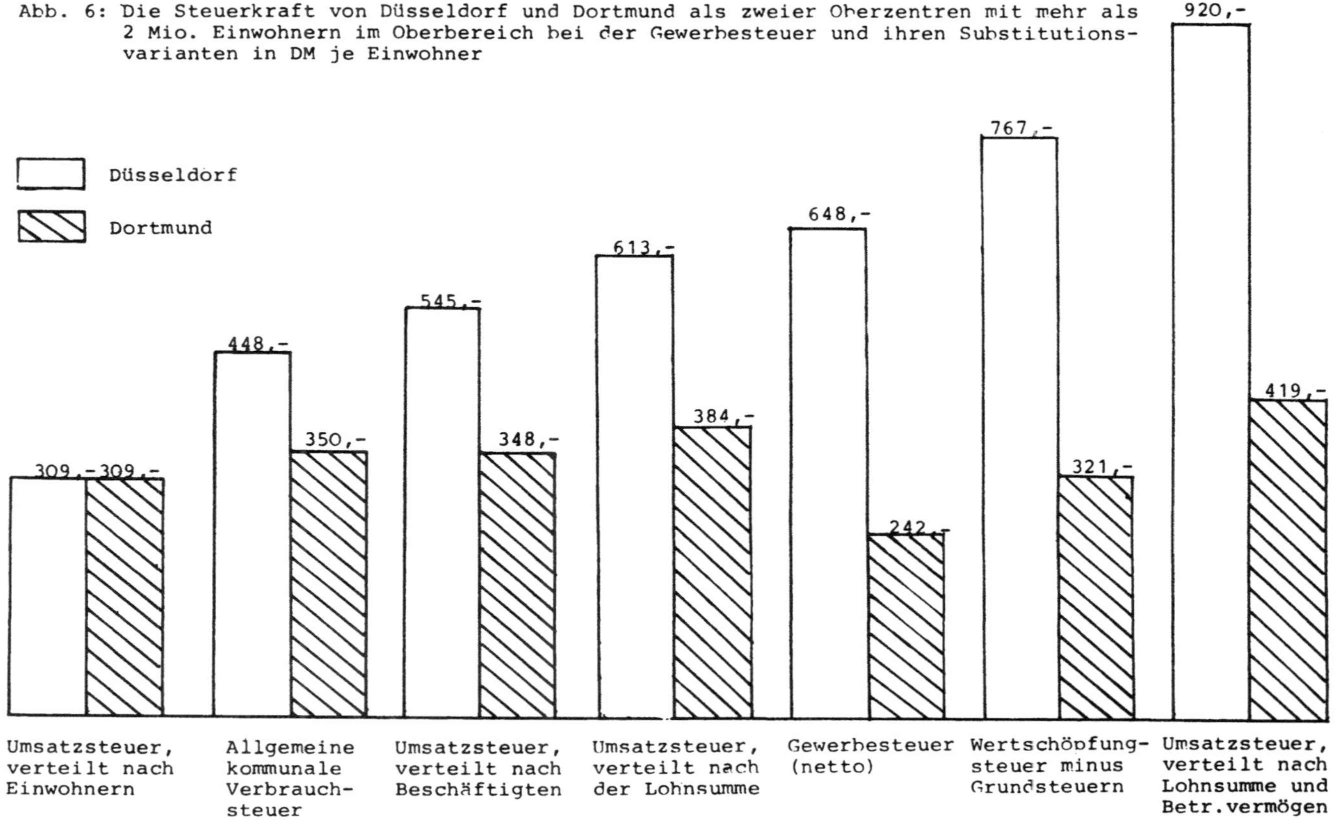

Verbrauchsteuer würde für Dortmund ein angemessenes Steueraufkommen und eine Angleichung an die Steuerkraft Düsseldorfs bringen. Düsseldorf seinerseits verlöre zwar 200 DM je Einwohner an Steuerkraft im Vergleich zur Gewerbesteuer, wäre aber immer noch steuerstärkste Stadt in Nordrhein-Westfalen. Beträgt die Differenz der Steuerkraft zwischen beiden Städten bei der Verbrauchsteuer noch 98 DM je Einwohner, so steigt sie bei dem Verteilungsschlüssel Beschäftigte für eine Umsatzsteuerbeteiligung auf 197 DM, bei einem Schlüssel Lohnsumme auf 229 DM je Einwohner. Die Differenz bleibt aber dennoch weit unter der der Gewerbesteuerkraft (406 DM je Einwohner). Bezieht man die Wertschöpfungsteuer in den Vergleich ein, ist zu bedenken, daß sie nicht nur die Gewerbesteuer sondern auch die Grundsteuern ersetzen soll. Um eine Vergleichbarkeit der Größenordnungen zu den anderen Steuern zu gewährleisten, wurde die Wertschöpfungsteuerkraft, wie sie sich aus Tabelle A2 ergibt, um die Grundsteuerkraft vermindert. Es zeigt sich darin, daß die Wertschöpfungsteuer eine Verstärkung des Steuerkraftunterschiedes im Vergleich zur Gewerbesteuer bewirkt. Nun ist Düsseldorf ein Beispiel für eine Stadt mit besonders hoher Arbeitszentralität. Die Wertschöpfungsteuer erreicht daher einen Extremwert, der nicht darüber hinwegtäuschen darf, daß sie in der Regel gleichmäßiger streut als die Gewerbesteuer. Auch wäre fraglich, ob die Stadt Düsseldorf Einnahmen in dieser Höhe tatsächlich realisieren würde. Sie konnte auch einen Teil ihres Gewinns an Steuerkraft nutzen, den Hebesatz zu senken, der bei der Gewerbesteuer eine Spitzenposition in Nordrhein-Westfalen einnimmt.

Noch extremer ausgeprägt sind die Unterschiede bei einer Umsatzsteuerbeteiligung, verteilt nach Lohnsumme und Rohbetriebsvermögen. Hierbei ist im Vergleich zur Wertschöpfungsteuer zu berücksichtigen, daß die Umsatzsteuerbeteiligung nur die Gewerbesteuer zu ersetzen hat. Die Differenz in der Steuerkraft von 501 DM je Einwohner erhöht sich bei Einbezug der Grundsteuern auf 554 DM je

Einwohner und liegt damit noch um 55 DM höher als bei der Wertschöpfungsteuerkraft. Allerdings wurde bereits auf Mängel der Statistik für den Zweck einer Berechnung von Steueranteilen auftrund dieses Verteilungsschlüssels hingewiesen. Die Zerlegung des Rohbetriebsvermögens von Filialunternehmen auf die Belegenheitsgemeinden ist in der Statistik noch nicht erfolgt. Deshalb erscheint der Wert für Düsseldorf überhöht.

In Abbildung 7 werden nun Leverkusen und Oberhausen verglichen. Wie bei Düsseldorf und Dortmund zeigt sich, daß eine allgemeine kommunale Verbrauchsteuer und eine Umsatzsteuerbeteiligung, verteilt nach Beschäftigten geeignet sind, Steuerkraftunterschiede einzuebnen. Überraschend ist, daß ein Verteilungsschlüssel Lohnsumme und Rohbetriebsvermögen zu noch geringeren Unterschieden in der Steuerkraft führt, während der Schlüssel Lohnsumme allein die stärksten Unterschiede, abgesehen von der Gewerbesteuer selbst hervorruft. Dies mag an dem hohen Lohnniveau in Leverkusen und dem unterdurchschnittlichen Lohnniveau in Oberhausen liegen. Die Unterschiede dieses Schlüsselelementes werden vom anderen Element Rohbetriebsvermögen offensichtlich kompensiert, d.h. in Oberhausen liegt eine besonders kapitalintensive Produktion vor. Ein solcher Kompensationseffekt mag jedoch Zufall sein; verallgemeinert werden kann dieses Ergebnis nicht. Bemerkenswert ist jedoch im Unterschied zum ersten Beispiel, daß auch die Wertschöpfungsteuer eine weitgehende Einebnung des bei der Gewerbesteuer enormen Steuerkraftunterschiedes bewirkt.

Üblicherweise werden unter dem Begriff der horizontalen Streuung die Unterschiede im Steueraufkommen zwischen Gemeinden der gleichen Größenklasse diskutiert. Der Begriff wird hier ausgeweitet, indem auch der Vergleich zwischen verschiedenen Verdichtungsgebieten darunter subsummiert wird. Denn ebenso wie für Städte gleicher Größen-

Abb. 7: Die Steuerkraft von Leverkusen und Oberhausen als zweier Mittelzentren mit mehr als 150.000 Einwohnern im Mittelbereich bei der Gewerbesteuer und ihren Substitutionsvarianten in DM je Einwohner

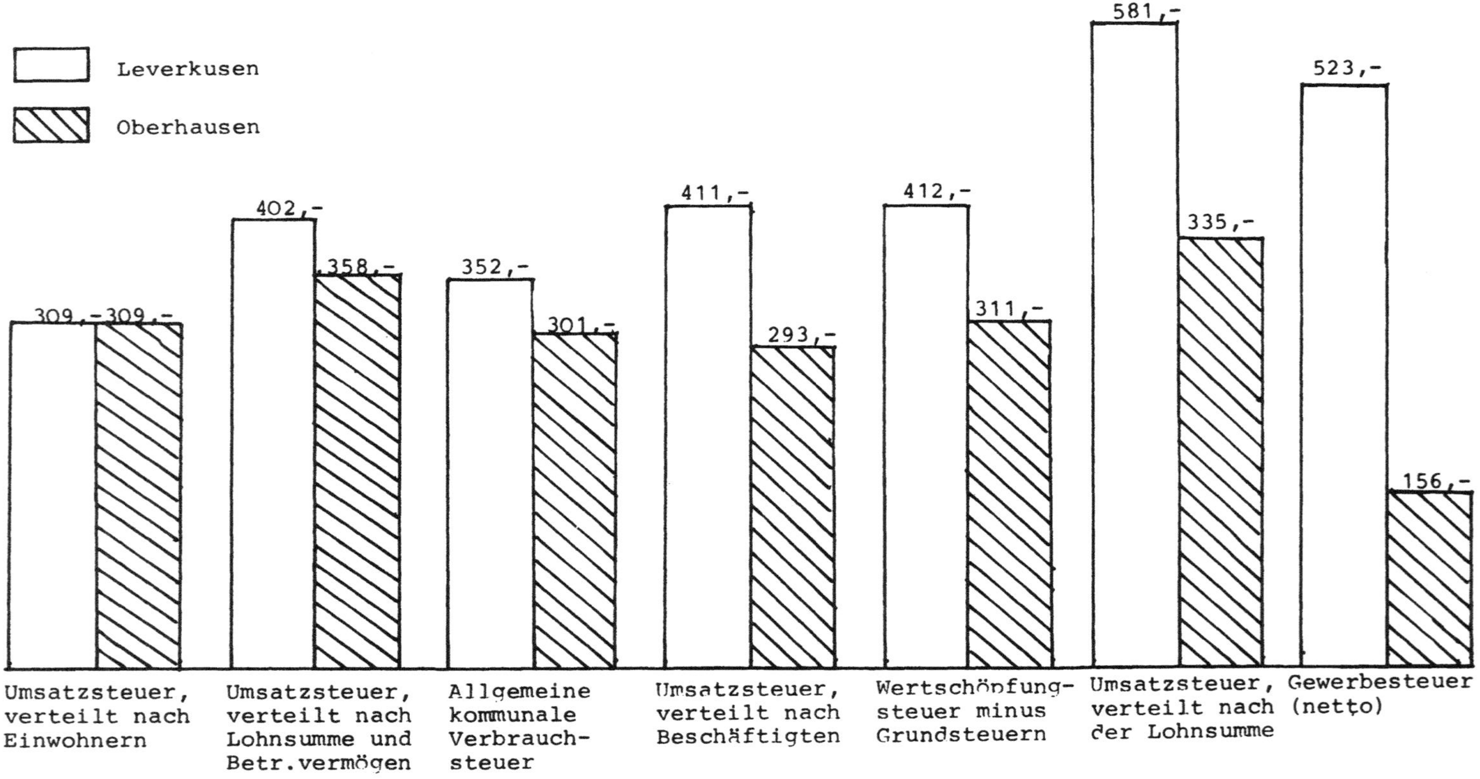

ordnung gilt für die Verdichtungsgebiete, daß Steuerkraftunterschiede nicht so stark sein sollen, daß sie den in Grenzen erwünschten Wettbewerb nachhaltig stören und die räumliche Ordnung deformieren.

Abbildung 8 zeigt die Steuerkraft im Ruhrgebiet im Vergleich zum übrigen Verdichtungsgebiet Nordrhein-Westfalens in DM je Einwohner. Dabei sind die Substitutionsvarianten so geordnet, daß von links nach rechts die Steuerkraftunterschiede zunehmen. Während bei einer Umsatzsteuerbeteiligung, verteilt nach Einwohnern naturgemäß keine Differenzen entstehen, beträgt der Rückstand des Ruhrgebiets auf das übrige Verdichtungsgebiet bei der allgemeinen kommunalen Verbrauchsteuer und der Wertschöpfungsteuer einheitlich 47 DM. Dabei weist die Wertschöpfungsteuerkraft allerdings ein höheres Gesamtniveau im Verdichtungsgebiet auf als die Verbrauchsteuer. Nicht viel größer sind die Steuerkraftunterschiede bei einer Umsatzsteuerbeteiligung, verteilt nach dem Schlüssel Beschäftigte, nämlich 51 DM je Einwohner. Sie steigen auf 61 DM bei einem Schlüssel Lohnsumme und 67 DM bei einem kombinierten Schlüssel Lohnsumme und Rohbetriebsvermögen. Daß die Steuerkraftunterschiede hier nicht größer sind, obwohl dieser Schlüssel bei einer Betrachtung nach Einzelwerten die größten Unterschiede hervorbringt, liegt daran, daß bei der vorliegenden regionalen Zuordnung Städte mit hohem und geringem Rohbetriebsvermögen in beiden Gruppen enthalten sind, so daß sich die Unterschiede teilweise kompensieren.

Als Steuer, die die größten Steuerkraftdisparitäten im Verdichtungsgebiet hervorbringt, erweist sich das Ruhrgebiet. Es liegt mit 267 DM je Einwohner in der Gewerbesteuerkraft um 99 DM unter dem übrigen Verdichtungsgebiet zurück. Für das Ruhrgebiet scheint der Satz zu gelten: Die Gewerbesteuer in ihrer heutigen Form ist das Schlimmste, was passieren konnte; jede der vorgeschlagenen Substitutionslösungen einschließlich einer Steuerbeteiligung, verteilt nach Einwohnern, wäre besser für diese Region. Das

Abb. 8: Die Steuerkraft im Ruhrgebiet im Vergleich zum übrigen Verdichtungsgebiet Nordrhein-Westfalens bei der Gewerbesteuer (netto) sowie verschiedenen Substititionsvarianten für dieselbe in DM je Einwohner

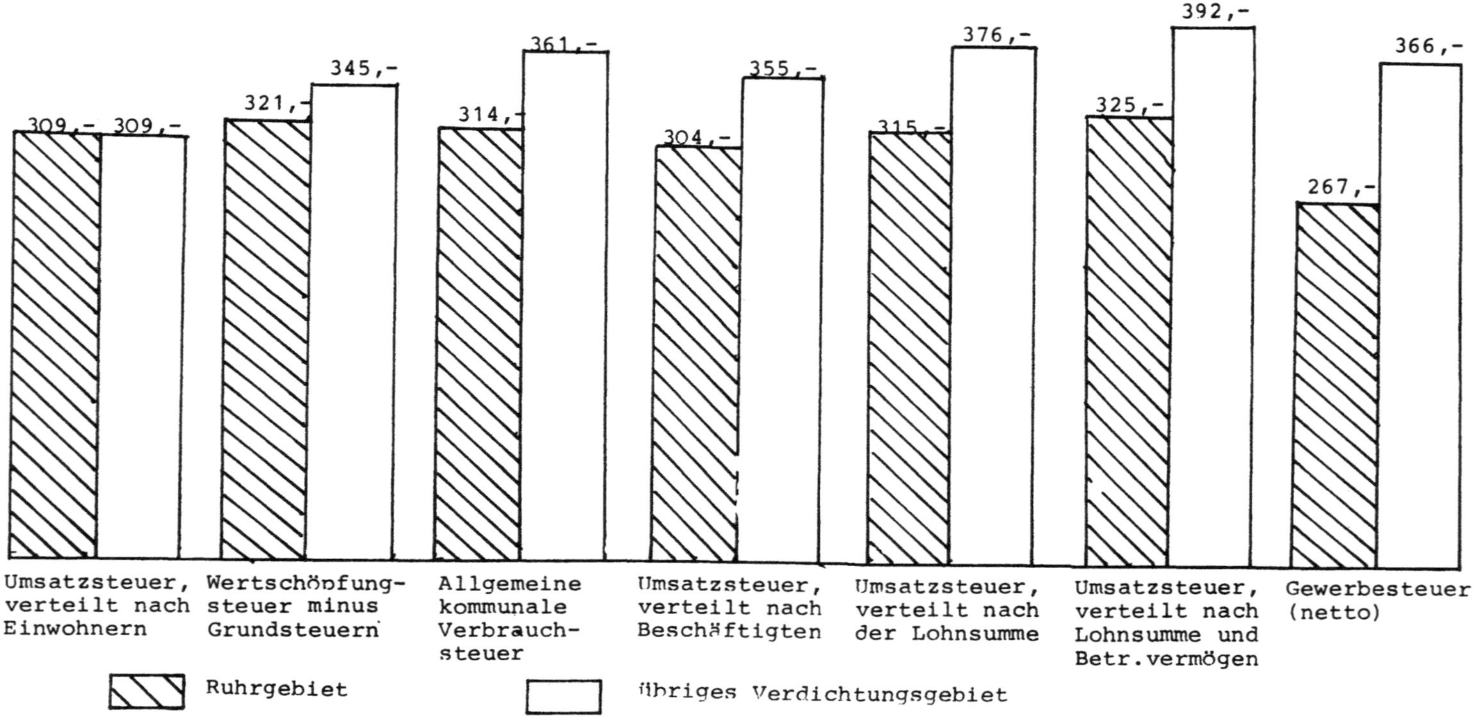

gilt auch noch, wenn man statt von der Gewerbesteuerkraft von den effektiven Gewerbesteuereinnahmen ausgeht. Diese Aussage wird auch in der Tabelle A7 der Anteilswerte einzelner Regionen am Steueraufkommen des Landes sichtbar.

6.4 Einige zusätzliche Aspekte bei der Bewertung der Rechenergebnisse

In die Bewertung dieser Ergebnisse sind nun eine Reihe von Überlegungen einzubeziehen:

- Die Rechenergebnisse bieten eine Momentaufnahme. Sie zeigen nicht die regional unterschiedliche Entwicklungsdynamik der einzelnen Steuerquellen. Welch große Unterschiede in den Einnahmen sich bei einem aufkommensneutralen Tausch von Steuerquellen im Zeitablauf ergeben, und zwar sowohl für die einzelne Gemeinde als auch für die Gemeinden insgesamt, läßt sich im Rückblick auf die Entwicklung der kommunalen Einnahmegewinne aus der Gemeindefinanzreform (Beteiligung an der Einkommensteuer im Austausch gegen Gewerbesteuerumlage) seit 1970 zeigen.[1]

- Die dargestellte Umverteilung von kommunaler Finanzkraft ist nicht endgültig. Kompensationseffekte im Finanzausgleich würden einen Großteil der Gewinne und Verluste an Steuerkraft ausgleichen, allerdings aufgrund der Konstruktion des Finanzausgleichs vor allem in Gemeinden mit geringer Anspannung der Hebesätze. Wie weit die Kompensation gehen würde, ist nicht zu quantifizieren. Dazu müßte bekannt sein, wie der Finanzausgleich an ein geändertes kommunales Steuersystem angepaßt wird. Es ist aber absehbar, daß die Kompensationseffekte gering ausfallen würden, wenn Steuereinnahmen, die jetzt nur bis zur Höhe des fiktiven Hebesatzes im Finanzausgleich berücksichtigt werden, in Zukunft voll angerechnet werden, wie dies bei einer Beteiligung an der Umsatzsteuer zu erwarten ist. In diesem Fall wäre es möglich, daß die effektiven Steuereinnahmen einer Stadt sinken, im Finanzausgleich aber eine höhere Steuerkraft unterstellt wird als bisher, so daß auch die Schlüsselzuweisungen abnehmen. Der dadurch bewirkte Verlust an Finanzkraft wäre endgültig, da auch eine Kompensation durch Hebesatzanhebungen nicht möglich wäre.

---

1) Vgl. die Berechnung bei O.-E. Geske, 1980, S. 243

- Die Aggregation der Kreise und kreisfreien Städte zu den Zonen der Siedlungsstruktur macht es notwendig, einige steuerstarke Ballungsrandgemeinden der ländlichen Zone zuzurechnen und einige ländliche Gemeinden dem Ballungsrand. Die Unterschiede zwischen diesen Zonen wären krasser, könnte von einer gemeindescharfen Abgrenzung ausgegangen werden. Dies ließ die Datenlage jedoch nicht zu.

- Die Ergebnisse für Nordrhein-Westfalen sind nicht ohne weiteres auf das übrige Bundesgebiet zu übertragen. Typisch für Nordrhein-Westfalen ist etwa die besondere Gewerbesteuerschwäche des Ruhrgebiets im Vergleich zu anderen Ballungsgebieten. Die Steuerkraftunterschiede zwischen Ballungskernen, Randzonen und angrenzenden ländlichen Räumen sind dort in der Regel niedriger als bei anderen Verdichtungsgebieten, etwa der Rheinschiene. Die Einbeziehung des Ruhrgebiets in die regionalen Aggregate schwächt daher tendenziell wie die zuvor genannten statistischen Ungenauigkeiten die Unterschiede zwischen den Zonen der Siedlungsstruktur ab. Es ist zu vermuten, daß sich für andere Verdichtungsgebiete (Stuttgart, München, Frankfurt) im Vergleich zu den angrenzenden ländlichen Räumen stärkere Unterschiede in der Steuerkraft zeigen. Auch sind für einige periphere ländliche Räume in den übrigen großen Flächenländern deutlich abweichende Ergebnisse im Vergleich zur ländlichen Zone Nordrhein-Westfalens zu erwarten.

V. Zusammenfassung und Fazit

1. Zur Bedeutung der Beurteilungskriterien für ein kommunales Steuersystem

Die Diskussion über ein funktionsgerechtes kommunales Abgabensystem läuft Gefahr, "wegen der Überfrachtung mit Ansprüchen letztlich in Kompromisse zu münden, die steuerpolitisch, steuersystematisch und steuertechnisch in sich widersprüchliche Elemente aufweisen und auf Dauer nicht tragfähig sind."[1] Es ist daher zweckmäßig, sich in Erinnerung zu rufen, welche Aufgaben ein kommunales Steuersystem prinzipiell erfüllen soll. Es soll "den Gemeinden für den im Rahmen des Finanzausgleichs bestimmten Bereich kommunaler Aufgaben- und Ausgabenverantwortung einen effizienten Mitteleinsatz durch Selbstverantwortung, d.h. durch Disposition über eigene Mittel ermöglichen und dafür sorgen, daß die verschiedenen Gemeindetypen über ausreichende, d.h. auch ihrer Struktur und Funktion entsprechende Belastungsmöglichkeiten verfügen (Funktionsadäquanz)."[2]

Diese Forderung deckt sich weitgehend mit den Grundannahmen, die in diesem Gutachten für eine Ablösung der Gewerbesteuer getroffen wurden: Ersatz für die Gewerbesteuer kann nur durch eine neue bedeutende Steuerquelle, sei dies eine eigenständige kommunale Steuer oder eine Steuerbeteiligung, geschaffen werden. Eine solche neue Steuerquelle muß, da das einwohnerbezogene Element im kommunalen Finanzsystem durch den Gemeindeanteil an der Einkommensteuer und die Schlüsselzuweisungen des Finanzausgleichs stark ausgeprägt ist, dem Tatbestand der örtlichen Produktion in geeigneter Weise Rechnung tragen.

Betrachtet man in diesem Lichte die gegenwärtig diskutierten Vorschläge zur Substitution der Gewerbesteuer,

---

1) H. Rehm, 1982, S. 208.
2) Ebenda.

so zeichnet sich, sieht man einmal von dem Vorschlag ab, eine Beteiligung an der Umsatzsteuer nach Einwohnern zu verteilen, ein Konsens ab. Sämtliche Vorschläge berücksichtigen in der einen oder anderen Weise die örtliche Produktion.

Auch wenn man den Katalog der Beurteilungskriterien für die Gewerbesteuersubstitute durchgeht, ergibt sich weitgehende Übereinstimmung darüber, daß die mit den Kriterien verbundenen Zielsetzungen anzustrebende Ziele sind. Allein die Frage der räumlichen Streuung scheint in sich umstritten. Der Mangel an exakten wissenschaftlichen Aussagen über den Finanzbedarf macht hier politische Wertungen notwendig.

Die Feststellung über eine weitgehende Einigkeit in der Frage der Beurteilungskriterien ist nicht verwunderlich. In den finanzwissenschaftlichen Literatur herrscht weitgehend Einigkeit über die allgemeinen Anforderungen an ein modernes Steuersystem.[1] Ebenso unumstritten ist, daß für die Kommunen besondere Anforderungen an das Steuersystem gelten. Die eigentliche Diskussion kann daher auf den Punkt gebracht werden: Inwieweit darf ein kommunales Steuersystem von den allgemein für Steuern geltenden Zielen abweichen. Die Fragestellung läßt sich noch verengen. Allgemeine übergeordnete Kriterien wie Steuervereinfachung, Erhebungsbilligkeit etc. spielen in der gegenwärtigen Diskussion zwischen den alternativen Substitutionsvarianten eine geringe Rolle. Sie werden meist nur ergänzend zur Argumentation herangezogen, es sei denn, ein Ziel ist so fundamental verletzt wie beim DIHT-Vorschlag das Ziel eines geregelten Finanzausgleichs zwischen Gemeinden und Bund und Ländern. Zur entscheidenden Frage wird deshalb, nicht zuletzt wegen der gegenwärtigen wirtschaftlichen Rahmenbedingungen: Räumt man den kommunalpolitischen oder den wirtschaftspolitischen Kriterien den Vorrang ein?

1) Vgl. die umfangreichen Darstellungen bei F.Neumark, Tübingen 1970 und H. Haller,3.Aufl., Tübingen 1981.

Hier nun mag, wer die Durchsetzung wirtschaftspolitischer Ziele präferiert, sagen, die Rahmenbedingungen für die Erfüllung der kommunalen Kriterien haben sich geändert. Zum Beispiel bestehe nicht mehr wie in früheren Ausmaß die Notwendigkeit einer Verstetigung kommunaler Steuereinnahmen. Dennn zum einen habe die Gemeindefinanzreform durch die Beteiligung an der Einkommensteuer im Austausch gegen die Gewerbesteuerumlage bereits eine gewisse Verstetigung gebracht, zum anderen habe der Bund seit der Novellierung des Grundgesetzes im Zuge der Gemeindefinanzreform die Möglichkeit, den Gemeinden aus konjunkturpolitischen Gründen Finanzhilfen für Investitionen zu gewähren. Die Erfahrungen mit diesem Instrument stimmen allerdings wenig optimistisch.

Auch das Kriterium Autonomie wird in seiner Bedeutung angezweifelt. Zwar zweifelt niemand am grundsätzlichen Wert der Gemeindeautonomie. Allerdings wird geltend gemacht, daß das Ideal der Gemeindeselbstverwaltung an der Realität vorbeigehe. Das Interesse des Bürgers an der Kommunalpolitik sei etwa durch die Beteiligung der Gemeinden an der Einkommensteuer nicht geweckt worden. Die Beziehung des Bürgers zur Gemeinde hätte sich gelockert. Die Gebietsreform und die gewachsene Mobilität der Bevölkerung hätten ein übriges getan, kurz: Der Bürger verstehe sich heutemehr als Regionalbürger; nur die Kommunalpolitiker denken immer noch in den Kategorien von Verwaltungsgrenzen. Im übrigen erwarte der Bürger heute überall die gleichen kommunalen Leistungen und mit Recht. Der Grundsatz der Einheitlichkeit der Lebensverhältnisse sei längst in seinem Bewußtsein verankert; für regional unterschiedliche Leistungen, die auch ein unterschiedliches Heranziehen der Einwohner zur Finanzierung erfordern, habe er kein Verständnis.

Diese Argumente haben sicher vieles für sich. Daß auch der Charakter der Gemeindeautonomie mit der Ausdehnung staatlicher Ziel- und Aufgabenbereiche, der Entwicklung zum Sozialstaat und der Zunahme wirtschaftspolitischer Interventionen einem Wandel unterworfen ist, ist unbestritten.[1] Es macht jedoch keinen Sinn, die gesamte steuerpolitische Autonomie der Gemeinden mit Blick auf ein nicht erreichtes Ideal zu verwerfen, weil das gegenwärtige Steuersystem nicht den Anforderungen entspricht, die vom Standpunkt der Autonomie zu stellen sind. Vielmehr ist eine Besinnung auf die wesentliche Funktion der kommunalen Autonomie und ihres Kernstücks, des Hebesatzrechtes notwendig. Flämig definiert die Funktion dieses Rechts folgendermaßen: "Ohne ein solches Recht zur Festsetzung der Hebesätze bei den wichtigsten Gemeindesteuern würde es an dem für eine eigenverantwortliche Selbstverwaltung unentbehrlichen Spannungsverhältnis zwischen dem Streben nach einem möglichst hohen Niveau der öffentlichen Leistungen und einer möglichst niedrigen Steuerbelastung fehlen. Die Gemeindevertreter würden nicht mehr genötigt sein, bei allen Entscheidungen über finanzielle Fragen der dadurch verursachten Belastung der Bürger ebenso Rechnung zu tragen wie dem Interesse der Bürger an möglichst hohen Leistungen."[2] Es ist deshalb Rehm zuzustimmen, wenn er den Schluß zieht: "Vieles spricht dafür, daß die Fehlentwicklungen in den Kommunalfinanzen darauf zurückzuführen sind, daß finanzpolitische Verantwortung und lokale finanzwirtschaftliche Kompetenz nicht mehr deckungsgleich sind."[3] Die Fragestellung lautet also letztlich, ob man auf die Vorteile fiskalischer Autonomie ganz verzichten zu können glaubt, weil Idealvorstellungen, wie in anderen Bereichen staatlicher Politik auch, nicht vollständig erreichbar sind und welche Einbußen bei anderen Zielen man gegebenenfalls dafür in Kauf nimmt, um die kommunale Finanzhoheit zu erhalten.

---

1) Vgl. H. Haller, 1968, S.249 ff.
2) C. Flämig, Baden-Baden 1974, S. 24.
3) Vgl. H. Rehm, 1982, S. 222.

2. Die verschiedenen Substitutionsvarianten im Vergleich anhand des Kriterienrasters

Versucht man, die verschiedenen diskutierten Vorschläge zu neuen Kommunalsteuern dahingehend zu ordnen, wie sie den Kriterienkatalog erfüllen, so lassen sich drei Gruppen einteilen.

Zur ersten Gruppe gehören Steuern, die den kommunalpolitischen Kriterien relativ gut entsprechen. Es sind dies: Die Gewerbesteuer neuer Art des Wissenschaftlichen Beirats, die Wertschöpfungsteuer und die allgemeine kommunale Verbrauchsteuer.

Zur zweiten Gruppe gehören die Vorschläge zur Beteiligung der Gemeinden an der Umsatzsteuer, die sich im wesentlichen nur durch die Frage des Verteilungsschlüssels unterscheiden. Sie erfüllen die wirtschaftspolitischen Kriterien in hervorragender Weise, lassen aber kein Hebesatzrecht zu.

Die dritte Gruppe von Vorschlägen versucht, zwischen den kommunalpolitischen und wirtschaftspolitischen Anforderungen an eine Steuer einen Kompromiß zu finden. Hierzu gehören das DIHT-Modell, der Vorschlag Ritters zur Kombination einer Mehrwertsteuerbeteiligung mit einer reduzierten und ihrer ertragsunabhängigen Elemente entledigten Gewerbesteuer. Wahrscheinlich wird man auch den Vorschlag zu einer kommunalen Ertragsteuer auf die vier Einkunfstarten Einkünfte aus Gewerbebetrieb, aus Land- und Forstwirtschaft, aus selbständiger Arbeit und aus Vermietung und Verpachtung hier einordnen müssen. Denn dieser Vorschlag ist sowohl vom Standpunkt der Wirtschaft als auch der Kommunen aus zweite Wahl. Vom Standpunkt der Wirtschaft aus, weil er zwar die ertragsunabhängige Gewerbebesteuerung beseitigt und durch Ausweitung des Kreises der Steuerzahler die Lasten gleichmäßiger verteilt, also für jetzt der Gewerbesteuer unterliegende Betriebe verringert, aber eigentlich keine Erhöhung der direkten Besteuerung sondern eine Umschichtung zur indirekten Besteuerung, sprich Mehrwertsteuer das Gebot der Stunde ist. Vom Standpunkt der Gemeinden, weil zwar das Hebesatzrecht erhalten bleibt, allerdings die Bemessungsgrundlage insgesamt nicht ein so krisensicheres Aufkommen verspricht, wie dies von den Kommunen gefordert wird.

Diese Gesamteinschätzung der Substitutionsvarianten zeigt sich deutlich, wenn man, wie in Tabelle 11 geschehen, versucht, die Eignung der einzelnen Steuern im Überblick darzustellen. Für die Einschätzung bezüglich der einzelnen Kriterien gilt dabei:

+++ Das Kriterium wird in hervorragender Weise erfüllt
++ Das Kriterium wird überwiegend erfüllt
+ Dem Kriterium wird in geringem Umfang Rechnung getragen
o Die Steuer verhält sich bezüglich des Kriteriums neutral
- Das Kriterium wird in geringem Umfang verletzt
-- Das Kriterium wird in starkem Umfang verletzt
--- Das Kriterium wird total verletzt.

Für die konkrete Einschätzung spielt dabei auch die Relation der einzelnen Steuern untereinander eine Rolle.

Tabelle 11: Die Bewertung der Vorschläge zur Substitution der Gewerbesteuer anhand der Beurteilungskriterien

Beurteilungskriterien	heutige Gewerbesteuer	Gewerbesteuer neuer Art 1)	Wertschöpfungsteuer 2)	Allgem. kommunale Verbrauchsteuer	Beteiligung an der Umsatzsteuer mit Vert.-Schlüssel Lohnsumme 3)	DIHT-Modell 4)	DIHT-Modell mit begrenzter Anrechenbarkeit 4/5	Kombination von Umsatzsteuer und Gewerbeertragsteuer 6)	Kommunale Ertragsteuer auf die vier Einkünfte 7)
Spezielle Kriterien für ein kommunales Steuersystem									
1. Gemeindeautonomie	+	+ + +	+ + +	+ + +	– –	–	–	–	+ +
2. Fühlbarkeit	–	+	+	+ + +	– – –	– – –	– –	– –	+ +
3. Interessenausgleich	–	+ + +	+ + +	–	– – –	– – –	– –	– –	+ + +
4. Flexibilität (Hebesatzrecht)	+ + +	+ + +	+ + +	(+ + +)	– – –	+	+	+	+ + +
5. Konjunkturunabhängigkeit	– –	+ + +	+ + +	+ + +	+ + +	+ + +	+ + +	+ +	+
6. Wachstumsproportionalität	–	– –	+ + +	+ + +	+ + +	–	–	+	–
7. Räumliche Neutralität 8)	–	O 9)	O 9)	– – –	O	O	O	O	O 9)
8. Räumliche Streuung 10)		11)				11)	11)	12)	13)
a) Verstärkung der Steuereinnahmen in Ballungskernen/Randzonen/ländl. Zonen	O O O	+ + + – – – – –	+ + + – – – – – –	+ + – – – –	+ + O –	+ + O –	+ + O –	+ + + – – – – –	– + +
b) Nivellierung der horizontalen Streuung	O	+ + 11)	+ +	+ + +	+ +	+ + 11)	+ + 11)	– – 12)	+ 13)
Wirtschaftspolitische Kriterien									
1. Wettbewerbsneutralität	– –	– –	+ + +	+ + +	+ + +	+ + +	+	+	+ + +
2. Gefahr der Substanzbesteuerung	– – –	– – –	– –	–	–	–	–	+	+ + +
3. Internationale Wettbewerbsfähigkeit	– –	– –	– –	+ + +	+ + +	+ + +	+ +	+ +	– –
4. Wachstumsorientierung	– – –	– –	– –	+ + +	+ + +	+ + +	+ +	+ +	– – –
Übergeordnete Kriterien									
1. Systemhaftigkeit der Besteuerung	– – –	– –	+ +	+ + +	+ + +	–	– – –	– – –	– – –
2. Steuervereinfachung	– –	– –	– –	+	+ + +	– –	– –	+	+ +
3. Steuertechn. Aufwand bei Einführung und Erhebung	–	–	– – –	+	+ + +	–	–	+	+ +
4. Aushöhlung der Steuern anderer Ebenen	–	–	–	O	O	– – –	– 14)	–	O
5. EG-Steuerharmonisierung 15)	O	O	O	– – –	+ + +	+	+	+	O

1) mit den Bemessungsgrundlagen Gewerbekapital und Lohnsumme, der Ausdehnung der Steuerpflicht auf die freien Berufe und der Senkung der Freibeträge

2) gemäß dem Vorschlag des Wissenschaftlichen Beirats beim Bundesministerium der Finanzen.

3) Die übrigen Varianten einer Umsatzsteuerbeteiligung unterscheiden sich im wesentlichen nur hinsichtlich des Verteilungsschlüssels und damit der regionalen Streuung.

4) bei Wiedereinführung der Lohnsumme als obligatorische Bemessungsgrundlage

5) bei Anrechenbarkeit der Gewerbesteuer auf die Umsatzsteuer bis zu einer Hebesatzhöchstgrenze.

6) gemäß dem Vorschlag von .W. Ritter.

7) auf inländische Einkünfte aus Gewerbebetrieb,aus selbständiger Arbeit,aus Land- und Forstwirtschaft und aus Vermietung und Verpachtung.

8) Beurteilt wird nicht die Aneutralität aufgrund unterschiedlicher Finanzausstattung und damit unterschiedlicher Leistungen der Kommunen, sondern die Gefahr unerwünschter raumwirtschaftlicher Prozesse aufgrund der regionalen Steuerausweichung. Die Aneutralität, die von der Anreizwirkung auf das kommunalpolitische Verhalten, z.B. im Bereich Wirtschaftsförderung, ausgeht, wird hier ebenfalls nicht mitbewertet. Sie hängt weniger vom Charakter der Steuer als von ihrer finanziellen Bedeutung im Vergleich zu den anderen kommunalen Einnahmequellen ab.

9) Die positivere Einschätzung im Vergleich zur Gewerbesteuer kommt dadurch zustande, daß durch die Ausweitung des Kreises der Steuerpflichtigen bei aufkommensneutraler Steuerreform sich die Last und damit der Anreiz zur Standortverlagerung für den einzelnen Steuerzahler verringert.

10) ausgehend von der heutigen Streuung der Gewerbesteuer

11) vermutet aufgrund der Berechnungen zur Streuung des Gewerbekapitals (Rohbetriebsvermögen) und/oder der Lohnsumme.

12) vermutet aufgrund der Streuung der heutigen Gewerbesteuer und der Umsatzsteuer verteilt nach dem Schlüssel Lohnsumme und Rohbetriebsvermögen

13) diese Bewertung kann sich nur auf Plausibilitätsüberlegungen etwa zur räumlichen Streuung der Bemessungsgrundlage Mieten stützen.

14) bei Anrechenbarkeit bis zu einer bestimmten Hebesatzgrenze

15) bei enger Betrachtungsweise, d.h., Harmonisierungsbedarf liegt nur bei Umsatz- und Verbrauchsteuern vor; speziell lokale Steuern bleiben zugelassen.

2.1 Der Vergleich anhand der speziellen Kriterien für ein kommunales Steuersystem

Das Kriterium Gemeindeautonomie kann nicht auf die Frage des Hebesatzrechtes beschränkt werden, zumal dieses auch wesentlich für die Beurteilung der fiskalischen Flexibilität ist. Vielmehr gehören zum Kriterium Autonomie die Aspekte:

- Stetigkeit und Sicherheit des Aufkommens
- Unabhängigkeit von einzelnen steuerstarken Zensiten
- Beeinflußbarkeit des Steueraufkommens durch Pflege der Bemessungsgrundlagen (Wirtschaftsförderung)

Die Gewerbesteuer in ihrer heutigen Form wird unter diesen Aspekten auch von den Gemeinden zunehmend mit Skepsis betrachtet. Zu sehr hängt das Steueraufkommen und damit eine geordnete kommunale Finanzwirtschaft vom Wohl und Wehe einzelner Unternehmen ab. Das Kriterium wird also nicht voll erfüllt, auch wenn ein Hebesatzrecht vorhanden ist. Dagegen werden Gewerbesteuer "neuer Art", Wertschöpfungsteuer und allgemeine kommunale Verbrauchsteuer aufgrund ihrer breiteren Streuung der Belastung auf Gemeindegruppen diesen Aspekten besser gerecht.

Dies gilt auch für eine Beteiligung an der Umsatzsteuer. Hier wiegt allerdings schwer, daß ein Hebesatzrecht nicht möglich ist. Dies mag zu einer in der Tabelle nicht darstellbaren geteilten Bewertung für verschiedene Gemeindetypen führen. Gemeinden, die bei der Gewerbesteuer unterdurchschnittliche Hebesätze aufweisen, hätten von einer Umsatzsteuerbeteiligung eventuell Vorteile zu erwarten, was Stetigkeit und Sicherheit des Aufkommens und die Unabhängigkeit von einzelnen Großbetrieben betrifft. Dies mag für sie den Verlust eines doch nur in geringem Umfang ausgeübten Rechtes aufwiegen. Dies gilt allerdings nicht für die Großstädte mit ihren überdurchschnittlichen Hebesätzen.

Das DIHT-Modell behält die Gewerbesteuer formal bei, das Hebesatzrecht dürfte aber faktisch stark eingeschränkt werden. Die Bewertung fällt daher negativ aus, auch wenn positiv zu Buche schlägt, daß die Gewerbesteuer gleichzeitig im Sinne der Gewerbesteuer "neuer Art" umgestaltet wird. Allerdings wird das DIHT-Modell vielfach nur als Übergangslösung angesehen, so daß es langfristig keinen Beitrag zur Erhaltung der Gemeindeautonomie leisten kann.

Das Kriterium Fühlbarkeit soll dazu beitragen, die positiven allokativen Wirkungen der Kommunalsteuern zur Geltung zu bringen. Eine ausreichende Fühlbarkeit dürfte aber nur von Kommunalsteuern mit Hebesatzrecht ausgehen. Bei der Umsatzsteuerbeteiligung geht der Zusammenhang zwischen steuerlicher Belastung und kommunalen Leistungen verloren. Allerdings kann eine zu hohe Fühlbarkeit bei leichter Möglichkeit regionaler Steuerausweichung unerwünschte raumwirtschaftliche Prozesse auslösen. Die hohe Fühlbarkeit einer offen überwälzten kommunalen Verbrauchsteuer ist deshalb nicht nur positiv zu werten.

Das Ziel des Interessenausgleichs ist mit der kommunalen Autonomie insofern stark verbunden, als ein Austarieren von Interessen örtlicher Gruppen über das Steuersystem nur bei fiskalischer Beweglichkeit möglich ist. Der Beteiligung an der Umsatzsteuer ist von daher vorzuwerfen, daß die steuerliche Belastungswirkung unabhängig von kommunalen Willensbildungsprozessen und der Standortgunst und-ungunst von Gemeinden erfolgt. Ein Ausgleich erfordert aber die Möglichkeit unmittelbarer Belastung einzelner kommunalpolitischer Gruppen und das Hebesatzrecht. Wenn dennoch die heutige Gewerbesteuer unter dem Kriterium Interessenausgleich negativ eingestuft wird, so deshalb, weil es ihr an der Allgemeinheit der Belastungswirkung mangelt. Diese Allgemeinheit der Belastung wäre bezüglich der örtlichen Wirtschaft zwar bei der Gewerbesteuer neuer Art und der Wertschöpfungsteuer gegeben, allerdings bliebe das Prinzip des Interessenausgleichs durch das kommunale Steuersystem ein Torso, wenn zu diesen Steuern nicht eine adäquate Belastungsmöglichkeit der Gemeinden für ihre Einwohner hinzuträte, sei dies ein Zuschlagsrecht zur bestehenden Einkommensteuer oder eine vergleichbare Lösung. Denn die Grundsteuer allein kann diese Rolle im Interessenausgleich nicht übernehmen. Die negative

Beurteilung der kommunalen Verbrauchsteuer beruht darauf, daß sie nur vom Einzelhandel erhoben wird. Eine Belastung der örtlichen Industrie als einer wichtigen Interessengruppe ist damit nicht möglich.

Das Kriterium Flexibilität wird nur von den Steuern mit Hebesatzrecht erfüllt. Insoweit dieses Recht faktisch eingeschränkt werden könnte, ist die Bewertung mit Klammern vorgesehen. So ist etwa bei der Verbrauchsteuer zu vermuten, daß die Leichtigkeit der regionalen Steuerausweichung keine allzu großen Hebesatzunterschiede zuläßt. Beim DIHT-Modell und bei den Modellen der Kombination einer rudimentären Gewerbesteuer mit einer Umsatzsteuerbeteiligung dürfte das Hebesatzrecht schon durch Gesetz stark eingeschränkt werden.

Beim Kriterium Konjunkturunabhängigkeit dürfte die Gewerbesteuer "neuer Art" am besten abschneiden, gefolgt von einer Umsatzsteuerbeteiligung und der Wertschöpfungsteuer. Bei der Umsatzsteuer sind allerdings zwei Aspekte getrennt zu betrachten, nämlich zum einen die Konjunkturunabhängigkeit der Umsatzsteuer selbst, zum anderen die Konjunkturunabhängigkeit des Verteilungsschlüssels. Letztere kann sich bei unterschiedlichen Branchenkonjunkturen in einer Verschiebung regionaler Steueranteile auswirken. Dies gilt jedoch auch für andere Steuern. Es interessiert in diesem Zusammenhang nur der gesamtwirtschaftliche Effekt und damit die Konjunkturunabhängigkeit der Umsatzsteuer selbst.

Das DIHT-Modell mußt unter dem Kriterium der Konjunkturabhängigkeit, immer vorausgesetzt, die Lohnsumme wird als Bemessungsgrundlage der Gewerbesteuer obligatorisch eingeführt, ähnlich wie die Gewerbesteuer neuer Art eingeschätzt werden.

Das Kriterium Wachstumsproportionalität steht in gewisser Konkurrenz zur Konjunkturabhängigkeit, dem wachstumsreagible Bemessungsgrundlagen reagieren auch auf Konjunkturausschläge. Beide Kriterien müssen deshalb im Sinne eines optimalen Kompromisses beurteilt werden. Nur im Sinne eines solchen Kompromisses können Steuern unter beiden Kriterien als günstig beurteilt werden, dann nämlich, wenn sie jeweils einem als ausreichend definierten Anspruchsniveau genügen, wie die Wertschöpfungsteuer, die Umsatzsteuer oder eine kommunale Verbrauchsteuer. Bei der Gewerbesteuer in ihren Varianten kann die Entwicklung der Bemessungsgrundlage, über längere Zeiträume betrachtet, mehr oder weniger stark vom gesamtwirtschaftlichen Wachstum abweichen. Knüpft sie, wie die Gewerbesteuer "neuer Art" zudem an Bestandsgrößen wie dem Gewerbekapital an, ist ein Zurückbleiben hinter der gesamtwirtschaftlichen Entwicklung vorausprogrammiert. Dieser Mangel der Gewerbesteuer fällt nicht so sehr ins Gewicht, wenn sie in reduzierter Form neben einer Beteiligung an der Umsatzsteuer zum kommunalen Steueraufkommen beiträgt. Auch bei einer kommunalen Ertragsteuer auf die vier Einkünfte sind aufgrund der Bemessungsgrundlage (z.B.Mieten) Abweichungen vom gesamtwirtschaftlichen Wachstum über längere Zeiträume zu erwarten.

Das Kriterium der räumlichen Neutralität ist schwer einzuschätzen, denn es hängt natürlich auch von der fiskalischen Bedeutung einer Steuer ab. Gemeint sind hier Aspekte, die über die Frage der Streuung des Aufkommens hinausgehen, etwa Standortwirkungen von Steuern und fiskalische Anreize zu einem raumordnungspolitisch unerwünschten Verhalten der Gemeinden. Eine eindeutige räumliche Aneutralität wird man der kommunalen Verbrauchsteuer unterstellen dürfen. Schwieriger zu beantworten ist diese Frage jedoch bei den anderen Substitutionsvarianten mit Hebesatzrecht, etwa der Wertschöpfungsteuer. Der Wissenschaftliche Beirat geht zu Recht davon aus, daß diese Frage nur empirisch beantwortet werden kann, indem das Verhalten der Kommunen beobachtet wird und gegebenenfalls durch Änderung der Aufkommensrelationen von Gemeindeanteil Einkommensteuer und Gewerbesteuersatz unerwünschte fiskalische Anreize im kommunalpolitischen Bereich wie ein zu starkes oder geringes fiskalisches Interesse an der Wirtschaftsförderung beseitigt werden.[1)]

Bei der Beurteilung regionaler Unterschiede im Steueraufkommen wird meist von der horizontalen und vertikalen Streuung von Steuern ausgegangen. Da hier eine Betrachtung

1) Vgl. Wissenschaftlicher Beirat beim Bundesministerium der Finanzen, Bonn 1982, S.

nach Größenklassen nur sehr eingeschränkt, nämlich für die kreisfreien Städte möglich ist, wird statt auf die vertikale Streuung auf die Unterschiede im effektiven Steueraufkommen zwischen Ballungskernen, Ballungsrandzonen und ländlichen Zonen abgestellt. Dabei wird unterstellt, daß ein Hebesatzgefälle zwischen den Zonen der Siedlungsstruktur, wie es bei der Gewerbesteuer auftritt, sich auch bei den anderen Steuern mit Hebesatzrecht in ähnlicher Weise zeigen würde. Welche Streuung angemessen ist, ist politisch umstritten und mit Werturteilen verbunden. Das Kriterium "Räumliche Streuung" wurde deshalb neutral formuliert als Verstärkung der Steuereinnahmen in den Ballungszentren, Ballungsrandzonen und ländlichen Zonen im Vergleich zur Gewerbesteuer. Im Gegensatz zur Frage der angemessenen vertikalen Streuung ist unumstritten, daß die horizontale Streuung der Gewerbesteuer zu stark ist. Das Kriterium kann daher formuliert werden als "Nivellierung der horizontalen Streuung", gemessen an den Variationskoeffizienten aufgrund der Steuerkraftzahlen. Um das Ergebnis der Berechnungen zur Aufkommenstreuung noch einmal zu umreißen: Die günstigste Steuer für die Ballungskerne stellt die Wertschöpfungssteuer dar, gefolgt von der Verbrauchsteuer und der Beteiligung an der Umsatzsteuer, verteilt nach dem Schlüssel Lohnsumme. Ähnlich wie eine Wertschöpfungsteuer dürfte die Gewerbesteuer "neuer Art" und das DIHT-Modell streuen, falls es zur Wiedereinführung der Lohnsummensteuer käme. Diese Vermutung gründet sich auf der Übereinstimmung eines großen Teils der Bemessungsgrundlage der drei Varianten, nämlich der Lohnsumme. Außerdem ergaben auch die Berechnungen zu einem Verteilungsschlüssel Lohnsumme und Rohbetriebsvermögen, daß eine solche Kombination, wie sie auch die Gewerbesteuer "neuer Art" als Bemessungsgrundlage vorsieht, stark die Ballungskerne begünstigt.[1] Nicht zu berechnen und sehr schwer abzuschätzen ist die räumliche Streuung einer kommunalen Ertragsteuer auf die vier Einkünfte. Die Bemessungsgrundlage Gewerbeertrag deutet auf eine ähnliche Streuung wie bei der Gewerbesteuer hin. Allerdings dürften die drei anderen Einkunftsarten, insbe-

1) Siehe Kap. IV.,5.3.

sondere die Einkünfte aus Mieten und Pachten für eine gleichmäßigere Streuung sorgen.

Nicht in die Tabelle aufgenommen wurden die Verteilungsschlüssel für eine Umsatzsteuerbeteiligung Einwohner und Lohnsumme und Rohbetriebsvermögen, die zu Extremen der Gleich- bzw. Ungleichverteilung der Steuerkraft führen. Auch der Schlüssel Beschäftigte wurde nicht dargestellt. Diese verschiedenen Varianten der Umsatzsteuerbeteiligung unterscheiden sich ja nur in der Frage der räumlichen Streuung von einer Umsatzsteuerbeteiligung verteilt nach der Lohnsumme.

Die räumliche Streuung einer Kombination von Gewerbeertragsteuer und Beteiligung an der Umsatzsteuer hinge zum einen von dem benutzten Verteilungsschlüssel ab, zum anderen von der Frage, wieweit das Hebesatzrecht bei der Gewerbeertragsteuer begrenzt wird, welche Hebesatzunterschiede also zugelassen werden. Bei einem Schlüssel Lohnsumme und Gewerbekapital, wie von Ritter vorgeschlagen, dürfte die Streuung stärker sein als bei der jetzigen Gewerbesteuer.

2.2 Der Vergleich anhand der wirtschaftspolitischen Kriterien

Das Postulat ökonomischer Wettbewerbsneutralität wird außer von der Gewerbesteuer in ihren Varianten von allen Substitutionsvarianten gut erfüllt.

Die Gefahr der Substanzbesteuerung ist bei der heutigen Gewerbesteuer stark verringert; eine Umgestaltung zur Gewerbesteuer neuer Art würde diese Gefahr wieder erhöhen. Die Wertschöpfungsteuer und die Mehrwertsteuer sind in diesem Zusammenhang schwer einzuordnen. Im Vergleich zur Gewerbesteuer "neuer Art" erfassen sie auch den Unternehmensertrag, jedoch ist der überwiegende Teil der Bemessungsgrundlage bei beiden Steuern ertragsunabhängig. Beide Steuern sind gleichermaßen auf Überwälzung angelegt, d.h. eine Gefahr des Substanzverlustes bei nicht gelungener Überwälzung ist nicht auszuschließen. Die Liquiditätsbelastung ist bei der Wertschöpfungsteuer allerdings etwas größer als bei einer Umsatzsteuer. Die Gefahr der Substanzbesteuerung ist also bei der Gewerbesteuer "neuer Art" am stärksten ausgeprägt. Es folgt die Wertschöpfungsteuer und die Umsatzsteuer. Wo in dieser Rangfolge die Gewerbesteuer einzuordnen ist, ist schwieriger zu sagen. Einerseits ist der ertragsabhängige Bestandteil weit größer als bei der Umsatzsteuer. Andererseits reagieren die vermögensabhängigen Elemente, die einen Anteil von ca. 30 v.H. am Gesamtaufkommen ausmachen, mit ihrem Fixkostencharakter überhaupt nicht auf die Beschäftigungslage eines Unternehmens, wohl aber die Wertschöpfung, egal ob in der Abgrenzung der Wertschöpfungsteuer oder der Mehrwertsteuer. Die Gewerbesteuer muß daher noch negativer beurteilt werden als die Wertschöpfungsteuer. Die kommunale Verbrauchsteuer entspricht weitgehend der Mehrwertsteuer, ebenso das DIHT-Modell. Am positivsten ist unter dem Aspekt der Gefahr der Substanzbesteuerung der Vorschlag einer Ertragsteuer auf die vier Einkünfte zu werten, gefolgt von der Kombination der Umsatzsteuer und einer Gewerbeertragsteuer gemäß dem Vorschlag Ritters.

Die <u>internationale Wettbewerbsfähigkeit</u> wird steuerlich beeinträchtigt, wenn die Exporte im Vergleich zur internationalen Konkurrenz zusätzlich belastet werden oder Importe im Vergleich zum binnenländlichen Güterangebot steuerfrei bleiben. Dies ist bei der Gewerbesteuer und der Wertschöpfungsteuer der Fall. Beide Steuern stellen auf die inländische Produktion ab. Die Mehrwertsteuer belastet dagegen auch Importe und läßt Exporte steuerfrei. Auch eine kommunale Einzelhandelsteuer wäre unter dem Kriterium der internationalen Wettbewerbsfähigkeit unbedenklich. Sie würde auch Importwaren belasten. Eine Steuererstattung bei der Ausfuhr, wie bei der Mehrwertsteuer, ist zwar nicht vorgesehen; sie wäre jedoch auch nicht nötig, da ja nur die inländischen Endumsätze belastet werden. Die Exporte bleiben in der Regel also von vornherein steuerfrei. Problematischer ist die Beurteilung einer kommunalen Ertragsteuer auf die vier Einkunftsarten. Als direkte Steuer kann sie eigentlich nur im Gesamtrahmen des staatlichen Steuer- und Abgabensystems beurteilt werden. Wird die direkte Besteuerung in der Bundesrepublik Deutschland im Vergleich zum Ausland als zu hoch eingeschätzt - die mangelnde steuerliche Förderung der Eigenkapitalbildung werden häufig als eine Ursache der Kapitalschwäche deutscher Unternehmen genannt -, so müßte eine Ertragsteuer negativ beurteilt werden.

Wachstumsförderung kann in bezug auf Steuern nur heißen, die Wachstumsverluste, die durch den Entzug von Finanzmitteln entstehen, möglichst gering zu halten. Die Einschätzung der einzelnen Steuern ist dabei oft mehr eine Aufgabe der Psychologie als der Ökonomie. Die Argumentation bei den einzelnen Steuern soll hier nicht noch einmal wiederholt werden, nur soweit: Die Mehrwertsteuer läßt Investitionen steuerfrei und stellt somit die günstigste Alternative dar. Die Wertschöpfungsteuer belastet die Investitionen. Dies hat die Wirkung einer Zinserhöhung. Sie senkt damit ebenso wie die Gewerbesteuer und die kommunale Ertragsteuer die Netto-Rendite. Diese Wirkung dürfte bei den Ertragsteuern höher liegen als bei der Wertschöpfungsteuer, bei der der größte Teil der Bemessungsgrundlage die Wertschöpfung in der laufenden Produktion ausmacht. Allerdings ist bei der Wertschöpfungsteuer das Investitionsrisiko höher, denn die Steuer wird bereits fällig, wenn eine Investition erfolgt. Bei der Gewerbeertragsteuer und der kommunalen Ertragsteuer hängt das Entstehen einer Steuerschuld jedoch davon ab, ob überhaupt Gewinn gemacht wird. Bei gleichem Steueraufkommen werden also durch die Ertragsteuer die besonders Erfolgreichen bestraft, während die Wertschöpfungsteuer das Risiko gleichmäßig für alle erhöhte. Geht man davon aus, daß zum gegenwärtigen Zeitpunkt eine zu hohe direkte Besteuerung besteht, die den Leistungswillen der Unternehmen hemmt, wäre also der Wertschöpfungsteuer unter diesem Aspekt ein leichter Vorzug zu geben.

2.3 Der Vergleich anhand der übergeordneten Kriterien

Die heutige Gewerbesteuer beeinträchtigt die Systemhaftigkeit des Steuersystems. Ihre Umgestaltung kann daran nur insofern etwas ändern, als die Nähe der Gewerbeertragsteuer zur Einkommensteuer besonders fragwürdig ist. Die Wertschöpfungsteuer verbessert die Systemhaftigkeit, indem sie eine gewisse Willkür, die der analytischen Ertragsbesteuerung zu eigen ist, vermeidet. Auch scheint es steuersystematisch gerechtfertigt, daß der steuerliche Zugriff auf das Sozialprodukt an den drei Anknüpfungspunkten Entstehung, Verteilung und Verwendung des Volkseinkommens erfolgt. Versteht man allerdings unter einem modernen Steuersystem die systematische Ausrichtung auf bestimmte Besteuerungsziele, insbesondere auf das Ziel einer Besteuerung nach der Leistungsfähigkeit, so muß es immer gewisse Systembrüche geben, solange kommunale Objektsteuern vorhanden sind. In diesem Sinne ist einem Dualismus von Personal- und Verbrauchsteuern, d.h. einer Umsatzsteuerbeteiligung der Vorzug zu geben. Steuersystematisch fragwürdig ist auch der Vorschlag zu einer kommunalen Ertragsteuer auf die vier Einkünfte. Vier von sieben Einkunftsarten, die die Einkommensteuer kennt, werden herausgegriffen und ein zweites Mal der Besteuerung unterworfen. Die Ungleichbehandlung von Einkünften kann aber weder mit dem Leistungsfähigkeitsprinzip noch mit dem Äquivalenzprinzip ausreichend begründet werden. Dies läßt die Frage nach der Verfassungsmäßigkeit des Vorschlags entstehen.

Die heutige Gewerbesteuer muß wegen ihrer komplizierten Einheitsbewertung unter dem Aspekt der <u>Steuervereinfachung</u> als negativ bewertet werden. Auch Umgestaltungen der Steuer können keine wesentliche Vereinfachung mehr bringen. Eine wesentliche Steuervereinfachung und Reduzierung des <u>steuertechnischen Aufwandes</u> bringt nur die Umsatzsteuerbeteiligung. Die Gewerbesteuer könnte dann abgeschafft werden, ohne daß eine neue Steuer als Ersatz eingeführt werden muß. Eine gewisse Vereinfachung und Reduzierung des Erhebungsaufwandes bringt noch die kommunale Ertragsteuer auf die vier Einkünfte; die anderen Vorschläge können zum Ziel der Steuervereinfachung nichts wesentliches beitragen. Im Vergleich zu den übrigen Steuern schlägt bei der Wertschöpfungsteuer noch negativ zu Buche, daß mit erheblichem Einführungsaufwand zu rechnen ist.

Die Aushöhlung der Steuern anderer Ebenen durch Kommunalsteuern erschwert einen planmäßigen rationalen Finanzausgleich. Einen gewissen Aushöhlungseffekt bei Einkommen- und Körperschaftsteuer weist die heutige Gewerbesteuer auf. Diesen Effekt hätten als Betriebsausgaben auch Gewerbesteuer neuer Art und Wertschöpfungsteuer, nicht jedoch die kommunale Ertragsteuer auf die vier Einkünfte und die Beteiligung an der Umsatzsteuer. Besonders schwer wiegt der Vorwurf der Aushöhlung des Steueraufkommens von Bund und Ländern beim DIHT-Vorschlag. Dieser läßt sich daher nur rechtfertigen, wenn das kommunale Hebesatzrecht weitgehend eingeschränkt wird. Damit wird der Vorschlag aber ad absurdum geführt, denn sein Vorzug gegenüber einer Beteiligung an der Umsatzsteuer, verteilt nach einem geeigneten Schlüssel, sollte ja gerade die Erhaltung des Hebesatzrechtes sein.

Das EG-Recht macht konkrete Aussagen zur Steuerharmonisierung nur für den Bereich der Umsatzsteuern. Eine Beteiligung an der Umsatzsteuer wäre unbedenklich, eine kommunale Verbrauchsteuer stieße dagegen auf rechtliche Bedenken. Schwieriger sind die übrigen Vorschläge zu lokalen Steuern zu beurteilen, die es in dieser Form nicht oder nur in wenigen Ländern der EG gibt. Das Ziel der Steuerharmonisierung läßt aber durchaus Raum für lokale Steuern. Auch zeigt ein Vergleich innerhalb der EG, daß in anderen Ländern ebenfalls ein Bedarf an Kommunalsteuern besteht, die überwiegend aus Grundbesitz, daneben aber auch an die Produktion anknüpfen, wie die taxe professionelle, die auf die Bemessungsgrundlage Bruttowertschöpfung umgestellt werden soll. Dies zeigt, daß nicht grundsätzlich die Abschaffung der lokalen Steuern von den Zielen der EG her geboten ist. Langfristig konnte sich auch der Typen einer lokalen Steuer auf die örtliche Wertschöpfung als mit der Harmonisierung vereinbar, ja sogar ihr förderlich erweisen.

2.4. Fazit

Faßt man das Ergebnis der Untersuchung zusammen, so bestätigt sich zunächst die Kritik an der heutigen Gewerbesteuer. Sie hat neben vielen Nachteilen eigentlich nur noch zwei Vorteile: ihre Ergiebigkeit und das kommunale Hebesatzrecht. Mittlerweile gibt es eine Reihe von Alternativvorschlägen zur Gewerbesteuer. Diese wurden anhand eines Kriterienrasters geprüft. Von den Vorschlägen, die den speziellen Kriterien für ein kommunales Steuersystem gut entsprechen, stößt die kommunale Verbrauchsteuer wegen ihrer räumlichen Aneutralität auf Bedenken. Gewerbesteuer "neuer Art" und Wertschöpfungsteuer schneiden hingegen positiv ab, allerdings gebührt der Wertschöpfungsteuer aus steuersystematischen und wettbewerbspolitischen Gründen der Vorzug.

Die Entscheidung über eine Ersatzlösung (die politischen Chancen wurden nicht geprüft) dürfte daher zwischen einer Wertschöpfungsteuer und einer Beteiligung an der Umsatzsteuer mit einem produktionsbezogenen Verteilungsschlüssel fallen. Beide Alternativen führen zu einer im Vergleich zur Gewerbesteuer angemesseneren räumlichen Streuung des Aufkommens, insbesondere zu einer gleichmäßigeren Streuung der Steuerkraft zwischen Gemeinden gleicher Größe. Die Umsatzsteuerbeteiligung weist darüber hinaus weitere Pluspunkte auf, etwa in bezug auf die Kriterien internationaler Wettbewerbsfähigkeit, Wachstumsorientierung, Steuervereinfachung, steuertechnischer Aufwand, EG-Steuerharmonisierung. Ihr Nachteil ist, daß sich mit ihr ein kommunales Hebesatzrecht nicht verwirklichen läßt.

Das DIHT-Modell und der Vorschlag der Beibehaltung einer auf ein Drittel reduzierten Gewerbesteuer auf den Ertrag neben der Umsatzsteuerbeteiligung, beide als Kompromißlösung gehandelt, stellen im Grunde nur Übergangsschritte dar, die die Einführung der Umsatzsteuerbeteiligung politisch erleichtern sollen. Denn ein gänzlicher Fortfall der Gewerbesteuer erscheint gegenwärtig kaum denkbar, ohne daß den Gemeinden bei einer anderen Steuer ein Hebesatzrecht zugestanden wird. Ob diese Kompromißvorschläge zu einer dauerhaften Lösung führen können, ist allerdings zweifelhaft. Das Gewerbesteuerproblem wird zunächst nur in seiner quantiativen Bedeutung reduziert und in seiner grundsätzlichen Lösung auf später vertagt. Die Diskussion um die Gewerbesteuer könnte jedoch schnell wiederaufflammen, wenn die Gemeinden ihr Hebesatzrecht zu Anspannungen nutzen.

Auch der Kompromißvorschlag einer kommunalen Ertragsteuer gemäß dem Minderheitsvotum des Wissenschaftlichen Beirats hat einige positive Aspekte für sich. Es paßt jedoch kaum in die steuerpolitische Landschaft, die gegenwärtig eher auf eine Umschichtung der Steuerlast von den direkten zu den indirekten Steuern ausgerichtet ist.

Die Entscheidung zwischen Wertschöpfungsteuer und Umsatzsteuerbeteiligung ist letztlich die Entscheidung darüber, welchen Stellenwert der kommunalen Autonomie im heutigen Staat einzuräumen ist. Sollte die Entscheidung zugunsten der Wertschöpfungsteuer fallen, so bleibt anzumerken: Die positiven Aspekte der kommunalen Finanzautonomie die unter dem Stichwort Interessenausgleich subsumiert werden, können nur zur Geltung kommen, wenn die Gemeinden die Möglichkeit haben, alle relevanten kommunalen Gruppen zu belasten. Ein Hebesatzrecht nur bei der Wertschöpfungsteuer muß den gleichen Vorwurf provozieren, dem schon die Gewerbesteuer unterliegt: Die Wirtschaft wird einseitig zu Gunsten der wohnorientierten Infrastruktur belastet: Begünstigte und Steuerzahler fallen auseinander. Der logische Schritt bei Einführung einer Wertschöpfungsteuer wäre deshalb die Realisierung des Zugschlagrechts bei der Einkommensteuer.

T A B E L L E N A N H A N G

Tabelle A1: Kommunalrechtlicher Status, Zuordnung zu den Zonen der Siedlungsstruktur gem. § 19 LEPro sowie Einwohner und sozialversicherungspflichtig beschäftigte Arbeitnehmer am 30.6.1981 der kreisfreien Städte und Kreise Nordrhein-Westfalens

Kreisfreie Städte /kreisangehörige Gemeinden, nach Kreisen zusammengefaßt	Status[1)]	Zuordnung zu den Zonen gem. § 19 LEPro nach der Siedlungsstruktur[2)]	Einwohner am 30.6. 1981	Sozialversicherungspflichtig beschäftigte Arbeitnehmer am 30.6.1981
Düsseldorf	Krf.St.	BK	588.827	343.238
Duisburg	Krf.St.	BK	556.376	220.489
Essen	Krf.St.	BK	645.035	232.366
Krefeld	Krf.St.	BK	224.108	97.544
Mönchengladbach	Krf.St.	BK	258.321	88.564
Mülheim a.d. Ruhr	Krf.St.	BK	179.907	65.983
Oberhausen	Krf.St.	BK	228.628	71.694
Remscheid	Krf.St.	BK	128.394	51.113
Solingen	Krf.St.	BK	165.199	57.049
Wuppertal	Krf.St.	BK	392.037	145.362
Kleve	Lk	LZ	259.621	61.547
Mettmann	Lk	BR	483.282	141.197
Neuss	Lk	BR*	412.541	114.762
Viersen	Lk	BR*	261.978	67.366
Wesel	Lk	BR*	416.355	105.457
Aachen	Krf.St.	BK	243.595	94.442
Bonn	Krf.St.	BK	289.423	119.672
Köln	Krf.St.	BK	972.928	420.648
Leverkusen	Krf.St.	BK	160.400	77.529
Kreis Aachen	Lk	BR*	288.787	70.531
Düren	Lk	LZ	237.245	70.024
Erftkreis	Lk	LZ*	400.267	93.946
Euskirchen	Lk	LZ	158.101	37.783
Heinsberg	Lk	LZ	214.746	48.109
Oberbergischer Kreis	Lk	LZ	247.639	73.328
Rheinisch-Bergischer Kreis	Lk	BR*	248.343	57.631
Rhein-Sieg-Kreis	Lk	LZ*	465.508	96.655
Bottrop	Krf.St.	BK	114.200	26.165
Gelsenkirchen	Krf.St.	BK	303.019	104.701
Münster	Krf.St.	SolV	269.938	102.377
Borken	Lk	LZ	300.733	85.885
Coesfeld	Lk	LZ	172.913	35.825
Recklinghausen	Lk	BK*	629.332	166.639

Fortsetzung

Tabelle A1: Kommunalrechtlicher Status, Zuordnung zu den Zonen der Siedlungsstruktur gem. § 19 LEPro sowie Einwohner und sozialversicherungspflichtig beschäftigte Arbeitnehmer am 30.6.1981 der kreisfreien Städte und Kreise Nordrhein-Westfalens

Kreisfreie Städte /kreisangehörige Gemeinden, nach Kreisen zusammengefaßt	Status 1)	Zuordnung zu den Zonen gem. § 19 LEPro nach der Siedlungsstruktur 2)	Einwohner am 30.6. 1981	Sozialversicherungspflichtig beschäftigte Arbeitnehmer am 30.6.1981
Steinfurt	Lk	LZ	380.103	98.211
Warendorf	Lk	LZ	248.289	67.692
Bielefeld	Krf.St.	SolV	312.043	132.504
Gütersloh	Lk	LZ	287.039	100.540
Herford	Lk	LZ	231.909	80.843
Höxter	Lk	LZ	143.937	36.395
Lippe	Lk	LZ	327.974	92.716
Minden-Lübbecke	Lk	LZ	286.752	95.020
Paderborn	Lk	LZ*	226.132	67.965
Bochum	Krf.St.	BK	399.240	140.413
Dortmund	Krf.St.	BK	606.166	225.785
Hagen	Krf.St.	BK	217.953	81.831
Hamm	Krf.St.	BR	171.666	53.446
Herne	Krf.St.	BK	181.678	52.726
Ennepe-Ruhr-Kreis	Lk	BR	345.927	112.911
Hochsauerlandkreis	Lk	LZ	267.726	80.399
Märkischer Kreis	Lk	LZ	424.351	151.279
Olpe	Lk	LZ	122.884	35.827
Siegen	Lk	LZ*	285.503	104.701
Soest	Lk	LZ	270.192	77.258
Unna	Lk	BR	388.422	100.574
Nordrhein-Westfalen			17.043.612	5.634.660

1) Kommunalrechtlicher Status: Krf.St. = Kreisfreie Stadt;
Lk = Landkreis

2) Zonale Zuordnung : BK = Ballungskern
BR = Ballungsrandzone
SolV = Solitäres Verdichtungsgebiet
LZ = Ländliche Zone
* = Zugeordnet nach der überwiegenden Zahl der Einwohner bei Überlagerungen von Kreisgrenzen und Zonen der Siedlungsstruktur

Quellen: Landesamt für Datenverarbeitung und Statistik Nordrhein-Westfalen: Stat. Bericht AI2 - hj 1/81, Die Wohnbevölkerung der Gemeinden Nordrhein-Westfalens am 30. Juni 1981;

ders.: Statistisches Jahrbuch Nordrhein-Westfalen, Düsseldorf 1982;

Ministerialblatt für das Land Nordrhein-Westfalen, 32. Jg., Nr. 50, Düsseldorf 22. Juni 1979, S. 1080 ff..

Tabelle A2: Vergleich der Steuerkraftzahlen von Wertschöpfungsteuer und Realsteuern (nach Abzug der Gewerbesteuerumlage) 1981 sowie allgemeiner kommunaler Verbrauchsteuer und Gewerbesteuer (netto) der kreisfreien Städte und Kreise Nordrhein-Westfalens in DM je Einwohner

Kreisfreie Stadt/kreisangehörige Gemeinden, nach Kreisen zusammengefaßt	Grundsteuerkraft	Gewerbesteuerkraft (netto)	Realsteuerkraft (netto)	Wertschöpf.steuerkraft	Wertschöpf.steuerkraft ./. Realsteuerkraft	Allgem. kommunale Verbrauchsteuer	Saldo Verbrauchsteuer ./. Gewerbesteuer
1	2	3	4=2+3	5	6=5-4	7	8=7-3
Düsseldorf	143	648	791	910	-119	448	- 200
Duisburg	87	301	388	433	+ 45	324	+ 23
Essen	93	382	475	562	+ 87	333	- 49
Krefeld	115	406	521	493	- 28	402	- 4
Mönchengladbach	87	268	355	378	+ 23	371	+ 103
Mülheim a.d. Ruhr	103	339	442	380	- 62	366	+ 27
Oberhausen	73	156	230	384	+154	301	+ 145
Remscheid	109	424	534	433	-101	298	- 126
Solingen	81	309	390	370	- 20	346	+ 37
Wuppertal	93	334	424	410	- 14	334	0
Kleve	88	236	315	300	- 15	262	+ 26
Mettmann	93	320	412	296	-116	239	- 81
Neuss	102	318	420	352	- 68	297	- 21
Viersen	80	243	323	266	- 57	230	- 13
Wesel	81	253	333	329	- 4	283	+ 30
Aachen	88	296	384	418	+ 34	425	+ 129
Bonn	119	259	378	502	+124	387	+ 128
Köln	121	392	513	595	+ 82	395	+ 3
Leverkusen	139	523	662	551	-111	352	- 171
Kreis Aachen	71	237	309	254	- 55	249	+ 12
Düren	82	307	389	317	- 72	278	- 29
Erftkreis	82	437	518	346	-172	223	- 214
Euskirchen	83	224	307	281	- 26	285	+ 61
Heinsberg	70	197	266	229	- 37	237	+ 40
Oberbergischer Kreis	72	289	361	320	- 41	255	- 34
Rheinisch-Bergischer Kreis	92	276	368	250	-118	248	- 28
Rhein-Sieg-Kreis	83	220	303	236	- 67	229	+ 9
Bottrop	68	166	234	281	+ 47	260	+ 94
Gelsenkirchen	71	288	360	478	+118	329	+ 41
Münster	99	427	526	499	- 27	361	- 66
Borken	77	255	332	294	- 38	259	+ 4
Coesfeld	72	199	272	264	- 8	264	+ 65
Recklinghausen	75	259	334	335	+ 1	288	+ 29

Fortsetzung

Tabelle A2: Vergleich der Steuerkraftzahlen von Wertschöpfungsteuer und Realsteuern (nach Abzug der Gewerbesteuerumlage) 1981 sowie allgemeiner kommunaler Verbrauchsteuer und Gewerbesteuer (netto) der kreisfreien Städte und Kreise Nordrhein-Westfalens in DM je Einwohner

Kreisfreie Stadt/kreisangehörige Gemeinden, nach Kreisen zusammengefaßt	Grundsteuerkraft	Gewerbesteuerkraft (netto)	Realsteuerkraft (netto)	Wertschöpf.steuerkraft	Wertschöpf.steuerkraft ./. Realsteuerkraft	Allgem. kommunale Verbrauchsteuer	Saldo Verbrauchsteuer ./. Gewerbesteuer
1	2	3	4=2+3	5	6=5-4	7	8=7-3
Steinfurt	73	230	303	303	0	263	+ 33
Warendorf	80	256	336	336	0	244	- 12
Bielefeld	100	392	492	455	- 37	369	- 23
Gütersloh	92	357	449	423	- 26	298	- 59
Herford	90	347	437	413	- 24	312	- 35
Höxter	78	206	283	268	- 15	249	+ 43
Lippe	88	257	345	299	- 46	270	+ 13
Minden-Lübbecke	83	286	369	368	- 1	333	- 47
Paderborn	63	218	280	331	+ 51	285	+ 67
Bochum	86	231	317	458	+141	367	+ 136
Dortmund	90	242	332	411	+ 79	350	+ 108
Hagen	98	288	386	463	+ 77	376	+ 88
Hamm	69	219	288	356	+ 68	334	+ 115
Herne	57	184	241	298	+ 57	256	+ 72
Ennepe-Ruhr-Kreis	88	326	414	314	-100	262	- 64
Hochsauerlandkreis	78	298	376	330	- 46	287	- 11
Märkischer Kreis	90	353	443	393	- 50	267	- 86
Olpe	67	316	382	319	- 63	240	- 76
Siegen	89	345	434	417	- 17	325	- 20
Soest	72	273	345	311	- 34	281	- 8
Unna	69	237	306	271	- 35	236	- 1
Nordrhein-Westfalen insgesamt	89	309	398	398	0	309	0

Quellen: Realsteuerkraft:

Landesamt für Datenverarbeitung und Statistik Nordrhein-Wesfalen: Stat. Bericht LII2, Die Gemeindefinanzen in Nordrhein-Westfalen 1981, Ergebnisse der vierteljährlichen Kassenstatistik.

Wertschöpfungsteuerkraft:

Eigene Berechnungen nach Daten des Landesamtes für Datenverarbeitung und Statistik Nordrhein-Westfalen sowie ders.: Statistischer Bericht PII1-j/79, Das Bruttoinlandsprodukt in den kreisfreien Städten und Kreisen Nordrhein-Westfalens 1978 und 1979.

Verbrauchsteuerkraft:

Eigene Berechnungen nach: Landesamt für Datenverarbeitung und Statistik Nordrhein-Westfalen: Beiträge zur Statistik des Landes NW, Heft 448, Handels- und Gaststättenzählung in Nordrhein-Westfalen 1979, Arbeitsstätten des Einzelhandels und ders.: Beiträge zur Statistik des Landes NW, Heft 453, Handels- und Gaststättenzählung in Nordrhein-Westfalen 1979, Arbeitsstätten des Gastgewerbes.

Tabelle A3: Die Zunahme der Umsätze im Einzelhandel 1978 gegenüber 1967 in den kreisfreien Städten und Kreisen Nordrhein-Westfalens in v. H.

Kreisfreie Stadt /Kreis	Zunahme in v.H. der Umsätze von 1967	Kreisfreie Stadt /Kreis	Zunahme in v.H. der Umsätze von 1967	Kreisfreie Stadt /Kreis	Zunahme in v.H. der Umsätze von 1967
Coesfeld	+ 336	Oberbergischer Kreis	+ 201	Köln	+ 119
Rhein-Sieg -Kreis	+ 278	Gütersloh	+ 195	Herne	+ 117
Neuss	+ 275	Unna	+ 190	Bottrop	+ 115
Erftkreis	+ 266	Hamm	+ 190	Essen	+ 107
Euskirchen	+ 250	Mülheim a.d. Ruhr	+ 188	Gelsenkirchen	+ 106
Kleve	+ 242	Kreis Aachen	+ 184	Remscheid	+ 101
Heinsberg	+ 240	Höxter	+ 182	Wuppertal	+ 100
Rheinisch-Bergischer Kreis	+ 237	Viersen	+ 181	Düsseldorf	+ 98
Siegen	+ 237	Aachen	+ 176		
Steinfurt	+ 234	Recklinghausen	+ 172	Kreisfreie Städte	+ 130
Soest	+ 233	Bochum	+ 165		
Mettmann	+ 232	Krefeld	+ 160	Kreise	+ 215
wesel	+ 230	Solingen	+ 156		
Hochsauerland-kreis	+ 229	Ennepe-Ruhr -Kreis	+ 155		
Olpe	+ 228	Mönchengladbach	+ 151		
Paderborn	+ 226	Märkischer Kreis	+ 150		
Borken	+ 225	Münster	+ 148		
Minden-Lübbecke	+ 223	Bielefeld	+ 147		
Lippe	+ 223	Oberhausen	+ 141		
Leverkusen	+ 218	Hagen	+ 137		
Warendorf	+ 209	Duisburg	+ 135		
Herford	+ 209	Dortmund	+ 135		
Düren	+ 201	Bonn	+ 123		

Quelle: Landesamt für Datenverarbeitung und Statistik Nordrhein-Westfalen (Hrsg.): Beiträge zur Statistik des Landes Nordrhein-Westfalen, Heft 448, Handels- und Gaststättenzählung in Nordrhein-Westfalen 1979, Arbeitsstätten des Einzelhandels, S. 22.

Tabelle A4: Schlüsselzahlen der Verteilungsschlüssel sozialversicherungspflichtig beschäftigte Arbeitnehmer am 30.6.1981, der Lohnsumme, berechnet nach den Daten der Lohnsummensteuerkraft 1979 (Lohnsumme A) bzw. anhand der Zahl der Beschäftigten und der regionalen Lohn- und Gehaltsstruktur in Bergbau, Industrie und verarbeitendem Handwerk 1981 (Lohnsumme B) des Rohbetriebsvermögens und des Anlagevermögens 1977 als Anteilswerte der kreisfreien Städte und Kreise Nordrhein-Westfalens am Landeswert

Kreisfreie Stadt bzw. Kreis	Einwohner	Beschäftigte	Lohnsumme A	Lohnsumme B	Betriebsvermögen	Anlagevermögen	Lohnsumme u. Rohbetriebsvermögen
1	2	3	4	5	6	7	8=(5+6)·1/2
Düsseldorf	0,034548	0,060915	0,068959	0,068505	0,137080	0,123063	0,102793
Duisburg	0,032644	0,039131	0,040576	0,039812	0,046660	0,047996	0,043236
Essen	0,037846	0,041238	0,037827	0,047457	0,086706	0,113760	0,043353
Krefeld	0,013149	0,017311	0,018792	0,018596	0,011711	0,011425	0,015154
Mönchengladbach	0,015157	0,015717	0,013621	0,015112	0,011451	0,011421	0,013412
Mülheim a.d.Ruhr	0,010556	0,011710	0,012212	0,012497	0,006412	0,006830	0,009455
Oberhausen	0,013414	0,012723	0,012663	0,014528	0,016586	0,015885	0,015557
Remscheid	0,007533	0,009071	0,009664	0,008697	0,005793	0,007191	0,007245
Solingen	0,009693	0,010124	0,009602	0,009598	0,006616	0,008649	0,008107
Wuppertal	0,023002	0,025797	0,024964	0,024983	0,012364	0,016780	0,018674
Kleve	0,015233	0,010922	0,016119	0,009264	0,008116	0,006458	0,008690
Mettmann	0,028356	0,025058	0,026665	0,024184	0,013762	0,014241	0,018973
Neuss	0,024205	0,020367	0,023531	0,022441	0,010392	0,009277	0,016417
Viersen	0,015371	0,011955	0,014280	0,010547	0,007252	0,007121	0,008899
Wesel	0,024429	0,018715	0,022233	0,017935	0,010907	0,008983	0,014421
Aachen	0,014293	0,016760	0,014805	0,016750	0,018588	0,014743	0,017669
Bonn	0,016981	0,021238	0,013117	0,021882	0,020732	0,031549	0,021307
Köln	0,057085	0,074653	0,085461	0,093610	0,172306	0,138624	0,132958
Leverkusen	0,009411	0,013759	0,016559	0,017703	0,006803	0,009939	0,012253
Kreis Aachen	0,016944	0,012517	0,013763	0,011787	0,004664	0,006381	0,008226
Düren	0,013920	0,012427	0,009488	0,011405	0,008065	0,008159	0,009735
Erftkreis	0,023485	0,016672	0,018656	0,018433	0,011876	0,015083	0,015155
Euskirchen	0,009276	0,006705	0,005964	0,005914	0,004937	0,004495	0,005425
Heinsberg	0,012600	0,008538	0,007537	0,007114	0,005695	0,004863	0,006404
Oberbergischer Kreis	0,014530	0,013013	0,012600	0,011608	0,008936	0,008173	0,010272
Rheinisch-Bergischer Kreis	0,014571	0,010227	0,011356	0,009715	0,007299	0,007786	0,008507
Rhein-Sieg-Kreis	0,027313	0,017153	0,012926	0,017183	0,005844	0,005798	0,011514
Bottrop	0,006700	0,004644	0,004709	0,004392	0,002126	0,001845	0,003259

Gelsenkirchen	0,017779	0,018582	0,018530	0,017275	0,017358	0,019528	0,017317
Münster	0,015838	0,018169	0,012566	0,017753	0,003926	0,003948	0,010839
Borken	0,017644	0,015242	0,015612	0,012810	0,010577	0,009429	0,011694
Coesfeld	0,010145	0,006358	0,004858	0,005349	0,004406	0,003692	0,004878
Recklinghausen	0,036924	0,029573	0,029838	0,029952	0,019871	0,020768	0,024912
Steinfurt	0,022301	0,017429	0,015272	0,015423	0,012449	0,011627	0,013936
Warendorf	0,014567	0,012013	0,010610	0,011135	0,009515	0,007909	0,010326
Bielefeld	0,018308	0,023515	0,021472	0,021499	0,020800	0,018498	0,021149
Gütersloh	0,016841	0,017843	0,021293	0,016709	0,012417	0,011096	0,014563
Herford	0,013606	0,014347	0,012987	0,012275	0,011843	0,010778	0,012059
Höxter	0,008445	0,006459	0,005636	0,005763	0,002726	0,003310	0,004245
Lippe	0,019243	0,016454	0,014830	0,014406	0,012260	0,011774	0,013333
Minden-Lübbecke	0,016824	0,016863	0,014950	0,014169	0,012811	0,012742	0,013490
Paderborn	0,013267	0,012061	0,010505	0,010847	0,010792	0,010421	0,010819
Bochum	0,023424	0,024919	0,024837	0,025618	0,029249	0,026660	0,027433
Dortmund	0,035565	0,040070	0,040168	0,044160	0,052289	0,062298	0,048224
Hagen	0,012787	0,014522	0,013806	0,014413	0,005309	0,006679	0,009861
Hamm	0,010072	0,009485	0,008721	0,008725	0,007276	0,008757	0,008001
Herne	0,010659	0,009358	0,008055	0,009138	0,004105	0,004018	0,006622
Ennepe-Ruhr-Kreis	0,020296	0,020038	0,022313	0,019113	0,009154	0,009904	0,014134
Hochsauerlandkreis	0,015708	0,014268	0,012687	0,012780	0,008115	0,007929	0,010447
Märkischer Kreis	0,024897	0,026847	0,027885	0,025364	0,017953	0,019495	0,021658
Olpe	0,007210	0,006358	0,006317	0,005339	0,004592	0,004266	0,004965
Siegen	0,016751	0,018582	0,019913	0,018109	0,014374	0,013659	0,016241
Soest	0,015852	0,013711	0,012425	0,012275	0,009548	0,008453	0,010912
Unna	0,022789	0,017849	0,019100	0,017075	0,006579	0,005833	0,011827

Quelle: Die Schlüsselzahlen wurden anhand der folgenden Veröffentlichungen des Landesamtes für Datenverarbeitung und Statistik Nordrhein-Westfalen berechnet:

- Einwohner: Statistischer Bericht AI2-hj 1/81, Die Wohnbevölkerung der Gemeinden Nordrhein-Westfalens am 30. Juni 1981.
- Sozialversicherungspflichtig beschäftigte Arbeitnehmer am 30. Juni 1981: Statistisches Jahrbuch Nordrhein-Westfalen, Düsseldorf 1982.
- Lohnsumme A: Statistischer Bericht LII2-j/81, Die Gemeindefinanzen in Nordrhein-Westfalen 1979, Ergebnisse der vierteljährlichen Kassenstatistik.
- Lohnsumme B: Statistisches Jahrbuch Nordrhein-Westfalen, Düsseldorf 1982.
- Rohbetriebsvermögen und Anlagevermögen: Beitrag zur Statistik des Landes Nordrhein-Westfalen, Heft 471, Die Einheitswerte der gewerblichen Betriebe und der Mineralgewinnungsrechte in Nordrhein-Westfalen 1977.

Tabelle A5: Die Einnahmen der kreisfreien Städte und der nach Kreisen zusammengefaßten kreisangehörigen Gemeinden aus einer Beteiligung an der Umsatzsteuer (MWSt) bei unterschiedlichen Verteilungsschlüsseln und im Vergleich zur Gewerbesteuerkraft und den effektiven Gewerbesteuereinnahmen (jeweils netto) in DM je Einwohner

Kreisfreie Stadt /Kreis	Gew. st. kraft (netto)	effektive Gew. steuereinn. (netto)	Beteiligung an der Umsatzsteuer (MWSt) nach				Gewinn(+),Verlust(-) gegenüber Gewerbesteuerkraft bei Schlüssel:				Gewinn(+),Verlust(-) gegenüber effekt. Gewerbesteuereinnahme bei Schlüssel:			
			Einwohnern	Beschäftigten	Lohnsumme	Lohnsumme u.Rohbetriebsvermögen	Einwohner	Beschäftigte	Lohnsumme	Lohnsumme und Rohbetriebsvermögen	Einwohner	Beschäftigte	Lohnsumme	Lohnsumme und Rohbetriebsvermögen
1	2	3	4	5	6	7	8=4./.2	9=5./.2	10=6./.2	11=7./.2	12=4./.3	13=5./.3	14=6./.3	15=7./.3
Düsseldorf	648	773	309	545	613	920	- 339	- 103	- 35	+ 272	- 464	- 228	- 160	+ 147
Duisburg	301	333	309	370	377	409	+ 8	+ 69	+ 76	+ 108	- 24	+ 37	+ 44	+ 76
Essen	382	399	309	337	387	354	- 73	- 45	+ 5	- 28	- 90	- 62	- 12	- 45
Krefeld	406	468	309	407	437	356	- 97	+ 1	+ 31	- 50	- 159	- 61	- 31	- 112
Mönchengladbach	268	287	309	320	308	274	+ 41	+ 52	+ 40	+ 6	+ 22	+ 33	+ 21	- 13
Mülheim a.d.Ruhr	339	369	309	343	366	277	- 30	+ 4	+ 27	- 62	- 60	- 26	- 3	- 92
Oberhausen	156	186	309	293	335	358	+ 153	+ 137	+ 179	+ 202	+ 123	+ 107	+ 149	- 172
Remscheid	424	454	309	372	357	297	- 115	- 52	- 67	- 127	- 145	- 82	- 97	- 157
Solingen	309	363	309	323	306	259	0	+ 14	- 3	- 50	- 54	- 40	- 57	- 104
Wuppertal	334	409	309	346	336	251	- 25	+ 12	+ 2	- 83	- 100	- 63	- 73	- 158
Kleve	236	192	309	222	188	176	+ 73	- 14	- 48	- 60	- 117	- 30	- 4	- 16
Mettmann	320	271	309	273	264	207	- 11	- 47	- 56	- 113	+ 38	+ 2	- 7	- 64
Neuss	318	303	309	260	286	210	- 9	- 58	- 32	- 108	+ 6	- 43	- 17	- 93
Viersen	243	233	309	240	212	179	+ 66	- 3	- 31	- 64	+ 76	+ 7	- 21	- 54
Wesel	253	217	309	237	227	182	+ 56	- 16	- 26	- 71	+ 92	+ 20	+ 10	- 35
Aachen	296	293	309	362	362	382	+ 13	+ 66	+ 66	+ 86	+ 16	+ 69	+ 69	+ 89
Bonn	259	266	309	386	398	388	+ 50	+ 127	+ 139	+ 129	+ 43	+ 120	+ 132	+ 122
Köln	392	492	309	404	507	720	- 83	+ 12	+ 115	+ 328	- 183	- 88	+ 15	+ 228
Leverkusen	523	538	309	411	581	402	- 214	- 112	+ 58	- 121	- 229	- 127	+ 43	- 136
Kreis Aachen	237	227	309	228	215	150	+ 72	- 9	- 22	- 87	+ 82	+ 1	- 12	- 77
Düren	307	276	309	276	253	216	+ 2	- 31	- 54	- 91	+ 33	0	- 23	- 60
Erftkreis	437	423	309	219	242	199	- 128	- 218	- 195	- 238	- 114	- 204	- 181	- 224
Euskirchen	224	214	309	223	197	181	+ 85	- 1	- 27	- 43	+ 95	- 9	- 17	- 33
Heinsberg	197	157	309	209	174	157	+ 112	+ 12	- 23	- 40	+ 152	+ 52	+ 17	0
Oberbergischer Kreis	289	284	309	277	247	219	+ 20	- 12	- 42	- 70	+ 25	- 7	- 37	- 65
Rheinisch-Bergischer Kreis	276	240	309	217	206	180	+ 33	- 59	- 70	- 96	+ 69	- 23	- 34	- 60
Rhein-Sieg-Kreis	220	191	309	194	194	130	+ 89	- 26	- 26	- 90	+ 118	+ 3	+ 3	- 61
Bottrop	166	181	309	214	203	150	+ 143	+ 48	+ 37	- 16	+ 128	+ 33	+ 22	- 31
Gelsenkirchen	288	319	309	323	300	301	+ 21	+ 13	+ 12	+ 13	- 10	+ 4	- 19	- 18
Münster	427	388	309	354	346	212	- 118	- 73	- 81	- 215	- 79	- 34	- 42	- 176
Borken	255	201	309	267	224	205	+ 54	+ 12	- 31	- 50	+ 108	+ 66	+ 23	+ 4
Coesfeld	199	160	309	194	163	149	+ 110	- 5	- 36	- 50	+ 149	+ 34	+ 3	- 11
Recklinghausen	259	329	309	247	251	209	+ 50	- 12	- 8	- 50	- 20	- 82	- 78	- 120

Fortsetzung Tabelle A5:

Kreisfreie Stadt /Kreis	Gew. st. kraft (netto)	effektive Gew. steuereinn. (netto)	Beteiligung an der Umsatzsteuer (MWSt) nach				Gewinn (+), Verlust (-) gegenüber Gewerbesteuerkraft bei Schlüssel:				Gewinn (+), Verlust (-) gegenüber effekt. Gewerbesteuereinnahme bei Schlüssel:			
			Einwohnern	Beschäftigten	Lohnsumme	Lohnsumme u. Rohbetriebsvermögen	Einwohner	Beschäftigte	Lohnsumme	Lohnsumme und Rohbetriebsvermögen	Einwohner	Beschäftigte	Lohnsumme	Lohnsumme und Rohbetriebsvermögen
1	2	3	4	5	6	7	8=4./.2	9=5./.2	10=6./.2	11=7./.2	12=4./.3	13=5./.3	14=6./.3	15=7./.3
Steinfurt	230	180	309	241	214	193	+ 79	+ 11	- 16	- 37	+ 129	+ 61	+ 34	+ 13
Warendorf	256	203	309	255	236	219	+ 53	- 1	- 20	- 37	+ 106	+ 52	+ 33	+ 16
Bielefeld	392	427	309	397	363	357	- 83	+ 5	- 29	- 35	- 118	- 30	- 64	- 70
Gütersloh	357	259	309	327	307	267	- 48	- 30	- 50	- 90	+ 50	+ 68	+ 48	+ 8
Herford	347	296	309	326	279	274	- 38	- 21	- 68	- 73	+ 13	+ 30	- 17	- 22
Höxter	206	164	309	236	211	155	+ 103	+ 30	+ 5	- 51	+ 145	+ 72	+ 47	- 9
Lippe	257	206	309	264	231	214	+ 52	+ 7	- 26	- 43	+ 103	+ 58	+ 25	+ 8
Minden-Lübbecke	286	232	309	310	260	248	+ 23	+ 24	- 26	- 38	+ 77	+ 78	+ 28	+ 16
Paderborn	218	171	309	281	253	252	+ 91	+ 63	+ 35	+ 34	+ 138	+ 110	+ 82	+ 81
Bochum	231	256	309	329	338	362	+ 78	+ 98	+ 107	+ 131	+ 53	+ 73	+ 82	+ 106
Dortmund	242	269	309	348	384	419	+ 67	+ 106	+ 142	+ 177	+ 40	+ 79	+ 115	+ 150
Hagen	288	308	309	351	348	238	+ 21	- 63	+ 60	- 50	+ 1	+ 43	+ 40	- 70
Hamm	219	207	309	291	268	246	+ 90	+ 72	+ 49	+ 27	+ 102	+ 84	+ 61	+ 39
Herne	184	193	309	271	265	192	+ 125	+ 87	+ 81	+ 8	+ 116	+ 78	+ 72	- 1
Ennepe-Ruhr-Kreis	326	286	309	305	291	215	- 17	- 21	- 35	- 111	+ 23	+ 19	+ 5	- 71
Hochsauerlandkreis	298	247	309	281	251	206	+ 11	- 17	- 47	- 92	+ 62	+ 34	+ 4	- 41
Märkischer Kreis	353	329	309	333	315	269	- 44	- 20	- 38	- 84	- 20	+ 4	- 14	- 60
Olpe	316	246	309	272	229	213	- 7	- 44	- 87	- 103	+ 63	+ 26	- 17	- 33
Siegen	345	327	309	343	334	300	- 36	- 2	- 11	- 45	- 18	+ 16	+ 7	- 27
Soest	273	229	309	267	239	213	+ 36	- 6	- 34	- 60	+ 80	+ 38	+ 10	- 16
Unna	237	204	309	242	231	160	+ 72	+ 5	- 6	- 77	+ 105	+ 38	+ 27	- 44

Quelle: Landesamt für Datenverarbeitung und Statistik Nordrhein-Westfalen, Statistischer Bericht LII2, Die Gemeindefinanzen in Nordrhein-Westfalen 1981, Ergebnisse der vierteljährlichen Kassenstatistik sowie eigene Berechnungen aufgrund der Tabellen A1 und A4.

Tabelle A6: Die Bilanzstruktur der gewerblichen Betriebe Nordrhein-Westfalens 1977 nach wirtschaftlicher Gliederung

Wirtschaftliche Gliederung	AKTIVA: Anlagevermögen insgesamt	davon Sachanlagen	davon Finanzanlagen	Umlaufvermögen insgesamt	davon Betriebskapital	davon Vorratsvermögen	Bilanzsumme
	in v.H. der Bilanzsumme						Mill.DM
Land- und Forstwirtschaft, Tierhaltung und Fischerei	47,8	43,6	4,2	52,2	33,8	18,4	774
Energiewirtschaft, Wasserversorgung und Bergbau	71,4	58,1	13,3	28,6	21,8	6,8	42.438
Verarbeitendes Gewerbe (ohne Baugewerb.)	45,2	35,1	10,1	54,8	31,0	23,8	157.143
Baugewerbe	23,9	21,3	2,6	76,1	43,0	33,1	18.959
Handel	31,5	25,9	5,6	68,5	40,1	28,4	81.498
davon							
Großhandel	25,8	20,3	5,5	74,2	48,2	26,0	52.827
Handelsvermittlung	29,8	26,8	3,0	70,2	53,1	17,1	2.000
Einzelhandel	42,9	37,1	5,8	57,1	23,0	34,1	26.671
Verkehr- und Nachrichtenübermittlung	61,0	54,0	7,0	39,0	37,2	1,8	7.208
Kreditinstitute, Versicherungsgewerbe und Beteiligungsgesellschaften	16,7	3,0	13,7	83,3	83,2	0,1	201.529
Dienstleistungen von Unternehmen und freien Berufen	58,9	33,4	25,5	41,1	34,8	6,3	32.994
Übrige Wirtschaftsbereiche	66,7	62,9	3,7	33,3	30,9	2,5	22
Insgesamt	34,9	23,3	11,6	65,1	51,8	13,3	542.565

Quelle: Landesamt für Datenverarbeitung und Statistik Nordrhein-Westfalen (Hrsg.): Beiträge zur Statistik des Landes Nordrhein-Westfalen, Heft 471, Die Einheitswerte der gewerblichen Betriebe und der Mineralgewinnungsrechte in Nordrhein-Westfalen 1977.

Tabelle A 7: Die Anteile am Landesaufkommen in v. H. bei der Gewerbesteuer (netto), der Wertschöpfungsteuer, der allgemeinen kommunalen Verbrauchsteuer und der Beteiligung an der Umsatzsteuer bei verschiedenen Verteilungsschlüsseln

Art der Körperschaft / Gemeindegrößeklasse / Zonen der Siedlungsstruktur	Gewerbesteuer		Wertschöpfungssteuer		Allgemeine kommunale Verbrauchsteuer		Beteiligung an der Umsatzsteuer verteilt nach dem Schlüssel				Gemeindeanteil an der Einkommensteuer
	Steuerkraft	effektive Einnahmen	Steuerkraft	effektive Einnahmen	Steuerkraft	effektive Einnahmen	Einwohner	Beschäftigte	Lohnsumme	Lohnsumme und Rohbetriebsvermögen	
Kreisfreie Städte mit											
500.000 u. mehr EW	25,1	29,2	29,0	33,2	23,8	27,7	19,8	25,6	29,1	39,3	23,5
200.000-500.000 EW	18,1	19,6	20,8	22,2	21,7	23,5	18,4	20,9	20,7	18,7	20,1
unter 200.000 EW	6,5	6,9	6,2	6,5	6,7	7,1	6,4	6,8	7,0	5,5	7,2
zusammen	49,7	55,8	55,9	61,8	52,2	58,3	44,6	53,3	56,8	63,5	50,8
Kreisangehörige Gemeinden	50,3	44,2	44,1	38,2	47,8	41,7	55,4	46,7	43,2	36,5	49,2
Ballungskerne	47,5	53,8	54,0	60,0	50,5	56,7	43,9	51,2	55,0	62,2	49,4
Ballungsrandzonen	15,8	14,2	13,3	11,7	15,0	13,3	17,7	14,6	14,0	10,9	17,1
Solitäre Verdichtungsgebiete 1)	4,5	4,5	4,1	4,0	4,0	4,0	3,4	41,7	3,9	3,2	3,6
Verdichtungsgebiete insgesamt	67,9	72,5	71,5	75,7	69,6	74,0	65,0	70,0	72,9	76,3	70,2
darunter **Ruhrgebiet**	24,4	25,5	28,5	29,6	28,7	30,0	28,3	27,8	28,6	29,7	29,9
Ländliche Zonen	32,1	27,5	28,5	24,3	30,4	26,0	35,0	30,0	27,1	23,7	29,8

1) **umfassen nur Münster und Bielefeld. Siegen und Paderborn wurden den ländlichen Zonen zugerechnet**

Quellen: **Gewerbesteuer:**

Eigene **Berechnungen nach Landesamt für Datenverarbeitung und Statistik Nordrhein-Westfalen:** Stat. **Bericht LII2, Die Gemeindefinanzen in Nordhrein-Westfalen 1981, Ergebnisse der vierteljährlichen Kassenstatistik.**

Wertschöpfungsteuer:

Eigene **Berechnungen nach Daten des Landesamtes für Datenverarbeitung und Statistik Nordrhein-Westfalen sowie** ders.: Statistischer Bericht PII1-j/79, Das Bruttoinlandsprodukt in den kreisfreien Städten und Kreisen Nordrhein-Westfalens 1978 und 1979.

Verbrauchsteuer:

Eigene Berechnungen nach: Landesamt für Datenverarbeitung und Statistik Nordrhein-Westfalen: **Beiträge zur Statistik des Landes Nordrhein-Westfalen, Heft 448, Handels- und Gaststättenzählung in Nordrhein-Westfalen 1979, Arbeitsstätten des Einzelhandels und ders.: Beiträge zur Statistik des Landes NW, Heft 453, Handels- und Gaststättenzählung in Nordrhein-Westfalen 1979, Arbeitsstätten des Gastgewerbes**

Beteiligung an der Umsatzsteuer:
Tabelle 7

Literaturverzeichnis

Adé, C.: Kommunale Finanzen in Frankreich. System und aktuelle Probleme, in: der gemeindehaushalt, 1981, S. 201 ff.

Aderhold, H.-J.: Die Eingriffsmöglichkeiten der Verwaltung in bezug auf Standortentscheidungen von überörtlichen Einkaufszentren und Verbrauchermärkten. Eine Untersuchung ihrer Rechtsgrundlagen, in: Raumforschung und Raumordnung, 34. Jg., 1976, S. 7 ff.

Amtsblatt der EG Nr. L 145, 6. Richtlinie des Rates vom 7.5.1977 zur Harmonisierung der Rechtsvorschriften der Mitgliedstaaten über die Umsatzsteuer

Bertelmann, B. D.; Postlep, R. D.: Eine kommunale Einzelhandelsteuer und ihre räumliche Verteilung, in: Informationen zur Raumentwicklung 1979, S. 721 ff.

Böhme, R.: Tragbarer Kompromiß beim neuen Verteilungsschlüssel für den Gemeindeanteil an der Einkommensteuer, in: BMF-Finanznachrichten 41/1981, hrsg. vom Bundesministerium der Finanzen, Bonn, 25. November 1981, S. 1 ff.

Bundesarbeitsgemeinschaft der Mittel- und Großbetriebe des Einzelhandels e. V. (BAG): Untersuchung Kundenverkehr 1980, Einflüsse veränderten Verbraucherverhaltens auf die Standortwertigkeit von Mittel- und Großbetrieben des Einzelhandels 1965/1968/1971/1976/1980, Köln, 24. November 1981

Bundesarbeitsgemeinschaft der Mittel- und Großbetriebe des Einzelhandels e. V. (BAG): Innerstädtische Zentren in Gefahr. Ergebnisse der Untersuchung Kundenverkehr '80, Köln, im Oktober 1981

Caesar, R.: Steuerquoten, Steuerstrukturen und Steuerharmonisierung in der Europäischen Gemeinschaft, Finanzwissenschaftliches Forschungsinstitut an der Universität zu Köln, Sonderveröffentlichung Nr. 3, Köln 1980

Conrad, H.-J.: Stadt-Umland-Wanderungen und Finanzwirtschaft der Kernstädte, Finanzwissenschaftliche Schriften, Bd. 13, Frankfurt a. M., Bern, Cirencester/U.K.,1980

Deubel, I.: Mehr Gerechtigkeit im Finanzausgleich? Der Entwurf des Gemeindefinanzierungsgesetzes 1983 des Landes Nordrhein-Westfalen, in: der gemeindehaushalt, 1982, S. 205 ff.

Deutscher Industrie- und Handelstag (Hrsg.): Gewerbesteuer auf neuem Kurs, DIHT 201, Bonn 1982

Deutscher Städtetag: Die Städte brauchen die Gewerbesteuern, in: Der Städtetag, 1978, S. 442 ff.

Deutsches Institut für Urbanistik (Hrsg.): Möglichkeiten und Probleme einer angemessenen Steuer- und Finanzreform, Berlin 1979

Ehrlicher, W.: Grenzen der steuerlichen Belastbarkeit des Produktivvermögens, Berlin 1977

Elsner, H.: Pladoyer für die kommunale Gewerbesteuer, in: der gemeindehaushalt, 1978, S. 201 ff.

Elsner, H.: Gewerbesteuerabbau und taxe professionelle - ein weiterer Schritt zur europäischen Disharmonie, in: der gemeindehaushalt 1/1980, S. 1 ff.

Elsner, H.; Schüler, M.: Das Gemeindefinanzreformgesetz, Hannover 1970

Engels, W.: Wäre der Ersatz der Gewerbesteuer durch die Mehrwertsteuer unsozial? in: Die Aussprache, 21. Jg., 1971, S. 6 ff.

F.D.P.-Bundestagsfraktion und F.D.P.-Kommission "Föderalismus und Finanzverfassung": Protokoll der Anhörung zur Problematik des Gemeindesteuersystems am 23. November 1982

Fischer, R.; Gschwind, F.; Henkel, D.: Raumordnung und kommunale Steuerverteilung. Die Einkommensteuerbeteiligung der Gemeinden und die Auswirkungen unterschiedlicher Sockelgrenzen aus räumlicher Sicht, Forschungsbericht BMBau RS II-704102 - 79.15, Bonn 1981

Flämig, C.: Gemeindefinanzen und kommunale Wirtschaftsentwicklungsplanung. Eine Fallstudie, Baden-Baden 1974

Fritsch, M.: Agglomerationsbesteuerung als Instrument der Regionalpolitik in der Bundesrepublik Deutschland? in: Informationen zur Raumentwicklung, 1978, S. 289 ff.

Ganser, K.: Großräumige und kleinräumige Konflikte in der Verteilung von Arbeitsplätzen, in: Stadtbauwelt 57, 69. Jg. 1978, S. 24 ff.

Ganser, K.: Kommunales Finanzsystem im Widerspruch zu Stadtentwicklung und Raumordnung? in: Die öffentliche Verwaltung, 1979, S. 8 ff.

Ganser, K.: Diskussionsbeitrag, in: Deutsches Institut für Urbanistik (Hrsg.): Möglichkeiten und Probleme einer angemessenen Steuer- und Finanzreform, Berlin 1979, S. 47 ff.

Gerß, W.: Die regionale Gesamtrechnung im Rahmen der nationalen volkswirtschaftlichen Gesamtrechnung, in: Statistische Rundschau für das Land Nordrhein-Westfalen, 31. Jg. 1979, S. 289 ff.

Geske, O.-E.: Verstetigung durch Umsatzsteuerbeteiligung? in: Wirtschaftsdienst 1980, S. 242 ff.

Goergens, H.: Gemeindeumsatzsteuer versus Gemeindeeinkommensteuer, Diss. Köln 1968

Haller, H.: Wandlungen in den Problemen föderativer Staatswirtschaften, in: Finanzarchiv, N. F. Bd. 27, 1968, S. 249 ff.

Haller, H.: Die Steuern. Grundlinien eines rationellen Systems öffentlicher Abgaben, 3.Aufl.,Tübingen 1981.

Hamovitch, W.: Sales Taxation. An Analysis of the Effects of Rate Increases in Two Contrasting Cases, in: National Tax Journal, Vol. XIX, 1966, S. 411 ff.

Hamovitch, W.: Effects on Increases in Sales Tax Rates on Taxable Sales in New York City, in: Research Report of the Graduate School in Public Administration, New York University (Ed.): Financing Government in New York City, New York 1966, S. 619 ff.

Handelsblatt vom 27.9.1982: Umsatzsteuer/Internationaler Vergleich. Bei der Mehrwertsteuer gibt es noch Reserven.

Hansmeyer, K.-H.: Umbau des Steuersystems?, Berlin 1979

Hansmeyer, K.-H.: Gewerbesteuer, in: Handbuch der Wirtschaftswissenschaft (HdWW), Bd. 3, Stuttgart, New York, Tübingen, 1981, S. 617 ff.

Hansmeyer, K.-H.: Öffentliche Haushalte und regionale Entwicklungen, Schriftenreihe des Landkreistages Nordrhein-Westfalen, Bd. 2, Köln, Stuttgart, Berlin u. a. 1981

Haverkamp, F.: Die Gemeindefinanzreform, in: Der Bundesminister der Finanzen (Hrsg.) Die Finanzbeziehungen zwischen Bund, Ländern, Gemeinden, Bonn 1982

Hesse, G. G.; Klein, R. R.: Der Lohnsummensteuer-Konflikt: Anlaß zu einer Neuinterpretation des Staat-Stadt-Verhältnisses? Duisburger Materialien zur Innenpolitik und Verwaltungswissenschaft Nr. 1, hrsg. von der Universität Duisburg, Duisburg 1980

Hessler, H. D.: Finanzwissenschaftliches System der Besteuerung, Tübingen 1976

Institut "Finanzen und Steuern", Brief 118, Das Besteuerungsrecht der Gemeinden, Bonn 1970

Institut "Finanzen und Steuern", Brief 162, Gewerbesteuerreform - Ein Vorschlag zu ihrer Verwirklichung, Bonn 1976

Institut "Finanzen und Steuern", Brief 165, Zur Frage einer Begrenzung der Vermögensteuer im Wege einer Plafondierung der Vermögensteuer und der Einkommen-/Körperschaftsteuer, März 1977

Institut "Finanzen und Steuern, Brief 206, Zur Begrenzung des Realsteuer-Hebesatzrechts der Gemeinden, Bonn 1981

Institut "Finanzen und Steuern", Brief 208, Vorschläge zur weiteren Strukturverbesserung der Gewerbesteuer, Bonn 1981

Institut "Finanzen und Steuern", Brief 211, Modell für die Ablösung der Gewerbesteuer durch einen Gemeindeanteil an der Umsatzsteuer, Bonn 1982

Karrenberg, H.; Münstermann, E.: Gemeindefinanzbericht 1980, in: Der Städtetag, N. F., 36. Jg., 1980, H. 2, S. 3 ff.

Kentmann, K.: Stadtteiläquivalenz - ein Vorschlag für die Kommunalpolitik, in: Wirtschaftsdienst 1978, S. 263 ff.

Kirsch, B.; Schußmann, K.: Kommunale Gewerbesteuerpolitik: Hebesatzpolitik versus gewerbesteuerorientierte kommunale Strukturpolitik, in: Informationen zur Raumentwicklung, 1978, S. 105 ff.

Klein, R. R.: Diskussionsbeitrag, in: Deutsches Institut für Urbanistik (Hrsg.): Möglichkeiten und Probleme einer angemessenen Steuer- und Finanzreform, Berlin 1979, S. 53 ff.

Körner, J.: Die Aufkommenselastizität des deutschen Steuersystems 1950 - 1973, ifo studien zur finanzpolitik 16, München 1974

Kommission für die Finanzreform: Gutachten über die Finanzreform in der Bundesrepublik Deutschland (Troeger-Gutachten), Stuttgart u. a. 1966

Kommission für wirtschaftlichen und sozialen Wandel (Hrsg.): Wirtschaftlicher und sozialer Wandel in der Bundesrepublik Deutschland, Bonn 1977

Kremer, G.: Zur stufenweisen Ablösung der Gewerbesteuer, in: Steuer und Wirtschaft, 60. (13.) Jg. 1983, S. 55 ff.

Landesentwicklungsplan I/II "Raum- und Siedlungsstruktur" (LEP I/II) vom 1. Mai 1979, in: Ministerialblatt für das Land Nordrhein-Westfalen, 32. Jg. Nr. 50, Düsseldorf, 22. Juni 1979, S. 1080 ff.

Littmann, K.: Finanzpolitik, räumliche Gleichgewichte und Optima, in: Kommunale Finanzen und Finanzausgleich, Schriftenreihe des Vereins für Socialpolitik, N. F., Bd. 32, Berlin 1964, S. 61 ff.

Littmann, K.: Steuersystem oder Steuerchaos?, in: Hamburger Jahrbuch für Wirtschafts- und Gesellschaftspolitik, 9. Jg. 1964, S. 112 ff.

Littmann, K.: Gewerbesteuern, in: Handbuch der Finanzwissenschaft, 3.Auflage, Band II, Tübingen 1980, S.607 ff.

Littmann, K.: Ergebnisse und Empfehlungen des Gutachtens des Wissenschaftlichen Beirats beim Bundesministerium der Finanzen zur Reform der Gemeindesteuern - Sollte die Gewerbesteuer durch eine Wertschöpfungsteuer ersetzt werden? in: der gemeindehaushalt 1983, S. 178 ff.

Mayntz, R.: Kommunale Handlungsspielräume und kommunale Praxis, in: dies. (Hrsg.): Kommunale Wirtschaftsförderung Ein Vergleich: Bundesrepublik Deutschland - Großbritannien, Stuttgart, Berlin, Köln, Mainz 1981, S. 154 ff.

Mc Allister, H. E.: The Border Tax Problem in Washington, in: National Tax Journal, Vol. XIV, 1961, S. 362 ff.

Mielke, B.: Die Kosten überörtlicher Funktionen in Großstädten mit einer Fallstudie am Beispiel Hamburgs. Berlin 1979

Mikesell, G. L.: Central Cities and Sales Tax Rates Differentials: The Border City Problem, in: National Tax Journal, Vol. XXIII, 1970, S. 206 ff.

Milbradt, G. H.: Die amerikanische "sales tax" und die französische "taxe professionelle" - Vorbilder der Neugestaltung des Deutschen Gemeindefinanzsystems? in: der gemeindehaushalt, 1982, S. 28 ff.

Ministère de l'Economic et des Finances: Les Notes Bleues, Dokument Nr. 35, semaine du 7 ou 13 septembre: Base de la taxe professionelle: Simulation sur un echantillon d'etablissement

Neumark, F.: Grundsätze gerechter und ökonomisch rationaler Steuerpolitik, Tübingen 1970

Neumark, F.: Bemerkungen zu einigen ökonomischen Aspekten der grundgesetzlichen Vorschriften über die Einheitlichkeit der Lebensverhältnisse in der Bundesrepublik Deutschland, in: Probleme des Finanzausgleichs I, Schriften des Vereins für Socialpolitik, N. F., Bd. 96/I Berlin 1978, S. 165 ff.

Neumark, F.: Möglichkeiten und Probleme einer angemessenen Steuer- und Finanzreform, in: Deutsches Institut für Urbanistik (Hrsg.): Möglichkeiten und Probleme einer angemessenen Steuer- und Finanzreform, Berlin 1979, S. 11 ff.

Oberhauser, A.: Die Eignung der Wertschöpfungsteuer als Gemeindesteuer, in: Kommunale Finanzen und Finanzausgleich, Schriften des Vereins für Socialpolitik, N. F. Bd. 32, Berlin 1964a, S. 241 ff.

Oberhauser, A.: Material zur regionalen Streuung des Aufkommens einer Einzelhandelsumsatzsteuer, in: Kommunale Finanzen und Finanzausgleich, Schriften des Vereins für Socialpolitik, N. F., Bd. 32, Berlin 1964 b, S. 219 ff.

Pagenkopf, H.: Das Gemeindefinanzsystem und seine Problematik, Schriften zum deutschen Kommunalrecht Bd. 15, Siegburg 1978

Peffekoven, R.: Die Besteuerung des interregionalen Handels in den USA, in: Finanzarchivs, N. F., Bd. 28, 1969, S. 415 ff.

Pohmer, D.: Allgemeine Umsatzsteuern, in: Handbuch der Finanzwissenschaft, Band II, 3. Auflage, Tübingen 1980, S. 647 ff.

Popitz, J.: Der künftige Finanzausgleich zwischen Reich, Ländern und Gemeinden, Berlin 1932

Private Organisationen ohne Erwerbscharakter als Teil des Haushaltssektors in den volkswirtschaftlichen Gesamtrechnungen, in: Wirtschaft und Statistik, 1976, S. 638 ff.

Rau, G.; Rieger, G.: Möglichkeiten einer Gemeindebeteiligung an der Umsatzbesteuerung, Melle 1981

Recker, E.: Brauchen wir eine neue Kommunalsteuer? in: Wirtschaftsdienst, Jg. 58, 1978, S. 564 ff.

Recker, E.: Umsatzsteuerbeteiligung der Gemeinden aus der Sicht der Raumordnung. Ziele und Modellrechnungen, in: Informationen zur Raumentwicklung 1979, S. 689 ff.

Rehm, H.: Beteiligung der Gemeinden an der Umsatzsteuer? in: Wirtschaftsdienst, Jg. 58, 1978, S. 624 ff.

Rehm, H.: Die kommunale allgemeine Verbrauchsteuer - eine Lösung für die gemeindlichen Finanzprobleme? in: Konjunkturpolitik, 26. Jg., 1980, S. 36 ff.

Rehm, H.: Das kommunale Finanzproblem - Möglichkeiten und Grenzen für eine Lösung, in: Finanzarchiv, N. F., Bd. 39, 1982, S. 185 ff.

Ritter, Abbau der Gewerbesteuer. Ein Beitrag zur überfälligen Reform der Gemeindefinanzen und der Unternehmensbesteuerung, in: Betriebs-Berater, 38. Jg. 1983, S. 389 ff.

Rudlof, H.: Das örtliche Aufkommen von Steuern, Schriftenreihe des Instituts Finanzen und Steuern, H. 64, Bonn 1961

Saekel, R.: Für eine auf die Funktionen der Räume bezogene integrierte Entwicklungspolitik. Vorschläge der Kommission für wirtschaftlichen und sozialen Wandel zur Reform der Raumordnungspolitik, in: Raumforschung und Raumordnung, 35. Jg. 1977, S. 7 ff.

Schäfer, H.-J.: Diskussionsbeitrag, in: Deutsches Institut für Urbanistik (Hrsg.): Möglichkeiten und Probleme einer angemessenen Steuer- und Finanzreform, Berlin 1979, S. 73 ff.

Schipporeit, E.: Grundsätze und Möglichkeiten einer Unternehmensteuer, München 1979

Schmidt-Jortzig, E.: Diskussionsbeitrag, in: Deutsches Institut für Urbanistik (Hrsg.): Möglichkeiten und Probleme einer angemessenen Steuer- und Finanzreform, Berlin 1979, S. 83 ff.

Sieber, J.: Zur ökonomischen Aussagekraft steuerstatistischer Ergebnisse, in: Steuerstatistiken als Grundlage raumwirtschaftlicher Untersuchungen, Veröffentlichungen der Akademie für Raumforschung und Landesplanung, Forschungs- und Sitzungsberichte, Band 67, Raum und Finanzen 1, Hannover 1971

Stepper, G.: Landesplanerische Ordnungs- und Entwicklungsvorstellungen für den suburbanen Raum, in: Beiträge zum Problem der Suburbanisierung, Teil 2, Ziele und Instrumente der Planung im suburbanen Raum. Veröffentlichungen der Akademie für Raumforschung und Landesplanung: Forschungs- und Sitzungsberichte, Bd. 125, Hannover 1978, S. 85 ff.

Steuerreformkommission: Gutachten 1971 (Eberhard-Gutachten), Schriftenreihe des Bundesministeriums der Finanzen, Heft 17, Bonn 1971

Tetsch, F.: Die Beteiligung der Gemeinden an der Umsatzsteuer. Ein Vorschlag zur Reform des Gemeindesteuersystems, in: Raumforschung und Raumordnung, 37. Jg. 1979

Tharun, E.: Die Raumwirksamkeit der kommunalen Finanzmittelausstattung, in: Raumforschung und Raumordnung, 35. Jg. 1977, S. 278 ff.

Tiepelmann, K.: Steuerreform - Illusionen, in: Wirtschaftsdienst, 58. Jg., 1978, S. 387 ff.

Tietz, B.: Einzelhandelsdynamik und Siedlungsstruktur, in: Raumforschung und Raumordnung, 32. Jg., 1974, S. 113 ff.

Tipke, K.: Über Steuergesetzgebung und parlamentarische Demokratie. Zu F. A. von Hayek: Recht, Gesetzgebung und Freiheit, in: Steuer und Wirtschaft, 60. Jg., 1983, S. 1 ff.

Treeck, H.-J. Das Bruttoinlandsprodukt zu Faktorkosten der kreisfreien Städte und Kreise. Berechnungsverfahren, Fehlerquellen und erste Ergebnisse, in: Statistische Rundschau für das Land Nirdrhein-Westfalen, 33. Jg. 1981, S. 851 ff.

Wagner, K.-D.: Die Gemeinden in der Steuerreform, in: der gemeindehaushalt, 1974, S. 121 ff.

Wissenschaftlicher Beirat beim Bundesministerium der Finanzen: Gutachten zum Gemeindesteuersystem und zur Gemeindesteuerreform in der Bundesrepublik Deutschland vom 16.3.1968, in: ders.: Entschließungen, Stellungnahmen und Gutachten 1949-1973, Tübingen 1974, S. 400 ff.

Wissenschaftlicher Beirat beim Bundesministerium der Finanzen: Gutachten zur Reform der Gemeindesteuern in der Bundesrepublik Deutschland, Schriftenreihe des Bundesministeriums der Finanzen, Heft 31, Bonn 1982

Wolf, F.: Gewerbesteuer - Volkswirtschaftliche Verschwendung und regionale Fehlentwicklungen, in: Wirtschaftsdienst, Jg. 57, 1977, S. 51

Zeitel, G.: Die zweckmäßige Struktur des kommunalen Steuersystems, in: Kommunale Finanzen und Finanzausgleich, Schriftenreihe des Vereins für Socialpolitik, N. F., Bd. 32, Berlin 1964, S. 173

Quellen zur Berechnung der regionalen Streuung der Steuern

Veröffentlichungen vom Landesamt für Datenverarbeitung und Statistik Nordrhein-Westfalen:

- Statistisches Jahrbuch Nordrhein-Westfalen, Düsseldorf 1980
- Statistisches Jahrbuch Nordrhein-Westfalen, Düsseldorf 1982
- Statistischer Bericht AIZ-kj 1/81, Die Wohnbevölkerung der Gemeinden Nordrhein-Westfalens am 30. Juni 1981
- Statistischer Bericht LIIz-j/81, Die Gemeindefinanzen in Nordrhein-Westfalen 1979, Ergebnisse der vierteljährlichen Kassenstatistik
- Statistischer Bericht PII1-j/79, Das Bruttoinlandsprodukt in den kreisfreien Städten und Kreisen Nordrhein-Westfalens 1978 und 1979
- Statistischer Bericht F0, Gebäude- und Wohnungszählung 1968
- Statistische Berichte FII4, Wohnungsbestand in den Gemeinden NW's, laufende Jahrgänge seit 1968
- Beiträge zur Statistik des Landes Nordrhein-Westfalen, Heft 448, Handels- und Gaststättenzählung in Nordrhein-Westfalen 1979, Arbeitsstätten des Einzelhandels
- Beiträge zur Statistik des Landes Nordrhein-Westfalen, Heft 453, Handels- und Gaststättenzählung in Nordrhein-Westfalen 1979, Arbeitsstätten des Gastgewerbes
- Beiträge zur Statistik des Landes Nordrhein-Westfalen, Heft 471, Die Einheitswerte der gewerblichen Betriebe und der Mineralgewinnungsrechte in Nordrhein-Westfalen 1977
- Das Bruttoinlandsprodukt (BIP) 1978 in den kreisfreien Städten und Kreisen, in: Statistische Rundschau für das Land Nordrhein-Westfalen, 33. Jg. 1981, S. 902 f.

Des weiteren stellte das Landesamt dankenswerterweise einige noch nicht veröffentlichte vorläufige Ergebnisse aus der Volkswirtschaftlichen Gesamtrechnung zur Verfügung

Sonstige Quellen:

Achte Verordnung zur Änderung der Verordnung über die Aufteilung und Auszahlung des Gemeindeanteils an der Einkommensteuer und die Abführung der Gewerbesteuerumlage vom 20. Februar 1979, in: Gesetz- und Verordnungsblatt für das Land Nordrhein-Westfalen, Nr. 9 vom 13. März 1979, S. 60 ff.

FORSCHUNGSBERICHTE
des Landes Nordrhein-Westfalen

Herausgegeben
vom Minister für Wissenschaft und Forschung

Die „Forschungsberichte des Landes Nordrhein-Westfalen" sind in zwölf Fachgruppen gegliedert:

Geisteswissenschaften
Wirtschafts- und Sozialwissenschaften
Mathematik / Informatik
Physik / Chemie / Biologie
Medizin
Umwelt / Verkehr
Bau / Steine / Erden
Bergbau / Energie
Elektrotechnik / Optik
Maschinenbau / Verfahrenstechnik
Hüttenwesen / Werkstoffkunde
Textilforschung

WESTDEUTSCHER VERLAG
5090 Leverkusen 3 · Postfach 300620

GPSR Compliance

The European Union's (EU) General Product Safety Regulation (GPSR) is a set of rules that requires consumer products to be safe and our obligations to ensure this.

If you have any concerns about our products, you can contact us on ProductSafety@springernature.com

In case Publisher is established outside the EU, the EU authorized representative is:

Springer Nature Customer Service Center GmbH
Europaplatz 3
69115 Heidelberg, Germany

Batch number: 10809636

Printed by Printforce, the Netherlands